쉽게 읽는 기독교윤리

이 책을 늘 자식을 위해 기도하시는
어머님(서울 구로동, 은성교회 권사 장권자)께
감사한 마음을 담아 드립니다.

쉽게 읽는 기독교윤리

한승진 지음

한국학술정보㈜

‘윤리’(倫理) 하면 무엇이 떠오를까? 아마 친근함보다는 어딘지 모르게 부담스러운 느낌이 들 것이다. 아마도 윤리라는 용어가 갖는 규범과 덕목과 같은 것이 마음을 짓누르기 때문일 것이다. ‘윤리’ 하면 양심, 질서, 정의와 같은 용어를 떠올리게 된다. 사실 이 용어들에서 자유로운 사람은 없을 것이다. 그러다 보니 윤리를 접한다는 게 부담스럽다. 혹자는 윤리가 무슨 필요가 있느냐고 말한다. 그냥 양심대로 살고, 질서를 지키고 법대로 살면 되는 것 아니냐고 말한다. 이래저래 윤리는 인기가 없다.

학문세계에서도 윤리학은 위축되어 있다. 대개 철학과에서는 윤리학 전공이 있으나 철학과가 비인기 학과다 보니 윤리학도 위축되어 있다. 윤리학과나 윤리교육학과도 실용적인 학문에 밀리는 인문학의 위기와 그 맥을 같이 한다. 기독교학에서도 윤리학이 위축되어 있다. 신학과와 기독교학과에서도 실천적인 분야에 비해 인기가 없고, 아예 윤리학 전공 교수가 없는 경우도 있다. 그러다 보니 석사와 박사과정에서 기독교윤리학 전공도 없다. 사실 윤리학은 공부하기도 만만치 않다. 제대로 하려면 성서신학과 조직신학에 대한 학문적 토대를 충실히 해야 하고, 다양한 인문학적 학식도 갖춰야만 한다. 그러다 보니 공부도 끝이 없다. 이렇게 인기 없고, 재미도 없고, 어려운 공부를 왜 해야 하는 걸까?

필자는 한신대학교 신학대학원 재학 시절, 전공을 선택할 때, 많이들 선택하는 실천신학 분야를 하려고 하였다. 입학 때부터 기독교교육학이나 상담 아니면 복지 쪽으로 충실히 공부해 보려고 했다. 이런 분야는 교수진의 숫자도 많고, 하려는 이들도 많고, 자료도 많고, 졸업 후 유리할 것 같았다. 그런데 입학시험 때 우연찮게 만난 김동환이 자꾸만 자기와 같이 윤리를 하자고 강권했다. 사실 필자도 신학과 시절 존경하는 손규태 교수님이 윤리학 전공자셨기에 그 영향을 받아 윤리학에 관심을 갖고 있던 터라 엉겁결에 강권에 못 이겨 전공을 하게 되었다. 사실 전공이라고 해 봐야 신학 분야를 두루 공부하고 전공 분야를 몇 과목 더 이수하고 그 분야로 석사학위논문을 쓰는 것으로 크게 부담되지는 않았다. 나중에 전공을 선택하고 보니 대부분이 실천신학 전공이고, 소수가 성서신학과 조직신학을 하고, 윤리는 김동환과 필자밖에 없었다. 신학과에서 윤리학 교수도 강성영 교수님이 유일하셨다. 강성영 교수님은 전임이 되신 지 얼마 안 되신 시기로 신대원 기독교윤리학전공지도 제자로 김동환과 내가 처음이셨다.

　당시 필자는 고학과 만학으로 학업을 수행하는 처지로 마지막학기에는 상명대학교 국어교육과에 편입학하여 두 가지 학업을 병행해 가는 시기였다. 그러다 보니 충실히 공부하지는 못했다. 그저 동기와 교수님의 사랑과 배려로 과정을 마치고 논문을 써서 졸업하였다. 이런 아쉬움으로 인해 고려대학교 교육대학원에서 윤리교육을 공부하고 공주대학교 윤리교육학 박사과정을 진행 중에 있다.

　이렇듯 필자가 비인기전공인 윤리학을 하게 된 이유는 공부를 하면 할수록 윤리학이 주는 매력에 빠져들었기 때문일 것이다. 지면관계상 윤리학의 매력을 다 말할 수는 없고, 그중 몇 가지를 꼽는다면 '열림', '역동성', '통섭', '깊이'일 것이다. 윤리학은 그저 단순하게 마땅히 수행할 도덕적 덕목을 주입하는 게 아니다. 윤리학은 복잡 다양한 개인과 공동체와 사회문제에 대한 결론을 내리기보다는 다양한 사람들과 다양한 정보와 자료와 학문적 성과들을 수용하면서(학제적 통섭) 논의를 진척시켜 나간다. 그러다 보니 다루는 분야도 무궁무진하여 마치 마르지 않는 샘물과 같다. 그러니 공부해 나가면서 느끼는 역동(逆動)적인 매력에 빠져들게 된다.

　필자는 오랫동안 윤리학도로 살아오면서 나름대로 느낀 것이 있다.

바로 윤리학은 이론과 실천을 이어 주는 징검다리가 되고, 이 둘을 풍성하게 해 준다. 이것은 학문과 실천을 이어 주는 것과도 같다. 그러기에 윤리를 튼실하게 공부하면 우리 삶의 물음들인 정보와 문화, 전통과 현대, 생명과 환경, 개인과 사회와 같은 것에 대한 가치와 의미도 찾을 수 있다. 사람은 의미적 존재이다. 사는 것과 하는 일에 대한 가치를 부여하고, 의미를 찾을 때 행복감을 만끽하게 된다. 이게 바로 개인의 윤리이다. 아울러 함께 살아가면서 부딪치는 문제들에 대한 사회적 합의를 찾는 것이 바로 사회윤리이다. 결국 윤리는 우리의 삶 그 자체이다. 이렇게 보면 사람은 누구나 윤리학도이다. 그런 점에서 윤리공부는 우리의 삶과 세상을 이야기하는 것이다.

이렇게 보면 윤리는 재미있고, 꼭 필요한 공부다. 이런 확신이 있기에 오늘까지 윤리공부를 해 오고 있다. 이런 의미에서 필자는 학문으로서 윤리와 일상생활의 글쓰기로서 윤리를 아우르고자 한다.

이 책은 기독교(개신교) 연합기관인 대한기독교교육협회[1]에서

---

[1] 우리나라 대표적인 기독교(개신교) 연합기관으로 1922년 11월 1일 설립되어 88년을 이어온 기관이다. 현재 가맹교단 및 교육협약 교단을 보면, 기독교의 교파적 다양성 속에서 보수와 진보·교파의 교리와 상관없이 '기독교교육'이라는 틀에서 화해와 일치를 이루는 연합기관으로서, 그 위상과 의의가 남다르다. 현재 참여하는 교단 명을 가나다순으로 정리하면 다음과 같다. 구세군대한분영, 그리스도의 교회협의회, 기독교

발행하는 월간 ≪기독교교육≫에 교회학교 교사들을 교육하기 위한 교사대학의 일환으로 '쉽게 읽는 기독교 윤리'라는 주제로 지난 2010년 1월~12월(7·8월호는 합본호로 하나)에 연재한 것과 기독교윤리적인 시각에서 다룬 것을 논설문과 잡문(수필류)을 덧붙인 성과물이다(연재 글이 아닌 것으로 게재된 것은 각주로 출처를 밝혔다). 이 연재를 하면서 염두에 둔 것은 되도록 읽기 쉽고, 알기 쉬우면서도 교회학교 목회자와 교사들이 염두에 둘 만한 기독교윤리적 이해와 의미를 교육과 연관해 나가는 것이었다. 쓰고 나니 생각한 것보다는 이러한 목표에 부응치 못한 것 같아 아쉽지만 그런대로 다양한 주제와 방대한 기독교윤리학을 정리해 본 것 같다. 그러나 분량의 제한과 쉽게 읽히도록 해야 하는 것이 자칫 한번 읽고 마는 글로 그치는 것은 싫었다. 그런 이유로 연재의 목적에 충실하되, 더 읽을거리로 출처를 밝혀 관심 있는 이들에겐 전문적인 정보를 제공한다는 생각으로 쓰다 보니 준학술논문의 형식도 곁들이게 되었다.

대한감리회, 기독교대한복음교회, 기독교대한성결교회, 기독교대한하나님의 성회, 기독교한국루터회, 기독교한국침례회, 기독교한국하나님의교회, 대한기독교나사렛성결회, 대한성공회, 대한예수교장로회(개혁), 대한예수교장로회(통합), 대한예수교장로회(합동), 대한예수교장로회(호헌), 예수교대한성결교회, 한국기독교장로회.

언뜻 보면 각주를 달고 논문의 틀을 갖췄기에 어렵게 느껴질 수 있지만 신학을 전공하지 않는 이들도 어렵지 않게 읽었다는 피드백을 받았다. 사실 이 책에 실린 글들은 전문적으로 기독교윤리학을 전공한 학자나 신학을 전공한 이들을 위한 것이 아니다. 기독교의 교파와 상관없이 교회학교 목회자와 교사가 누구나 읽을 수 있도록 특정 교단의 교리나 신학적 입장을 배제하고 공감할 수 있는 논의를 중심으로 제시하였다. 또한 기독교인이 아니더라도 쉽게 읽을 수 있을 것이다. 다 쓰고 나니 뿌듯함보다는 아쉬움이 남는다. 이러한 아쉬움은 다음의 과제로 삼고 필자가 풀어내야 할 숙제로 안으련다. 그러기에 이 책은 완성된 것이라기보다는 시작점으로서 그 의의를 지닌다. 감사하게도 내년에 이 연재를 이어 감을 허락 받았다. 앞으로도 다양한 윤리적 주제들을 펼쳐 나갈 것이다.

이 자리를 빌려 감사한 분들을 떠올려 본다. 부족한 사람을 위해 추천사를 써 주신 선생님들, 한 해 동안 '쉽게 읽는 기독교윤리'를 연재하도록 기획하시고 맡겨 주신 대한기독교교육협회 배민아 전(前) 부장님과 매달 거친 졸고를 꼼꼼하게 교열해 주시고, 조언을 해 주시면서 오랜 벗처럼 사랑으로 큰 힘이 되어 주신 조소연 편집기자님,

매달 어눌한 초고를 교정해 주신 황등중학교와 성일고등학교 선생님들, 황등교회 교인들, 바쁜 일상에도 교정의 노고를 감당해 주신 미아역 근처에서 호밀호두점을 운영하시는 한지연 님께 진심으로 감사드린다. 그리고 늘 내 곁에서 다함없는 사랑으로 힘이 되어 주면서 교정해 주는 사랑하는 아내 이희순과 아이들(사랑이, 겨레, 가람)에게도 고마움을 전한다.

어려운 출판 여건에도 첨단 기기를 갖춘 출판 역량으로 책을 낼 수 있도록 해 주신 한국학술정보(주) 채종준 대표님과 여러분의 노고에 감사드린다. 또한 이 책을 만드는 과정에서 노고를 감당해 주신 노동의 일꾼들께도 진심으로 감사드린다.

아기 예수님이 이 땅에 오심을 기대하는 날에
윤리공부의 매력에 빠져 사는 한승진

| 추천의 글

두 척의 고무보트가 바다를 타기 시작합니다. 시간이 지나자 한 척은 검은 파도에 뒤집히고, 다른 한 척은 파도에 맞추어 화려한 춤을 시작합니다. 두 척의 보트는 무게 균형에 따른 탑승자들의 배치, 파도의 리듬을 타는 탑승자들의 깨어 있는 감각에 따라 방향을 달리한 셈입니다. 한승진 선생은 고민을 거듭하면서 신세대문화, 정보사회, 장애인, 교직윤리, 생태위기 극복, 노동, 자살, 노인문제, 인권, 성탄, 학위, 교육 등 다양한 보트에 기독교윤리라는 이름으로 무게 균형과 리듬 감각을 싣고 있습니다. 각 주제별로 고민의 숨결을 느끼는 지점에서 흥미로움도 피어납니다. 향후에도 실천적인 측면에서 기독교윤리가 좀 더 쉽게 읽힐 수 있도록, 한승진 선생의 애정 어린 노력이 지속되기를 기대합니다.

고병철

(한국학중앙연구원 종교학 박사, 같은 기관 문화와 종교연구소 선임연구원)

축하합니다. 글을 쓴다는 일이 자신을 드러내 보이는 일인데 지금까지의 연구를 책으로 묶어 내는 노력에 먼저 박수를 보냅니다. 글은 삶의 열매입니다. 저자가 살아온 고뇌의 삶의 자리를 기억하기에 이 글들은 많은 의미를 갖습니다. 그의 삶이 터가 되고 생각들이 열매를 맺어 다시 삶의 자리로 돌아옵니다. 윤리적 삶의 자리가 희미해지는 요즘 이 책이 우리 모두에게 새로운 생명의 바람을 불러일으키기를 바랍니다.

차길선

(한남대 기독교학과 박사, 대전 새희망교회 담임목사)

기독교사회윤리학은 구체적인 역사적 현실에 대한 사회과학적인 분석과 함께 성서의 빛에서 삶의 정향을 제시하는 것입니다. 그런 점에서 한 선생은 기독교사회윤리학의 주제들을 단순히 외국의 학문적 성과들을 소개하는 것으로 그치지 않고, 우리의 현실과 끊임없는 대화를 시도해 나갔습니다. 그동안 바쁜 삶 속에서 끊임없이 공부하고, 연구한 성과를 출판하게 된 것을 축하하며 앞으로도 우리 역사와 현실을 치열하게 부둥켜안고 연구해 나가기를 바랍니다.

손규태
(성공회대 신학과 기독교윤리학 명예교수)

저는 한승진 목사의 초청으로 그가 시무하는 황등중학교 채플시간에 설교한 적이 있습니다. 참 아담한 기독교학교에서 기독교 신앙에 충실하게 학생들을 지도하는 모습을 보고 깊은 감명을 받았습니다. 그는 서울이 고향인데 전라북도 익산군 황등면에 소재한 조그만 마을에 이사 와서 벌써 십여 년이 넘도록 하나님의 백성을 양성하는 일에 온 생애를 바치고 있습니다. 또한 넉넉지 못한 살림에도 아이를 둘이나 입양하여 키우면서 그리스도의 사랑을 몸소 실천하고 있습니다. 참 아름다운 후배입니다. 그러면서도 언제나 맑고 명랑한 목소리를 내며 지칠 줄 모르고 꾸준히 연구하고 글을 씁니다. 한승진 목사는 우리 모두가 본받고 배우기에 부족함이 없는 기독교윤리학자임에 틀림없습니다. 이 책은 기독교윤리를 참되게 실천한 귀한 열매입니다.

이영재

(스코틀랜드 아버딘대 구약학박사, 전주화평교회 담임목사)

한승진 선생은 소 같은 젊은 학자입니다. 학문에 대한 왕성한 열정으로 뚜벅뚜벅 쉬지 않고 걸어 거대한 진리의 밭을 일구려고 합니다.

그러나 혼자 높고 두꺼운 상아탑 속에서 난해하게 그 일을 하려 하지 않습니다. 이웃과 함께 일상 속에서 진리가 어떻게 현현하는지를 밝히려 합니다. 이 책에서 한 선생은 지금 여기에서 기독교 윤리가 어떠한 모습으로 드러나야 하는지를 다양한 주제를 통해 말하고 있습니다. 이 책을 읽는 독자라면 누구라도 머리를 끄덕이며 성서의 윤리적 의미를 잘 이해할 수 있을 것입니다.

이효범

(공주대 윤리교육학과 박사과정 지도교수)

| 차 례

제1부
쉽게 읽는 기독교윤리

기독교윤리의 이해

1. 들어가는 말

오늘 우리는 새로운 시대, 새로운 다짐으로 새해를 맞이하였다. 필자는 기독교교육 현장에 임하는 이들에게 기독교교육자로서 지녀야 할 전문지식의 하나로서 기독교윤리를 제시하려고 한다. '시작이 반'이라는 말이 있듯이, 시작이 참으로 중요하다. 그런데 필자는 이 연재의 '시작'을 어떻게 해야 할지 고민이 많았다. 책상 위에 쌓아 놓은 수십여 권의 일반윤리학과 기독교윤리학 책을 보면서, 아찔함을 느껴야만 했다. 이 연재를 해나가야 하는 이로서, 참 난감한 글쓰기의 어려움에 일 년 동안 어떻게 구성해 나가고, 펼쳐 나가야 할지 고민을 거듭하며 기도한 끝에 나름대로 방향을 잡아보았다.[2]

---

2) '윤리'(倫理)와 '도덕'(道德)은 같은 것 같으나 깊이 살펴보면, 의미가 다르다. 도덕은 사람의 심성(心性) 또는 덕행(德行)의 개념으로 마땅히 행해야 할 덕목을 지칭한다. 윤리는 인간 사회의 가치규범을 의미하는 것이고, 행위와 가치판단의 주체로서 인간에 대한 것으로 깊이를 더한다. 그러나 우리 일상생활에서는 이 두 말을 거의 같은 개념으로 혼용해서 사용한다. '윤리'(倫理)는 한자어의 윤(倫) 자는 사람 인(人)과 뭉치 윤(侖)을 합해서 된 글자로, 인간 사회를 가리킨다. 그리고 리(理) 자는 석리(石理), 목리(木理) 또는 도리(道理)라는 말에서 알 수 있듯이, '결' 또는 '길'을 가리키는 한자이다. 김태길, 『한국윤리의 재정립』(서울: 철학과 현실사, 1996), pp.12~13. 그러므로 '윤리'라는 말의 기본적인 뜻은 '인간 사회의 결 또는 길'이라고 풀이

기독교윤리학은 다루는 주제의 방대함, 축적된 학문적 깊이, 첨예한 논쟁으로 간략히 정리하기 어려운 학문이다. 이 연재는 몇 가지 방향을 설정하여 그에 따라 논의를 전개해 나가고자 한다. 먼저 글의 대상이다. 이 연재의 목적은 기독교윤리학을 전공하는 전문적인 학술적 논의를 펼쳐 나가는 것이 아니다. 이 연재의 목적은 기독교교육 현장에 임하는 이들을 위한 '쉽게 읽는 기독교윤리'이다. 그러므로 이 연재는 오늘의 기독교인들과 교육자들이 한 번쯤 생각해 볼 거리로 기독교윤리관을 제시하는 정도의 역할에 주안점을 둘 것이다.

2. 기독교윤리학의 개념설정과 근거

윤리학은 무엇인가? 이를 정의한다는 것은 그 논의의 폭과 의미와 입장에 따라 다양할 수밖에 없다. 그러기에 간결하게 윤리학의 개념을 설정하거나 정의 내리기가 어렵다. 그러나 윤리학을 일반인이 공유하는 틀로 단순화하면, 의미를 명료화할 수 있다. 이렇게 정의하면, 윤리학은 인간관계에서 일어나는 도덕행위에 대하여 비평적으로 논의를 전개하는 학문이다. 강성영은 윤리를 삶의 행위에 관한 성찰로 이해한다. 인간의 삶은 그 다양성과 통일성에 있어서 윤리의 주제가 된다. 삶의 현실 전체가 곧 윤리적 숙고의 대상이기에, 삶이 윤리이고, 윤리가 삶이다.[3] 그러기에 윤리학은 인간의 사회적 관계, 도덕적

할 수 있다. 이런 점에서 윤리는 사회윤리의 측면이 강하다. 이에 필자는 일종의 기독교사회윤리적인 시각에서 각각의 주제들을 정해서 윤리적 의미를 제시해 나갈 것이다.

3) 강성영, 『생명 · 문화 · 윤리』(오산: 한신대학교 출판부, 2006), p.15.

행위의 정당성에 대해 치열하게 논의를 전개한다. '윤리'라는 말이 사용된 어원에는 '덕'(德)이라는 말이 있었다. 덕은 고대 그리스에서 사회 구성원들에게서 받은 역할이나 기능에 따른 소질, 유능함 또는 재주와 동일시되었다. 폴 테일러도 윤리학을 도덕의 본질과 근거에 대한 철학적 탐구로 보았다.[4]

기독교윤리학도 윤리학처럼 인간의 도덕적 행위를 논의의 대상으로 삼는다. 그러나 기독교윤리학은 일반 윤리학의 한 부분이 아니다. 왜냐하면 기독교윤리학은 '윤리학'이라는 학문 이전에 '기독교'라는 전제를 두기 때문이다. 즉 기독교적 시각에서 인간의 행위와 사회문제를 바라본다.[5] 그러기에 기독교윤리학은 일반 윤리학적 방법론보다는 기독교 신앙을 더 중요하게 여긴다. '기독교윤리'라는 말은 '기독교'와 '윤리'의 합성어로서 서로 대조되는 부분이 있다. 즉 윤리는 합리적 사고방식에 의해 지배를 받지만, 기독교는 인간적인 합리성을 넘어서는 예수 그리스도의 가르침에 의한 지배를 전제로 한다. 그러므로 기독교윤리는 합리적인 보편성과 기독교라는 특수성을 종합하는 개념이다. 이러한 관점에서 볼 때, 기독교윤리와 일반 윤리의 차이점은 그 전제부터 다르다. 그야말로 기독교윤리는 기독교 신앙을 전제로 성립이 가능하다. 맹용길은 기독교윤리학이 다음의 네 가지에 초점을 둔다고 말하였다. 첫째는 주제로서 '생명'이며, 둘째는 주체로서 '하나님'이시며, 셋째는 시간으로서 '종말'이며, 넷째는 장소로서 '이 세상'이다.[6]

---

4) P. W. 테일러, 『윤리학의 기본 원리』(서울: 서광사, 1985), p.11.

5) 사람아 주께서 선한 것이 무엇임을 네게 보이셨나니 여호와께서 네게 구하시는 것은 오직 정의를 행하며 인자를 사랑하며 겸손하게 네 하나님과 함께 행하는 것이 아니냐(미가서 6장 8절). 예수께서 이르시되 내가 곧 길이요 진리요 생명이니 나로 말미암지 않고는 아버지께로 올 자가 없느니라(요한복음 14장 6절).

또한 기독교윤리학은 목적론적·규범적·실존적 측면의 세 가지가 모두 고려되어야 한다. 이는 행위자가 이루려는 목적(목적론적)과 행위자의 동기(실존적)와 그 목표에 이르는 과정과 수단(규범적)도 옳은 방향이어야 한다는 말이다. 요나스는 하나님이 우리가 어떤 존재로 있기를, 무엇을 하기를 바라시는가에 대해, 이 세 가지 측면에서 모두 고려해야 함을 강조한다.[7] 기독교 신앙은 예수 그리스도의 가르침을 믿고 따르는 것을 말한다. 기독교인은 역사적으로 실존한 예수 그리스도를 믿고, 그 가르침을 삶의 근거로, 행위의 기준으로 삼고 살아가는 사람이다. 그러므로 기독교인은 모든 도덕 행위를 그리스도의 빛에 비추어 생각하고, 실행해야만 한다.[8] 기독교인은 삶의 모든 영역에서 도덕적 행위에 대해 끊임없이 물어야 한다. '예수 그리스도는 어떻게 하실까?' 이 물음으로 자신의 도덕적 행위를 시작하고, 자신의 도덕적 행위에 대한 정당성의 점검도 이 물음으로 끝맺어야만 한다. 오늘날의 윤리는 보편타당한 도덕 법칙을 찾는 것이 아니다. 지금 여기서 선하고 정의로운 것에 관한 물음이다. 이는 윤리가 아카데믹한 분위기에서 펼쳐지는 고담준론(高談峻論)이나 추상적인 지적 유희가 아니라 현실 속에서 절박한 구체적인 행위에 대한 반성을 의미한다.[9]

기독교인은 예수 그리스도의 가르침을 따르는 제자의 삶으로 부름 받았다. 참된 제자는 스승의 가르침을 제대로 이해하고, 그에 따라 수행해 나가야 한다. 예수 그리스도는 이 땅의 사명을 마치면서 제자들

---

6) 맹용길, 『기독교윤리학개론』(서울: 한국장로교출판사, 1991), pp.20~26.

7) David Clyde Jones, *Biblical Christian Ethics*(Grand Rapids: Baker Books, 2000), p.11.

8) 이에 대한 기독교 명저로 찰스 M. 쉘돈, 『예수라면 어떻게 하실까』, 최정선 옮김(서울: 지성문화사, 2009)이 있다. 이 책의 어린이용으로 필자가 각색해 보았다. 한승진 글 『예수님이라면 어떻게 하실까』(서울: 도서출판 에벤에셀, 2010) 참조.

9) 강성영, *op. cit.*, p.18 참조.

에게 이렇게 명령하셨다. "내가 너희에게 분부한 모든 것을 가르쳐 지키게 하라."[10] 이 말씀은 모든 기독교인과 그리스도 공동체가 준행해야 할 사항으로 권고사항이 아닌 명령이다. 그렇다면 예수 그리스도가 분부한 모든 것은 어떻게 알 수 있을까? 여기서 성서의 권위가 드러난다. 기독교윤리에서 중요하게 다뤄지는 근원적 근거는 바로 성서이다. 이에 대한 한기채의 말이다. "성서의 권위는 주어진 상황과 자료의 내용에 따라 다르게 적용될 수도 있다. 각각의 경우를 구별해서 유연성 있게 대처해야 한다"[11] 성서를 넘어서는 기독교윤리학적 논의나 학문적 성과는 없다. 모든 기독교윤리학의 논의는 성서의 가르침을 해설하는 것, 그 이상도 이하도 아니다.

3. 기독교윤리의 주요 덕목

창세기부터 요한계시록에 이르는 성서의 깊이는 인간의 이성으로는 측량조차 불가능한 신비의 세계로 가득하다. 성서는 오랜 세월 동안 다양한 믿음의 공동체와 신앙인들의 구체적인 상황 속에서 펼쳐지는 하나님의 메시지이다. 성서는 다양한 시대적 상황에 처한 사람들에게 하나님이 방향을 제시하신 내용들이다. 이러한 성서를 이해하는 키포인트는 무엇일까?

---

10) 마태복음 28장 20절 상반절.

11) 한기채, 『성서 이야기 윤리』(서울: 대한기독교서회, 2004), p.44.

(1) 천부인권(天賦人權)

　기독교윤리는 인간의 존엄성을 중요하게 여기는 학문이다. 이를 명료하게 표현하면, '천부인권'이다. 창세기 1장 26절∼28절은 인간이 하나님의 형상을 본떠서 창조되었다고 선언한다. 폰 라드는 인간이 하나님의 형상으로 지음받았다는 것은 인간이 땅 위에 존재하는 '하나님의 대리자라'고 말하였다.[12] 이 선언은 그야말로 인류 역사상 그 유례를 찾아볼 수 없는 최고의 인권선언이다. 모든 종교는 신과 인간 사이의 차이를 전제하고 이를 강조하는 교리를 가지고 있다. 기독교도 예외는 아니다. 그러나 성서의 이러한 선언은, 신과 인간 사이의 본질적 차이만 부각시키는 다른 종교적 주장과는 달리 인간의 존엄성이 신적 위상을 가지고 있음을 주목하고 있다.

　하나님과 인간은 다르다. 그러나 인간의 본질에는 하나님의 형상, 그러니까 그 하나님의 이미지가 담겨 있다. 따라서 인간을 모독하고 짓밟고 차별하는 것은 하나님을 모독하고 짓밟고 차별하는 것과 같다. 바로 이러한 인간존중이 성서의 기본정신을 이루고 있다. 이스라엘 사람들은 바벨론 제국에 포로로 잡혀가 노예생활을 하고 있을 때, 이 성서의 선언을 통해서 자신들의 존엄성을 깨달았으며, 최고의 인격적 자부심을 꺾이지 않고 고난의 세월을 이겨내는 힘과 용기를 길러 왔다. 이러한 기독교의 인간관은 하나님 앞에서 모든 인간의 평등과 인간 상호관계에서 존엄을 지켜내는 자세를 촉구한다. 그러기에 '차별'은 기독교 사상에 애초부터 존재할 수 없는 개념이다. 이런 이

---

12) G. von Rad, *Das Erste Buch Mose, Genesis*, trans. J. H. Marks, *Genesis, The Old Testament Library* (London: SCM Press, 1972), pp.59∼60.

유로 기독교인은 차별에 저항하고 차별로 인해 희생당하는 사람들 편에 서며, 차별을 폐지하는 운동을 펼쳐 나가야 한다.

인간 사이에 차이는 존재한다. 그 차이를 이해하지 못한 채 "당신은 왜 그래?" 하고 자신의 기준에 맞춰 상대를 함부로 판단하고 자기 방식을 강요하는 것은 천부인권을 탄압하는 것이다. 우리 교육의 획일성이 문제가 되는 것도 바로 이 개인적 차이가 가지고 있는 존엄한 가치를 살피지 않고 어떤 목표를 일단 정해 놓고 여기에 두들겨 맞추려 하기 때문일 것이다. 차이는 세상을 다양하게 만들고 우리의 능력을 보다 풍부하게 해 준다. 차이는 인간이 살아가는 방식이 얼마나 다채로울 수 있는가를 일깨워 주며, 그 차이가 조화롭게 결합되기만 하면 얼마든지 멋진 세상과 대안적 현실을 이루어 낼 수 있는가를 알게 한다. 차이는 그 차이로 인해서 세상 사는 재미를 갖게 하며, 각자 가지지 못한 바를 상대에게서 찾게 하는 매력이 되기도 한다. 사람과 사람 사이에 차이가 있는 것은 아름다운 것이고 존엄한 것이며 흥미로운 것이자 신이 인간에게 선물한 은총의 다양함과 풍부함을 증명하는 일이기도 하다.

(2) 사랑의 실천

예수 그리스도는 성서 전체를 이해하는 하나의 도덕적 근거를 제시해 주었다. 그것은 바로 사랑이다. 하나님을 사랑하는 동시에 우리의 이웃을 자기의 몸과 같이 사랑해야 한다.[13] 이러한 사랑은 기독교

---

13) 대답하여 이르되 네 마음을 다하며 목숨을 다하며 힘을 다하며 뜻을 다하여 주 너의 하나님을 사랑하고 또한 네 이웃을 네 자신같이 사랑하라 하였나이다(누가복음 10장 27절).

인의 도덕 행위의 기준으로서, 구체적인 삶 가운데 실현해야 할 사명이다. 이것은 하나의 도덕적 원리가 아닌 살아 있는 명령이다. 바로 지금 여기에서 실현해야 할 즉각적인 수행을 요구한다. 예수 그리스도가 우리를 사랑하신 것같이 우리도 서로 사랑해야 한다.[14]

성서는 이 사랑의 깊이를 일깨워 준다. "오히려 자기를 비워 종의 형체를 가지사 사람들과 같이 되셨고, 사람의 모양으로 나타나사 자기를 낮추시고 죽기까지 복종하셨으니 곧 십자가에 죽으심이라."[15] 예수 그리스도는 하나님의 뜻에 따라 자기를 철저하게 부정하고, 낮고 천한 종의 형체로서 사람들과 함께한다. 다른 사람을 이해하고, 함께하고, 사랑하려면 자신을 낮추는 마음가짐과 실행이 중요하다. 자기를 낮춰 남을 높이는 겸손이야말로 기독교윤리의 주요 덕목이다. 사랑은 혼자서 하는 것이 아니라 상호 관계 맺는 공동체성을 전제로 한다. 하나님은 이 세상을 만드시고 사람이 혼자 있음이 좋지 못하다고 하시며 돕는 배필을 만들어 주셨다.[16] 인간은 혼자서는 불안하고, 서로 협동하는 공동체를 이루어야 온전함을 이루며 살 수 있다.[17] 예수 그리스도는 하나님의 본체이나 다른 사람을 위한 존재가 되셨다. 사람은 다른 사람 없이 있을 수 없고, 또한 살아갈 수도 없다. 이에 다른 사람을 위한 존재로서 예수 그리스도를 따르는 삶이 요청된다. 본회퍼는 신앙이란 예수 그리스도와의 인격적 결합을 통해 그리스도

---

14) 내 계명은 곧 내가 너희를 사랑한 것같이 너희도 서로 사랑하라 하는 이것이니라(요한복음 15장 12절).

15) 빌립보서 2장 7절~8절.

16) 여호와 하나님이 이르시되 사람이 혼자 사는 것이 좋지 아니하니 내가 그를 위하여 돕는 배필을 지으리라 하시니라(창세기 2장 18절).

17) 보라, 형제가 연합하여 동거함이 어찌 그리 선하고 아름다운고(시편 133편 1절). 한 사람이면 패하겠거니와 두 사람이면 맞설 수 있나니 세 겹줄은 쉽게 끊어지지 아니하느니라(전도서 4장 12절). 우리가 알거니와 하나님을 사랑하는 자 곧 그의 뜻대로 부르심을 입은 자들에게는 모든 것이 합력하여 선을 이루느니라(로마서 8장 28절).

의 제자로서 십자가에 달린 예수 그리스도를 철저히 뒤따르는 복종의 행위로 말한다.[18]

우리나라 기독교인들은 믿음은 있으나, 실생활에서는 세상의 가치관에 따라 생활한다. 그야말로 '믿음 따로', '생활 따로'의 삶이다. 이러한 모습의 결과가 충격적인 자료로 드러났다. 지난 2006년 통계청에서 발표한 <2005년도 전국 인구조사보고서>에 의하면, 지난 10년 동안 천주교 신자가 무려 74.4%, 불교 신자도 13.9% 증가했는데 우리 개신교 신자는 총 876만 6,000명으로, 오히려 1.6%(14만 4,000명) 감소했다. 개신교는 그야말로 중대한 위기를 맞고 있다.[19]

이원규는 이미 우리나라 기독교에 대해 우려의 목소리를 내며 그 원인을 지적한 바 있다. 첫째, 한국교회는 개인구원과 교회성장에만 집착했다. 둘째, 한국교회는 주로 수직적 신앙만 강조했지, 수평적 사랑은 무시해 왔다. 셋째, 한국교회는 성공주의, 물질주의 등 세속적 가치의 지배를 받고 있다.[20]

우리 기독교인들은 철저하고 심도 있는 자기반성을 통해 거듭나야만 한다. 기독교의 신뢰성을 회복하는 길은 무엇일까? 그것은 바로 이원화된 하나님 사랑과 이웃사랑의 통일성, 하나님이 기뻐하시는 세상이 되도록 사랑을 실천하는 것이다. 이 땅에 처음 기독교가 세상을 향하여 그랬던 것처럼 사회적 책임과 사명을 감당해 나가야 한다. 기독교는 가족 중심의 혈연관계를 넘어 인종과 국가의 구분도 넘어서는 인간 일반에 대한 관심과 사랑과 보살핌을 강조하는 삶의 지향성

---

18) 디이트리히 본회퍼, 『나를 따르라』, 허혁 역(서울: 대한기독교서회, 1997), p.41.

19) "한국교회 진짜 위기는 '무감각증'", 《기독신문》(2006년 12월 12일자).

20) 이원규, 『한국교회의 현실과 전망』(서울: 성서연구사, 1996), pp.56~57, pp.165~167 참조.

을 드러내야 한다. 이러한 모형은 예수님이 말씀하신 '자비를 베푼 사마리아 사람의 비유'를 통해 알 수 있다. 이 비유는 거의 죽게 된 사람을 보고도 자기중심성을 벗어나지 못하는 종교인들과는 달리 그 사람을 보고 '불쌍히 여겨 그에게 다가가서 상처를 싸매 주고 돌보는 삶의 모범으로 그려 놓고 있다.[21] 바로 우리 자신이 도덕적 성숙을 이루고, 이원화된 하나님 사랑과 이웃사랑의 통일성, 하나님이 기뻐 하시는 세상이 되도록 사랑을 실천하는 것이다.

4. 나오는 말

기독교윤리는 이론적인 학문이 아니다. 기독교윤리는 바른 신앙의 토대 위에 실천적 삶을 촉구한다. 기독교윤리는 믿음이 있다고 말하 면서 실천이 없는 믿음은 죽은 것으로 본다.

> 내 형제들아 만일 사람이 믿음이 있노라 하고 행함이 없으면 무슨 유익이 있으리오. 그 믿음이 능히 자기를 구원하겠느냐. 만일 형제 나 자매가 헐벗고 일용할 양식이 없는데, 너희 중에 누구든지 그에 게 이르되 평안히 가라, 덥게 하라, 배부르게 하라 하며 그 몸에 쓸 것을 주지 아니하면 무슨 유익이 있으리오. 이와 같이 행함이 없는 믿음은 그 자체가 죽은 것이라.[22]

즉 믿음은 실천에 의해서 그 생명력을 입증한다.[23] 그러기에 믿음

---

21) 누가복음 10장 25절~37절 참조.
22) 야고보서 2장 14절~17절.
23) 네가 보거니와 믿음이 그의 행함과 함께 일하고 행하므로 믿음이 온전하게 되었느니라(야고보서 2장 22절).

의 고백보다 사랑의 실천이 더 중요시된다.[24] 기독교인은 하나님이 사랑하시는 세상을 향하여 사회적 책임과 사명을 감당해 나가야 한다. 오늘의 기독교는 개인적인 성숙을 넘어, 하나님의 뜻이 하늘에서 이루어진 것과 같이 이 땅에서도 이루어지도록 예수 그리스도의 사랑을 가지고, 세상 속으로 들어가야 한다. 그러기에 오늘의 기독교윤리는 개인윤리를 넘어서는 사회윤리로서, 실천의 폭을 확대해 나가고 있다.

---

24) 그런즉 믿음, 소망, 사랑 이 세 가지는 항상 있을 것인데 그중의 제일은 사랑이라(고린도전서 13장 13절).

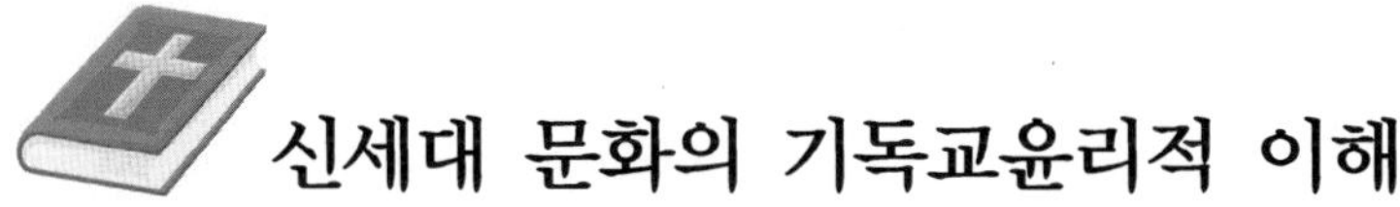# 신세대 문화의 기독교윤리적 이해

1. 들어가는 말

우리가 잘 아는 이솝 우화 중에 '개미와 베짱이' 이야기가 있다. 여름에 열심히 일한 개미는 겨울에 편히 쉬면서 살고, 노래만 부르던 베짱이는 겨울에 걸식을 한다는 내용이다.

예전에는 이 이야기를 '개미의 성실, 베짱이의 게으름'이라는 교훈으로 누구나 받아들였다. 그러나 오늘날, 현실을 중시하는 신세대들은 여름 내내 일을 했던 개미보다는 자신의 인생을 적절히 즐기며 사는 베짱이를 더 선호하는 듯하다. 베짱이가 게으름으로 말미암아 겨울에 걸식하게 되는 것을 신세대들은 오히려 현대에서 베짱이는 노래를 잘 불러 인기가수가 되어 히트하면 CD가 잘 팔려서 돈을 개미보다 훨씬 많이 벌면서 자기가 좋아하는 일을 할 수 있다는 것이다.

이렇듯 시대가 변함과 동시에 기성세대와 신세대는 하나의 이야기, 하나의 주제에서도 서로의 사고 구조가 너무나 판이함을 볼 수 있다. 특히 오늘에 와서는 신세대문화는 기성세대에게 그야말로 충격으로

다가온다. 이들에게 참다운 진리를 일깨워 주고 바른 삶의 방향을 제시하기 위한 기독교교육 현장에서는 무엇보다도 이들에 대한 이해가 요청될 것이다.

2. 신세대문화의 특성

신세대론이 등장하는 것은 이들에게 지금까지의 기성세대와는 매우 다른 점이 있기 때문이다. 흔히 'X세대'라고 불리는 신세대 문화는 이미 우리 주변의 상황 변화를 드러내고, 상당한 미래형 증후군으로 드러나고 있다. 이들은 기성세대와는 전혀 다른 문화의 소유자이며 스스로 차별화를 부르짖는, 그야말로 '별(別) 세대'이다. 흔히 신세대의 특징을 'PANTS 신드롬'이라고 한다. 이는 신세대가 개인적이고(Personal), 흥미 위주로 살며(Amusement), 자연스러움을 좋아하고(Natural), 남녀의 구분이 모호하며(Trans-border), 극단적인 자기 사랑으로(Self-loving) 살기를 원함을 일컫는 말이다.[25]

신세대가 갖고 있는 가장 큰 특징은 '확고한 자기의식'이다. 이들은 기성세대가 겪은 전쟁과 가난의 경험이 없다. 그야말로 풍요 속에서 원하는 것은 무엇이든지 누리며 자란 세대이다. 그러다 보니 이들에게는 무엇보다 모든 것의 주체가 되는 자기 자신이 중요하다. 철저하게 자신을 지키고 자기를 추구하고 자기중심적이다. 이 확고한 자기의식이 때로는 개성으로, 권위에 대한 선별적 복종으로, 개인주의

---

25) 이성희, "미래사회와 미래교회", ≪기독교사상≫(통권 제451호, 1996년 7월), pp.12~16 참조.

로, 부단한 자기 개발로, 창조적인 사고로 나타난다. 그러나 이 자기의식이 부정적인 영향으로 발전하면, 이기주의와 무책임 그리고 가치관의 혼란 등으로 나타날 수 있다. 신세대에게는 모든 주장을 평가해 줄 수 있는 객관적, 합리적, 초시간적 진리가 없다. 오직 현재만이 있을 따름이고 지금, 이 상황, 나만이 중요할 뿐이다. 그리고 가장 확실하게 나의 것으로 남아 있는 것은 나의 감성이다.

신세대는 자기만족, 자기개발, 자기감정 중심, 희박해진 가치관, 컴퓨터 등의 전자기계와 가깝고, 공동체의 구속력보다는 개인생활과 시간관리에 철저한 특징을 보여 주고 있다. 우리나라의 민주화 과정에 지대한 공헌을 해 온 대학생들의 모습도 이제는 취업 준비나 미팅 등의 현실적, 감각적, 개인주의적 가치 중심으로 바뀌었다. 이들의 사고구조는 일관성이 부족하고 이율배반적인 경우가 많은데 이는 특정한 철학이나 윤리 의식에 근거하기보다는 다양한 문화 행위나 일상적인 생활방식에 근거하고 있기 때문이다.

기성세대가 가난의 굴레 속에 오랫동안 매어 있었던 과거를 지니고 있는 반면, 신세대는 가난의 경험보다는 풍요의 열매를 따 먹으며 살아왔기 때문에 소비문화에 대단히 익숙해져 있다. 기성세대가 산업사회 시대를 도입하고 정착시킴으로써 우리 사회를 가난에서 벗어나게 하였으나 신세대는 대중문화의 폭발적 신장에서 비롯된 감각문화에 익숙하고, 된장찌개보다는 간편한 인스턴트식품을 즐기면서 자란 세대이다. 즉 이른바 후기 산업사회의 문화를 향유하면서 성장한 세대이다. 또한 신세대는 컴퓨터의 생활화에 따른 사이버 공간과 영상체계들의 복합이 이루어낸 멀티미디어에 익숙한 세대이다. 이에 반해 기성세대는 대부분의 문화가 영상보다는 인쇄매체를 통한 문자 문화에 더 많은 공감을 표시하는 세대이다. 앨빈 토플러는 기성세대를 활자를 통해 지식을 얻고 정서를 함양해 온 세대라고 하여 '활자세대'라고 부르며, 이와는 달리 신세대를 텔레비전이나 컴퓨터를 이용한 멀티미디어를 통해 지식과 정서를 함양한 세대라는 의미로 '영상세대'라고 규정한다.[26]

활자세대는 노동을 최상의 가치로 생각하는 반면에, 영상세대는 여가를 생활의 중심으로 삼는다고 한다. 또한 활자세대에게는 그들의 사고나 가치를 지배하는 중심적인 논리나 이데올로기가 있어서 그에 따라 행동을 결정하는 반면에, 영상세대는 대중매체에 의해 주어지는 것을 무비판적으로 수용하여 감정에 따라 행동을 결정한다고 한다. 그래서 활자세대는 인간관계에 있어서도 일의 능력에 따라 서열이 주어지는 수직적 관계가 형성되는 반면에, 영상세대는 각자의 개성을 중시하는 수평적 인간관계가 형성된다고 한다. 이것은 놀이문화에서도 분명하게 드러난다. 대부분의 기성세대가 구슬치기나 딱지치기, 술래잡기 등 직접적인 면대면(面對面) 놀이를 하면서 활동하는 놀이문화를 즐긴 반면, 오늘날 신세대는 이런 것보다는 전자오락이나 컴퓨터 게임 그리고 PC통신 등 가상공간에서 상대방과 직접 대면하지 않고 즐기는 놀이에 더 익숙하다.

신세대는 기성세대와는 다른 문화적 특성을 지닌다. 국수주의나 민족주의 같은 것에 연연하지 않고, 외면적 질서의 논리보다는 인간의 내면적 자유를, 합리적 이성이 만들어 내는 형식보다는 감성적 충동에 충실한 삶을 원한다. 이런 까닭에 이성에 의한 통제와 외적 질

---

26) 앨빈 토플러, 『권력이동』, 이계행 감역(서울: 한국경제신문사, 1990); 앨빈 토플러, 『제3의 물결』, 이계행 역(서울: 한국경제신문사, 1989) 참조.

서를 강조하는 기성세대의 문화에 신세대는 저항한다. 그 결과, 신세대문화는 기존의 기성문화를 구성하고 있었던 가치와 권위에 대하여 대립한다. 기성세대는 조화를 이루는 관현악기들이 만들어 내는 클래식음악의 하모니에 익숙해 있지만, 신세대는 하모니보다는 거칠게 두드리는 타악기의 비트 감각에 익숙해 있다. 또한 신세대는 이성적 질서를 기반으로 하는 기성세대와는 달리 감성의 문화를 선호하고, 육체적 욕구를 부끄러움 없이 표현하는 감성적 쾌락주의를 선택하려 한다. 따라서 기성세대들에 의하여 세워진 기존의 도덕적 가치들, 기존의 정치질서, 기존의 제도에 대하여 신세대들은 비판적 거리를 두려고 한다. 특히 우리 사회가 지니고 있는 천민자본주의와 봉건적 권위주의의 유산이 만들어 낸 기성세대의 위선과 허위문화에 대하여 경멸의 시선을 던진다. 이들은 더 이상 기성세대를 향하여 그들의 권위에 호소하며 자신들의 삶의 자리를 만들어 달라고 탄원하지 않는다.

3. 신세대문화의 변혁성과 극복과제

신세대의 문화에는 우리 사회와 교회를 변혁해 낼 추동요인이 있다. 신세대문화는 개성적 · 실용적 · 개방적이고, 억압적인 권위에 대한 저항의 잠재력을 지니고 있다. 이러한 새로운 사고는 새로운 시대, 새로운 실천의 무한한 가능성이 될 것이다. 이들이야말로 새로운 시대를 열어 갈 진정한 주인공이다. 이들에 의해, 명령과 복종이 보편화되어 있던 권위주의 시대로부터 민주적인 질서가 존중 받는 시대로 전환이 이루어지며, 획일적인 질서와 인습의 틀로부터 다양성이 존중되는 시대로 전환될 것이다. 이러한 새로운 세대의 긍정적인 모습으로 상사의 부당한 지시를 당당하게 거부할 줄 아는 신입사원, 선배의 잘못된 문화적 관성을 따르지 않는 대학 신입생들, 소속 정당의 당론에 무조건적으로 따르지 않는 초선의원 등이 그 좋은 예일 것이다. 이런 의미에서 신세대는 부정적인 이미지보다 긍정적 이미지로 다가온다.

우리는 이제 신세대의 의식구조가 알게 모르게 우리 사회 전반에 걸쳐 일어나고 있는 문화적 변혁을 요구하고 있음을 감지해야 한다. 그러기에 신세대문화는 새로운 삶을 위한 기대를 갖게 한다. 우리는 그 나라의 권위주의가 얼마나 극복되었는가를 통해 민주주의의 발전 정도를 알 수 있다. 권위주의는 허구와 허상으로 군림하는 것이고, 강제적·물리적인 힘에 의해서 유지되기에 한시적으로 일정한 공간에서만 유지되기에 발전과 개혁에 있어서 그 자체로 한계를 설정하고 부정적으로 작용한다. 이러한 권위주의는 폐쇄성을 낳고, 폐쇄성은 투명성을 부정한다.[27] 신세대는 기존의 부패한 도덕성에 대한 저항의 힘을 가지고 있다. 신세대는 기존의 세대가 범한 부패한 도덕과 권위주의에 대하여 저항하는 힘을 지니고 있다. 신세대의 윤리적 성향은 오늘날 우리가 추구하는 민주사회에 적합한 건전한 개인주의를 촉진시킬 수 있다. 보편적인 인간의 존엄성과 가치에 기반을 두는 현대사회는 소수의 사람들을 신화화시킴으로써 비합리적인 도덕적 우월성을 부여하는 논리를 받아들이지 않는다. 이런 점에서 본다면 지금까지의 세대들은 새로운 사회가 요구하는 새로운 도덕적 의식을

---

27) 박경서, "국내외 인권 문제와 기독교", 정원범 엮음, 『21세기문명과 기독교』(서울: 목회자신문사, 2004), p.149.

받아들이는 데 부적합하였다. 그러나 신세대는 전통이 요구하는 비합리적 권위에 저항할 의식이 있고, 특권적 권위를 부정하는 개인주의적 성향을 뚜렷이 지니고 있다. 또한 신세대는 새로움에 대한 모험을 감내한다. 이것은 새로운 세대의 자신감이기도 하고, 진취적인 모험주의이기도 하다. 이러한 개방성으로 신세대는 우물 안의 개구리처럼 살아가던 기성세대와는 달리 일 년에 수만 명의 젊은이들이 세계를 여행하고 있으며, 우리 사회는 세계의 각 나라와 동시간적 문화를 형성하고 있다.

그러나 이러한 신세대문화에도 극복해야 할 과제들이 있다. 기존의 도덕적 질서와 권위에 저항하는 신세대의 의식은 자칫하면 도덕적 허무주의에 빠져들 수 있다. 새로운 도덕성을 향한 이행의 과정은 많은 갈등과 고통과 희생을 치러야 한다. 또한 신세대의 강한 자기표현을 선호하는 성향이 지나치게 외향적인 가치에 많은 관심을 기울일 수 있다. 이러한 경향은 감성적 소비에 치닫는 신세대의 천박한 양상을 보여 주기도 한다. 이를 부추기는 상업자본주의 문화와 대중매체에 신세대는 그대로 노출되어 있다. 이에 대해 기독교계는 신세대들이 재미와 상업주의에 도취되어 비판의식이 결여되지 않도록 이를 지적해 낼 사회적 역할을 수행하고, 건강한 경제윤리관을 심어 주어야 할 것이다.[28] 이러한 성향은 일시적인 가치, 순간적인 쾌락에 탐닉하게 하는 감성주의에 젖어들게 되어, 보다 지속적이고 영원한 가치를 소홀히 할 수 있다. 이러한 성향을 재촉하는 자본주의적인 가치들에 대한 무비판적 수용은 내면적 · 영적인 가치들에 대한 몰이해를

---

28) 김정곤, "기독교문화관", 『기독교문화연구』(대전: 한남대학교 기독교문화연구원), p.115 참조.

불러올 수 있다. 이러한 신세대 문화의 기저(基底)에는 포스트모더니즘 문화가 자리 잡고 있다. 포스트모던 현상의 가장 큰 특징은 하나의 보편적이고 초문화적이고 초시간적인 진리를 찾으려는 것을 포기한다.[29] 아울러 신세대의 개방적 문화는 무비판적 세계문화에 빠져 듦으로써 우리 문화에 대한 주체성 상실을 가져올 수 있다. 세계문화를 향한 개방성 속에 내재된 서구문화 숭상주의를 비판적으로 수용할 자성(自省)적 능력을 갖추지 못할 때는 민족적 주체성의 상실이라는 엄청난 자기 해체를 불러올 수도 있다.

신세대는 이를 경계하기 위해 이성과 체험의 통합을 위한 노력을 꾸준히 해 나가면서,[30] 합리성과 상상력의 조화에 힘쓰고,[31] 감각과 지성이 조화롭게 어우러지도록 성숙을 이루어 가야 한다.[32] 하버드 대학교 사무엘 헌팅턴(S. Huntington) 교수는 『문명의 충돌』을 통해 다양한 세계문명을 분석해 냈다. 이 책에서 언급하는 세계 문명권에서 '중국문명' 혹은 '황하문명'이 나오고, '일본문명'을 언급하는데 우리나라의 문명은 나오지 않는다. 중국과 일본은 고집스럽게 자기 것을 지키면서 외국문화를 받아들였는데, 우리나라는 우리 것을 버리면서 지나칠 정도로 서구문화지향으로 현대문화를 만들어 왔다.[33] 이제

---

29) Stanley J. Grenz, *A Primer on Postmodernism*(Grand Rapids, Michigan: William B. Eerdmans Publishing Company, 1996), p.8. 또한 절대와 유일의 부정으로 상대주의와 다원주의로 나타난다. 이정호, 『포스트모던 시대에서의 영미문학의 이해』(서울: 서울대학교 출판부, 19991), p.12.

30) 내가 복음을 부끄러워하지 아니하노니 이 복음은 모든 믿는 자에게 구원을 주시는 하나님의 능력이 됨이라 먼저는 유대인에게요 그리고 헬라인에게로다. 복음에는 하나님의 의가 나타나서 믿음으로 믿음에 이르게 하나니 기록된바 오직 의인은 믿음으로 말미암아 살리라 함과 같으니라(로마서 1장 16절~17절), 이는 우리가 이제부터 어린아이가 되지 아니하여 사람의 속임수와 간사한 유혹에 빠져 온갖 교훈의 풍조에 밀려 요동하지 않게 하려 함이라(에베소서 4장 14절).

31) 마태복음 13장 1절~15장 20절 참조.

32) 대답하여 이르되 네 마음을 다하며 목숨을 다하며 힘을 다하며 뜻을 다하여 주 너의 하나님을 사랑하고 또한 네 이웃을 네 자신같이 사랑하라 하였나이다(누가복음 10장 27절).

우리 신세대가 우리 문화에 대한 치열한 자기발전 동력을 통해 우리 것을 세계화하는 노력을 기울여 나가기를 소망한다. 하나의 예로 우리나라는 각 지방마다 살아 숨 쉬는 문화적 특징이 개성과 창의성으로 멋지게 드러난다. 이러한 다양한 지역성이야말로 우리 문화의 자랑이다.[34]

4. 나오는 말

"열 길 물속은 알아도 한 길 사람 속은 모른다"는 속담이 이런 경우를 두고 하는 말이었을까? 아침 · 저녁으로 밥상을 마주 대하는 우리의 아들, 딸, 동생들 바로 그들이 빚어내는 거대한 문화적 충격에 휩싸여 우리는 이토록 곤욕을 치르고 있다. 이미 친숙해져 있는 대상이기에 이들을 객관적으로 바라본다는 것은 그만큼 힘겨운 일이다. '신세대'에 대한 우리의 첫 인상과 그 이미지는 다분히 부정적이다. 서울의 압구정동, 홍대, 신촌 거리를 비롯하여 대도시의 번화가를 휘젓고 다니는 무언지 불량스럽게 보이는 젊은이들의 돌출적인 형태가 떠오르기 때문이다.

기성세대가 일방적으로 그어 놓은 테두리 안에, 기성세대가 일방적으로 규정한 그런 신세대는 존재하지 않는다. 신세대는 그보다 훨

---

33) 사무엘 헌팅턴, 『문명의 충돌』, 이희재 역(서울: 김영사, 2000) 참조.

34) 지역적 특성을 아름답게 전해 주는 내용은 유홍준, 『나의 문화유산 답사기』 1~3권(서울: 창작과 비평사, 2008)을 참조. 이에 대한 프랜시스 쉐퍼(F. A. Schaeffer)의 말은 주목을 끈다. "기독교 예술은 나라마다 달라야 한다. 아프리카에서 고딕식 건축이 성공적이라면 아프리카 사람들에게 기독교는 낯선 것이 될 뿐이다." 프랜시스 쉐퍼, 『예술과 성경』, 조병수 역(서울: 성광문화사, 1981), p.74.

씬 풍부하고 다양하다. 신세대는 접근 불능의 유별난 집단도, 어느 날 하늘에서 뚝 떨어진 존재도 아니다. 바로 기성세대가 살아온 과정 속에서 성장한 이들이다. 신세대의 의식구조는 지나칠 정도로 개인주의 혹은 이기주의적 경향을 띠기도 한다. 이러한 모습은 면대면의 깊은 인간관계와 공동체를 중시하는 삶의 양식에 익숙해 온 전통적 가치관과 일정한 대립관계를 형성하는 것으로 드러난다. 이것이 바로 오늘 우리 기독교교육현장에서 고민하고, 풀어 나갈 과제이다.

'우리 때는 교회가 최고였다'는 말처럼 한때 교회는 갈 곳 없는 청소년들이 안식할 수 있는 합법적인 문화공간이었다. 그러나 오늘의 신세대들은 교회를 외면하고 있다. 왜 그럴까? 앞서 지적한 신세대의 특성과 윤리관은 오늘의 교회구조와 매우 거리가 멀다. 신세대는 '문화세대'라고도 한다. 이제 우리는 신세대와 함께 어우러지는 열린 마음과 너그러움으로 그들을 건강하게 양육하는 노력을 모색해 나가야만 할 것이다.

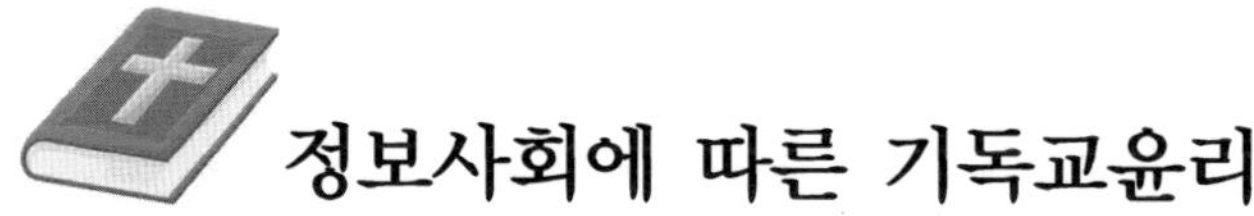

정보사회에 따른 기독교윤리

1. 들어가는 말

흔히 우리가 사는 시대를 가리켜 '정보사회'라고 말한다. 현대사회에서 가장 영향력을 미치는 힘의 근원이 정보이다. 미래학자 앨빈 토플러는 정보사회를 만들어 낸 주역이 바로 '제3의 기술혁명'으로 등장한 멀티미디어이며, 이 새로운 매체가 삶의 전 영역에서 가져올 변화를 '제3의 물결'이라 하였다. 이에 대해 앨빈 토플러는 산업사회는 소비자가 생산자를 위해 존재하는 시대였지만, 앞으로의 시대는 생산자와 소비자가 하나가 되는 '프로슈머(prosumer)'의 시대가 될 것이라고 하였다. 정보시대의 새로운 정보 체계의 방향은 이전의 발신자 중심에서 수신자 중심으로 그 중심이 이동된다.[35] 제3의 물결 시대는 컴퓨터와 통신의 결합으로 정보 혁명이 일어나고 정보사회가 이루어진다.[36] 정보사회는 '정보 가치의 생산과 이용을 중심으로 발전하는

---

35) 앨빈 토플러, 『제3의 물결』, 이계행 역(서울: 한국경제신문사, 1989), p.28.
36) 이종각, 『교육사회학 총론』(서울: 동문사, 1996), p.300.

사회’라고 할 수 있다.[37] 정보사회는 산업사회와는 다르게 효율성이나 효과성보다 유연성과 창의성이 더 중요한 사회이다. 산업사회와 정보사회의 차이를 개미와 거미로 표현할 수 있다. 전자는 부지런히 일하여 모든 먹이를 독점하는 시대로 부지런한 사람들의 시대이다. 후자는 공중에 거미줄을 치고 사는 생물로 부지런히 일하는 타입이 아니라, 좋은 길목에 거미줄을 치고 기다리다가 먹이가 걸리면 잡아먹는 정보사회로, 부지런함보다 정보망을 많이 가진 사람의 시대이다. 정보사회는 개미의 독점이 아니라 거미의 공유가 중요한 사회로 정보사회에 필요한 규범과 가치는 모든 지식과 소유의 공유를 통한 정보 네트워크이다. 따라서 정보사회는 모든 사람이 중심이다.

오늘 우리 시대는 급격히 정보사회로 이동하면서 전통적 규범과 가치체계의 혼란과 세대 간의 갈등이 사회문제로 드러나고 있다. 이 글은 정보사회에 대한 논의를 통해, 이와 관련된 기독교윤리적 의미를 모색해 보려고 한다.

2. 정보사회에 따른 사회구조적 변화

정보사회의 가장 큰 변화의 주체는 바로 ‘지식정보’라고 할 수 있다. 지식정보는 오늘날 양적인 면에서 커다란 변화를 보이고 있는 것 중의 하나다. 1,500년 이전에는 유럽에서 1년에 대략 1,000권의 출판물을 발행했지만, 1960년대 중반에는 하루에 출판되는 책이 1,000권

---

37) 엄창일, 『새로운 사회 정보화 사회』(부산: 부산대학교 출판부, 1998), p.211.

에 달한다.[38] 최근에는 3~5년마다 인간의 지식이 두 배로 늘어나고 있는데, 21세기에 접어들면 그 속도가 가속화되어 11시간마다 두 배로 증가될 것이라고 한다.[39] 정보사회의 급격한 변화는 컴퓨터와 뉴미디어, 통신기술 등을 포함하는 정보기술의 혁명적인 발달에 의해 촉진된다. 정보사회는 컴퓨터와 데이터 통신망으로 발전된 현대과학을 사용하지만 그 내면에 있는 중요한 가치는 인간 중심의 정보력, 즉 인간이 만들어 내는 사고를 중심으로 이루어진다. 이런 정보사회는 창의적인 개인을 존중하는가 하면 전체적인 공존의 네트워크로 상호 보완성을 가지고 있어 인간이 만들어 내는 민주주의와 사회주의의 평등 사고를 동시에 만족시킬 수 있는 새로운 사회상을 보여 주기도 한다. 또한 정보사회는 폭넓은 정보의 확산에 따라, 사회의 평준화가 가속화된다. 사람들은 정치 · 경제 · 사회 · 문화의 각 부문에 걸친 정보를 쉽게 접하게 된다. 이로 인해 정보사회는 사회구조를 피라미드 체제에서 수평적인 관계구조로 만들게 된다.[40] 정보통신 기술의 발달은 대중의 각종 정보의 접근기회를 확대하였고, 쌍방향 통신매체의 성격은 모든 분야에서 대중의 참여 폭을 확장해 주었다.

정보사회의 문화 인프라(Infra)는 보이는 것에서 보이지 않는 것으로, 손에 잡히는 것에서 잡히지 않는 것으로, 집단적 단방향적인 것에서 쌍방향적인 것으로 변해 가고 있다. 익명성과 개별성이 주요 특징인 정보사회는 컴퓨터가 생활의 중심이 되어 컴퓨터를 활용한 정보산업이 호황을 누릴 것이며, 정보가 중요한 자산이 될 것이다. 또한

---

38) 앨빈 토플러, 『미래의 충격』, 장을병 옮김(서울: 범우사, 1997), p.42.

39) 허운나, "새로운 교육 패러다임의 필요성과 교육정보화", 크리스천 아카데미 편, 『정보화 시대, 교육의 선택』(서울: 대화출판사, 1997), p.36.

40) 이영제, 『정보화 사회와 기독교』(서울: 컴퓨터선교회, 1993), p.178.

인간의 기능이 단순화하며 극단화되고, 로봇 등의 발달로 인간의 유휴 노동력이 증가할 것이다. 정보사회는 대인커뮤니케이션 방식이 개인화되면서도 동시에 네트워크화되는 현상에 잘 부합할 수 있게 되었다. 이로 인해 사람들은 더욱더 많은 정보를 공유하기를 원하게 되었고, 또한 자기 자신을 더욱 많이 표현하게 되었다. 따라서 정보 활용이 홈페이지나 카페운영에 제한되고 있거나 정보 전달을 목적으로 하거나 신자들의 참여도 단지 교회나 공동체의 게시판에 글을 올리는 정도로 그치는 소통방식을 넘어서는, 보다 적극적인 정보를 개발하고 공유하는 주체적인 의식이 요구된다.

3. 정보사회의 기독교윤리적 의미

(1) 우려되는 측면들과 윤리적 의미

정보사회는 '가면 문화' 또는 '가상현실'이 극대화될 것이다.[41] 이렇게 되면 가상현실과 가치를 현실적 가치와 혼동하게 될 수도 있다. 사이버세계는 우리가 직접 만져볼 수 없는 가상세계이지만 간접적으로 만져볼 수 있고, 보고 듣고 느낄 수도 있는 현실세계이기도 하다. 또한 사이버세계는 우리의 육체가 직접 몸담을 수 없는 세계라는 점에서 가상세계이지만, 인간이 만든 세계라는 점에서 현실세계이기도 하다.[42] 더 나아가 가상현실이 실제 현실보다 더 큰 영향을 미칠 수

---

41) 최인식, "멀티미디어 시대 가치관의 신학적 이해", 《기독교사상》(통권 446호, 1996년 2월), pp.10～22.
42) 조용환·윤여각·이혁규, 『문화와 교육』(서울: 한국방송통신대학교 출판부, 2006), p.204.

있고, 현실을 떠나 가상적인 세계에 더 집착할 수도 있다. 현실세계에서는 억압을 받는 위치에 있더라도 사이버세계에서는 자신이 모든 것을 관리하고 조정하는 자신만의 하위세계를 건설할 수도 있다. 이러한 주도성 때문에 사이버세계에 안주하면서 현실세계로부터 도피하는 현상이 나타나기도 한다.[43] 이와 같은 문제점들을 대표하는 것이 바로 '인터넷 중독'이다. 이것은 현실세계보다 가상현실을 좋아함으로써 학업과 직장과 가정생활이 파괴되고, 환각과 만성피로 등에 시달리다가 정신적 이상이 생기게 되는 신종 질병이다.

정보사회의 사람들은 컴퓨터로 처리된 정보만을 사실로 받아들이고, 채팅과 같은 방식의 인간관계에 익숙해지면서 더불어 살아가는 공동체 의식을 약화시킨다. 맥킨타이어는 모든 것이 파편화되고 혼란스러운 상황에서 자신의 자아 정체성을 담보하는 방편으로서 공동체적인 개념으로서 '전통'을 새롭게 강조하였다.[44] 또한 상대방의 얼굴을 직접 보지 않아도 되며, 자신의 행위가 다른 사람의 눈에 띄지 않는다는 점 때문에 탈선의 유혹을 받게 된다. 오늘날 인터넷상에서 집단적인 언어폭력과 비도덕적인 이야기들이 세상에 퍼지면서 발생하는 사회적 문제도 심각한 수준이다.

가상공간(cyber space)은 그 의사소통의 관계에 있어서 바람직하지 않은 방향으로 변화되는 경향이 있으며, 한편으로는 도덕성이 위협받는 공간이 되어 가는 경향 때문에 우려의 목소리가 일고 있다. 얼굴과 얼굴을 맞대고 주고받는 의사소통이나 육체적 접촉이 없기에,

---

43) *Ibid.*, p.208; 박충구, "멀티미디어 사회와 윤리적 과제", ≪기독교사상≫(통권 446호, 1996년 2월), pp.24-33 참조.

44) Alasdair MacIntyre, *After Virtue: A Study in Moral Theory*(Notre Dame: University of Notredame Press, 1981), p.245.

이에 따른 도덕불감증으로 탈도덕화의 근본적인 원인이 된다. 최근 우리 사회에 '악플'에 의한 심각한 사회문제와 타인의 지적 재산을 무단 도용하거나 개인의 신상정보를 사업적 목적으로 유출하는 문제가 발생하고 있다. 90년대 초 개봉된 '네트'는 현대인의 삶이 어떻게 통제되고 조작될 수 있는지를 흥미롭게 보여 주었다.[45] 다른 사람과의 인격적인 만남이 줄어들고 혼자 컴퓨터에만 몰두하는 '나 홀로 집에' 형태의 사회적 관계형성 부재현상이 초래될 수 있다. 이어령은 정보사회에서도 아날로그의 의미는 결코 무시될 수 없음을 말하면서, 정보사회라고 해서 아날로그가 없어진 것이 아니라 혼재됨을 말하였다. 이를 '디지로그'라는 신조어를 통해 두 개의 방식이 혼합되어 나타나는 현상을 설명하면서 정보사회에도 아날로그적인 사고와 삶의 방식이 함께 어우러져야 함을 강조하였다.[46] 그레트라인은 복음 커뮤니케이션 과정에 면대면(面對面) 커뮤니케이션을 인격적인 매체로, 매체를 사용한 커뮤니케이션을 비인격적인 매체로 구분하였다. 그의 주장은 복음을 소통시키는 일이 아무리 정보매체를 통해 이루어진다 해도 기본적인 틀은 인격적인 커뮤니케이션이 되어야 한다는 것이다.[47]

정보사회는 정보격차의 문제도 심각하게 될 것이다. 정보는 지식과 돈을 낳는 자원이지만 사용하는 사람의 활용능력에 따라 전혀 다른 가치를 갖게 된다. 이러한 모습은 기독교세계에도 나타난다. 몰트만은 '시장화된 종교'를 가리켜 복음을 상품으로 만들어 선전하는 것으로 보았고, 그 내용은 "행복, 성공, 자의식의 메시지"라고 비판했다.

---

45) 박종대·이태하·김석수, 『현대인의 삶과 윤리』(서울: 민지사, 2000), pp.185~189. 김승환, "정보사회 빛과 그림자", 《뉴스플러스 NEWS+》(1996년 3월 28일), p.47 참조.

46) 이어령, 『디지로그』(서울: 생각의 나무, 2006) 참조.

47) 크리스티안 그레트라인, 『복음의 커뮤니케이션』, 김상구 역(서울: 기독교문서선교회, 2008) 참조.

실제로 우리나라 개신교의 방송매체는 '시장화된 종교'의 모습을 보여 준다. '방송선교헌금'이라는 명목으로 돈을 낼 수 있는 대형교회의 목사들이 방송을 독점한다. 소수의 대형교회 목사들의 메시지는 축복, 성공, 건강이라는 주제로 국한되어 있다. 이러한 교회들은 수백억~수천억을 들인 교회당과 화려한 교회 프로그램을 보여 주면서 자기 교회에 올 것을 홍보하고, 돈을 들여 잘 만든 홈페이지를 활용한다. 대형교회들은 교회 홈페이지에 담임목사 소개란을 만들어 화려한 학력과 경력으로 교회를 홍보한다. 이러다 보니 교회 간 정보에 대한 부익부 빈익빈 현상이 드러나게 되고, 교회들마다 자본화된 성공지향에 중점을 두게 된다. 담임목사들은 자신의 상품성을 높이기 위해 박사학위와 직함에 민감하게 되면서 이에 따른 부작용의 모습이 사회적 문제로 드러나기도 한다(목사들의 외국 무인가 박사학위 소동, 목사들의 수많은 직함 남발, 교단장과 단체장 선거에 거액의 금품수수 사건 등).[48]

이런 양상은 사회경제적 차이도 정보기술의 획득 기회에 차이를 가져오는 요인이 된다. 따라서 정보자원을 잘 활용할 수 있는 능력과 지위를 갖는 집단과 그렇지 못한 집단 사이의 질적·양적 격차는 정보화가 고도화될수록 더욱 심화될 것이다. 이러한 정보의 차이는 특정계층이나 지역 또는 국가 사이의 정보 불평등과 정보종속의 문제를 가져오게 될 것이다. 그러므로 평등한 정보사회가 이루어지기 위해서는 정보 이용의 대중화와 접근기회 및 분배의 평등화가 이루어

---

48) Jürgen Moltmann, "Ist der Markt das Mass aller Dinge?", Rudolf Weth(Hg.), *Tatale Markt und Menschenwürde*, Neukirchener, 1996, p.84를 손규태, "오늘날의 경제윤리 – 신자유주의 세계경제체제의 비판", 『지구화와 사회윤리 – 변화된 노동관계』(서울: 다산글방, 2003), p.29에서 재인용.

지도록 해야 할 것이다.

(2) 교회 정보매체 활용윤리

정보사회에 따른 교회의 활용은 다양하다. 예배에 대한 풍부한 영상적 지원이 가능하다. 이를 통해, 새 신자에게 기독교 믿음과 설교에 대한 보다 감각적 내용을 제시해 줄 수 있고, 기존 신자에게도 설교 내용에 대한 요약이나 영상적인 그림이나 삽화나 글귀는 설교내용을 더 쉽고 풍부하게 이해하도록 할 수 있다.

그러나 이러한 영상장치에 대한 논의도 필요하다. 예배시간에 활용하는 영상은 자칫 하나님을 인위적인 영상이나 테크닉에 제한하고,[49] 영적 세계를 추구하는 것도 눈에 보이는 모습으로만 인식하려는 경향으로 치닫게 되는 위험을 초래할 수 있다. 영상을 통한 예배는 자칫 영이신 하나님을 영상적인 모습으로 변모하는 위험성으로 하나님의 이미지를 왜곡할 수 있다. 영상예배는 보이는 우상을 만들지 말라고 하신 하나님의 제2계명을 위반할 위험성이 있다. 왜냐하면 영상을 통하여 보이지 않는 하나님을 보이는 모습으로 나타내고자 할 수 있기 때문이다.[50] 또한 설교자의 모습을 면대면(面對面)이 아닌, 대형 영상으로 접하면서 예배의 대상과 초점이 하나님이 아닌 설교자에게로 집중하게 될 수도 있다. 정보사회에 따른 가상공간은 인간이 그 안에 들어가 탐닉하고 행복을 찾아야 하는 곳이 아니라, 문명

---

49) 하나님은 영이시니 예배하는 자가 영과 진리로 예배할지니라(요한복음 4장 24절).

50) 너를 위하여 새긴 우상을 만들지 말고 또 위로 하늘에 있는 것이나 아래로 땅에 있는 것이나 땅 아래 물 속에 있는 것의 어떤 형상도 만들지 말며(출애굽기 20장 4절).

의 이기(利器)로 사용하는 도구일 뿐이다. 그야말로 가상공간은 새로운 실재가 아니라 인간이 전자를 통해 구성한 가상적 세계일 뿐이다. 자크 엘룰은 현대인이 기술의 힘을 지나치게 과신하게 될 때 '기술적 동물'의 차원으로 전락하고, 기술의 지배를 받게 됨을 지적하는 말을 하였다. "기술사회의 물질지향성은 인간의 자유를 약속하는 것 같으나 결코 인간에게 자유를 증대시켜 주지는 않는다. 기술사회의 자동 등재적 성격에 이끌려 살아가는 인간의 미래는 이제 누구도 이 기술문명을 정지시킬 수 없게 된다."[51] 피트릭도 정보사회를 주도하는 현대기술이 인간의 개성 · 자율성 · 자발성 · 비합리성 · 자유 등을 파괴하는 사상적 근원이라고 말했다. 즉 기술이 발달할수록 인간은 개인의 자아의식 · 삶의 목적 · 자유의지 · 윤리적 책임의식 등이 약화되고, 발달된 기술의 매력에 빠져들게 된다.[52] 마르쿠제도 우리가 사는 시대를 물리적인 폭력에 의한 지배가 아닌 기술의 지배를 받고 있음을 지적하였다.[53]

정보매체를 제대로 활용하면 이상적인 대화의 가능성을 제공할 수 있다. 정보사회는 익명으로 대화할 수 있기 때문에 권력에 의한 대화의 왜곡이나 독점을 막는 장점도 있다. 하버마스는 이상적인 대화를 매개로 참된 합의에 도달할 수 있으며, 이와 같은 합의를 전제로 이전의 거짓된 합의를 배격하고 그 억압적 상황에서 해방될 수 있음을 말한다. 그런데 이 이상적인 합의는 바로 이상적인 언어 상황이 주어진 경우에만 가능하며, 그것은 외부적인 강제력이 전혀 없는 이상적

---

51) Jaque Ellul, *Technological Society*, tr. John Wilkinson(New York: Vantage Books, 1964), p.35.

52) E. D. Pytlik, *Technology, Change and Society*(Worcester: Davis Publications, Inc, 1978), pp.12~13.

53) Herbert Marcuse, 『일차원적 인간』, 박병진 역(서울: 한마음사, 2009), p.19.

인 삶의 세계가 보장된 경우에 주어질 수 있다.[54] 하버마스가 말한 이상적 언어 상황이 인터넷을 통하여 가능해진다. 이제는 사회와 공동체들이 독선적·폐쇄적 구조를 넘어, 개방·협력·참여에 의한 비판적 사고와 민주적 대화에 노출됨으로써 보다 투명한 사회와 공동체를 이루어 갈 수 있다. 이를 통해 어느 특정 메시지의 독점에서 벗어나, 합리적·비판적·예언적 기능의 극대화를 가져올 수 있다.

4. 나오는 말

인쇄기술이 발명되었을 때, 이것을 제일 먼저 수용하고 선교의 목적을 위하여 활용했던 곳이 바로 개신교이다. 루터의 독일어 성서번역과 출판은 종교개혁을 실질적으로 가능하게 하였다. 개신교는 방송이 나왔을 때도 바로 선교를 위하여 활용했다. 하나님은 이제 정보사회를 우리에게 허락하셨다. 우리가 사는 세상은 인터넷을 통하여 이제는 시·공간을 마음대로 넘나들며 정보를 교환할 수 있게 되었다. 사도 바울은 로마 군대가 닦은 길을 통해 세계복음화를 이루어 나갔다. 우리는 정보사회를 맞이하여 우려되는 측면들은 예방하고 치료하는 사회윤리적 기능을 수행하면서, 비판적 사고와 윤리적 시각에서 기독교교육과 복음전파에 효과적으로 활용해야 할 것이다. 하나의 예로, 멀티미디어 예배는 병원에 입원한 환자를 위하여 또는 지리적으로 멀리 떨어져 있는 사람들을 위하여 효과적이다. 또한 직접적인 선교가 어려운 사회주의권 국가나 이슬람 국가 등 선교와 해외 선교사 지원에도 유익하다.

---

54) 김진, 『철학의 현실문제들』(서울: 철학과 현실사, 1994), p.316.

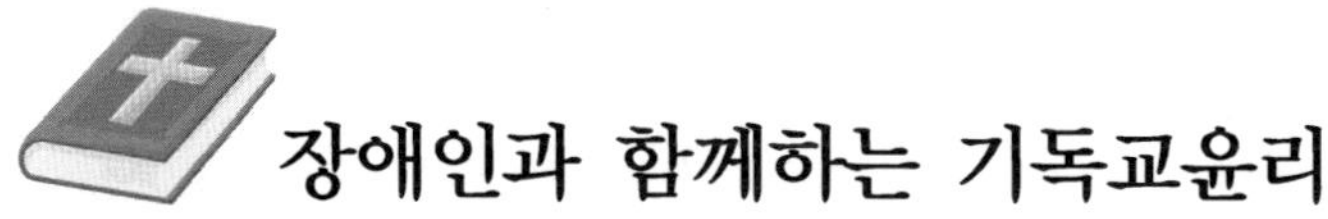

장애인과 함께하는 기독교윤리

1. 들어가는 말

우리가 사는 시대를 가리켜, '기술문명의 위기'라고들 한다. 그 이유는 생태계가 심각하게 파괴되고 인간의 공동체적 관계가 상실되고 있기 때문일 것이다. 이러한 기술 문명은 쾌락과 편리함을 추구하게 된다. 그에 따라 고통에 대한 민감한 감성을 잃었고, 고통을 견디는 힘도 잃었다. 고통에 대한 민감성은 건강한 삶의 척도이다. 신경이 손상되거나 한센병과 같은 병에 걸린 사람은 고통을 느낄 수 없다. 개인뿐 아니라 사회와 문명의 건강도 고통에 대한 민감성에 비추어 평가할 수 있다. 다른 사람의 아픔을 헤아릴 수 없는 사회는 공동체적 기초를 상실한 사회일 것이다.

오늘 우리 사회와 교회도 고통에 대한 민감성을 잃어가고 있다. 고통에 대한 민감성을 잃고 있다는 뚜렷한 증거는 장애인에 대한 편견과 무관심의 자세에서 찾을 수 있다. 우리 사회는 장애인에 대한 편견이 심하다. 장애인들이 사는 곳은 집값이 떨어진다고 하고, 장애인

학교나 시설이 들어서는 것도 배척한다. 안타까운 현실은 각 교회 달력에 4월 20일이 장애인의 날임을 명시하지만 정작 4월 25일을 장애인 주일로 표기하고, 지키는 경우는 거의 없다. 손택은 '타인의 고통'에 연민을 보내는 것만으로는 부족하다고 지적하면서, 우리의 특권이 그들의 고통과 연결되어 있을지도 모른다는 사실을 숙고해 보는 것이 중요함을 말했다.[55]

이 글은 오늘 우리 시대의 당면과제로 장애인 문제의 실상을 살펴보고, 이를 극복하기 위한 작업으로 성서가 말하는 장애인에 대하여 살펴보고, 이를 통해 장애 극복의 진정한 건강성에 대한 기독교윤리적 의미를 제시해 보려고 한다.

2. 장애인 문제의 심각성

신체적이든 정신적이든 장애를 지닌 사람은 단지 장애 자체에만 머물지 않는다. 장애가 원인이 되어 신체적, 심리적 그리고 사회적 장애마저 겪게 된다.[56] 특히 장애인의 자기 정체성이 신앙과 차별적인 세속 문화와 맞물릴 때 장애인의 신체적인 장애는 복합적인 장애로 바뀐다. 남성중심사회에서 여성이, 백인중심사회에서 유색인종이 차별과 억압에 시달리듯이, 능력이나 생산성만을 가치로 내세우는 사회에서 장애인에 대한 편견과 무시와 차별은 더욱 심각해지고 있다. 현재 우리나라의 장애인은 대략 백오십만 명 정도로 추산하고 있다. 정

---

55) 수전 손택, 『타인의 고통』, 이재원 역(서울: 도서출판 이후), 서문 참조.
56) 권도용, 『장애인재활복지 − 체계와 실태』(서울: 홍익재, 1995), pp.30~32.

부 자료에 의하면, 현재 우리나라 등록 장애인은 전체 인구 대비 4.5%에 이른다. 그런데 이 수치는 2000년 이후 연평균 11.2%씩 꾸준히 증가하고 있다.[57] 그렇다면 우리나라에 장애인의 숫자도 정확하게 파악하지 못하고 장애인복지, 장애인교육, 장애인 선교를 운운하는 것 자체가 어불성설일 수 있다. WHO(세계보건기구)는 전체 인구의 10% 이상을 장애인으로 본다. 그렇다면 우리나라는 대략 4백50만 명 이상의 장애인이 있다는 말이다. 이 수치는 우리 개신교 전체 인구의 50%가 넘는 수치이다.

그런데 우리의 현실은 이들 장애인에 대한 복지가 적절하게 제공되지 못한 실정이다. 우리나라는 OECD(경제협력개발기구) 가입국들이 GDP(국내 총생산량)의 30% 안팎에 달하는 복지비를 지출하는 데 반해, 11% 정도만을 지출하고 있다. 우리나라의 사회복지 지출 수준이 OECD 30개 회원국 가운데 멕시코를 제외하고 최하위라는 보고서가 나왔다. 한국보건사회연구원에 따르면, 2008년 사회복지 지출 규모는 112조 1,720억 원으로 국내 총생산(GDP) 대비 10.95%였다. 이는 OECD 평균인 23.7%의 절반에도 못 미치는 수준이다.[58] 더욱이 현 정부에 들어서면서 선성장·후복지 정책 기조에 따라 복지 예산은 더 줄어들었다. 이와 같은 단순한 수치로도 장애인 문제의 심각성을 알 수 있다. 이를 좀 더 구체적으로 살펴보면 다음과 같다.

먼저 장애인의 경제 문제이다. 장애인의 실업률은 심각한 실정이다. 그나마도 대다수의 장애인들이 저임금과 장시간 단순노무직에 종

---

57) "장애인 실업률 전체 인구 3배…… 장애인 복지예산 OECD 가맹국 최하위권", 《울산노동신문》(2010년 2월 8일자).

58) "OECD 최하위 사회복지 예산 늘려야 한다", 《서울신문》(2010년 2월 13일자).

사하고 있다. 현재 장애인고용촉진법이 제정되어 3백명 이상의 근로자가 있는 사업장에서는 의무적으로 2%의 장애인을 고용하도록 강제로 규정하고 있다지만 제대로 지켜지지 않아 겨우 0.49%의 고용률을 보이고 있다. 국가공공기관부터 이를 지키지 않고 있어 장애인 고용은 구호로만 그치고 있는 실정이다.

다음으로 교육 문제이다. 장애인이 비장애인과 동등한 사회생활을 하기 위해서는 교육이 절실하게 요구된다. 그러나 장애인의 교육 정도는 터무니없이 낮다. 학교에서는 편의시설을 제대로 갖춰 놓지 않아 마음 편하게 다닐 수 없고, 일반학교에서 수용할 수 있는 학생에게도 특수학교 진학을 권유하고 있다. 분명 약간의 편의시설과 배려만 있다면, 비장애인과 함께 더불어 통합교육이 가능한데도 굳이 장애인들끼리 모여 공부를 하게 함으로써 제도 교육을 통한 사회화를 가로막고 있다. 그러나 특수학교를 가고 싶어도 그 수요에 비해서 학교 수가 적어, 교육의 혜택을 제대로 받을 수도 없다. 1995년부터 시작된 장애인 특례 입학제도 역시 겉으로 생색만 내고 있지, 실제로 장애인들이 교육을 받을 수 있는 여건들을 갖추지 못한 경우가 많다.

마지막으로 사회적인 문제이다. 장애인들이 사회활동을 하기 위해서는 사람들을 만나야 하고, 그렇게 하기 위해서는 집 밖으로 나가야 한다. 하지만 장애인들이 집 밖으로 나가는 것은 쉬운 일이 아니다. 대중교통시설은 편의시설이 되어 있지 않은 경우가 많고, 건물마다 계단과 높은 턱이 험난한 장벽이 되고 있다. 신호등의 시간도 짧아서 위험한 실정이고, 택시는 장애인의 승차를 꺼린다. 또한 사회적인 편견도 심하다. 현재 우리 사회는 장애인을 대하는 자세가 성숙하지 못하다. 집 근처에 장애인 시설이 생기려고 하면 온 동네 사람들이 집값이 떨어지고, 자녀교육상 문제가 생긴다고 반대 데모를 하는 님비현상(집단 이기주의)이 벌어지곤 한다. 또한 장애인을 불쌍한 사람으로, 낮은 수준의 사람으로 생각하는 동정의 시선도 큰 문제다.

3. 장애인에 대한 기독교윤리적 의미

(1) 성서가 말하는 장애인

1) 구약성서가 말하는 장애인

구약성서가 장애인에 관하여 구체적으로 언급하는 본문은 많지 않다. 특히 장애인에 관하여 부정적으로 말하는 대표적인 본문은 레위기 21장에 나오는 제사장의 자격 조건과 사무엘하 5장 8절의 속담이다. 이 구절은 문자적인 의미를 넘어, 당시의 역사적 정황과 성서 전체의 맥락에서 깊이 살펴보고 이해해야 한다. 이 구절은 다윗 왕이 이끄는 군대가 여부스 족속을 침략하려 하자 어떤 경우라도 다윗의 침략을 막아낼 수 있음을 강조하기 위해 나온 구절이다. 여부스 사람들은 눈먼 사람, 다리 저는 사람이라 할지라도 다윗의 군대를 이길 수 있다는 말로 사기를 높이기 위한 말이지 장애인 차별을 명문화하기 위한 구절이 아니다.

무엇보다 장애인의 부정적 시각을 규정하는 데 영향을 미친 본문은 성결법에 들어 있는 제사장 자격 조건을 나열한 레위기 21장이다. 이 본문은 흠이 없는 것을 제사장의 중요한 필수 조건으로 명시하고 있다. 하나님과 이스라엘 백성의 중보자인 제사장이 될 수 없는 12가지 신체적 결격 사유를 나열하고 있다.

> 아론에게 말하여 이르라 누구든지 너의 자손 중 대대로 육체에 흠
> 이 있는 자는 그 하나님의 음식을 드리려고 가까이 오지 못할 것이
> 니라. 누구든지 흠이 있는 자는 가까이하지 못할지니 곧 맹인이나
> 다리 저는 자나 코가 불완전한 자나 지체가 더한 자나, 발 부러진
> 자나 손 부러진 자나, 등 굽은 자나 키 못 자란 자나 눈에 백막이
> 있는 자나 습진이나 버짐이 있는 자나 고환 상한 자나, 제사장 아
> 론의 자손 중에 흠이 있는 자는 나와 여호와께 화제를 드리지 못할
> 지니 그는 흠이 있은즉 나와서 그의 하나님께 음식을 드리지 못하
> 느니라.[59]

여기서 언급된 목록에서 볼 수 있듯이 제사장의 신체적 조건을 이
렇게 규정한 것은 흠이 있는 동물이나 부정한 동물은 제물로도 사용
될 수 없는 것과 같은 이유이다.[60] 제사장의 육체적인 흠은 성소를 더
럽히는 것으로 제사장이 장막이나 성소에 접근하는 것을 금지하였다.
장애가 있을 경우 대제사장이라도 지성소에 들어가는 것을 금지하였
다. 흠이 있는 동물을 희생제사의 제물로 사용할 수 없듯이 장애를 가
진 제사장은 제의를 수행할 수 없었다. 이에 대한 구절은 다음과 같다.

> 여호와께서 모세에게 말씀하여 이르시되, 아론과 그의 아들들과 이
> 스라엘 온 족속에게 말하여 이르라. 이스라엘 자손이나 그중에 거
> 류하는 자가 서원제물이나 자원제물로 번제와 더불어 여호와께 예
> 물로 드리려거든, 기쁘게 받으심이 되도록 소나 양이나 염소의 흠
> 없는 수컷으로 드릴지니, 흠 있는 것은 무엇이나 너희가 드리지 말
> 것은 그것이 기쁘게 받으심이 되지 못할 것임이니라. 만일 누구든
> 지 서원한 것을 갚으려 하든지 자의로 예물을 드리려 하여 소나 양

---

59) 레위기 21장 17절~21절.
60) 레위기 11장의 정결한 짐승과 부정한 짐승의 분류 참조.

으로 화목제물을 여호와께 드리는 자는 기쁘게 받으심이 되도록
아무 흠이 없는 온전한 것으로 할지니, 너희는 눈먼 것이나 상한
것이나 지체에 베임을 당한 것이나 종기 있는 것이나 습진 있는 것
이나 비루먹은 것을 여호와께 드리지 말며 이런 것들은 제단 위에
화제물로 여호와께 드리지 말라, 소나 양의 지체가 더하거나 덜하
거나 한 것은 너희가 자원제물로는 쓰려니와 서원제물로 드리면
기쁘게 받으심이 되지 못하리라, 너희는 고환이 상하였거나 치었거
나 터졌거나 베임을 당한 것은 여호와께 드리지 말며 너희의 땅에
서는 이런 일을 행하지도 말지며, 너희는 외국인에게서도 이런 것
을 받아 너희의 하나님의 음식으로 드리지 말라 이는 결점이 있고
흠이 있는 것인즉 너희를 위하여 기쁘게 받으심이 되지 못할 것임
이니라.[61]

너희가 더러운 떡을 나의 제단에 드리고도 말하기를 우리가 어떻
게 주를 더럽게 하였나이까 하는도다. 이는 너희가 여호와의 식탁
은 경멸히 여길 것이라 말하기 때문이라. 만군의 여호와가 이르노
라 너희가 눈먼 희생제물을 바치는 것이 어찌 악하지 아니하며 저
는 것, 병든 것을 드리는 것이 어찌 악하지 아니하냐 이제 그것을
너희 총독에게 드려 보라 그가 너를 기뻐하겠으며 너를 받아 주겠
느냐.[62]

그러나 주목할 점은 그들이 성소의 거룩한 음식을 먹는 것은 허락
되었고, 무엇보다 그들을 부정함의 범주 속에 포함시키지는 않았다는
점이다. 그들의 장애가 부정한 상태로 진단되지 않았다는 것은 그들
의 장애로 인해 제사장의 신분을 박탈당하거나 종교적으로 격리의
대상으로 구분된 것이 아님을 말해 준다. 그렇지만 자신의 고유 기능
인 제사를 수행하지 못하는 제사장은 사회적 고립과 차별을 겪어야
했을 것이다. 레위기를 좀 더 살펴보면 장애인에 대한 무시나 냉대를
여호와의 이름으로 금하고 있음을 알 수 있다.[63] 만약 이를 어길 때,

---

61) 레위기 22장 17절~25절.
62) 말라기 1장 7절~8절.

하나님의 응징도 각오해야 한다.

장애인이 비장애인과 함께 살아가는 공동체 안에서 평등과 조화와 소속감을 경험하는 것은 중요하다. 이사야는 죽음이 극복되고, 그 어떤 장애가 없는 평화로운 미래를 꿈꾸고 있다.

> 보라 내가 새 하늘과 새 땅을 창조하나니 이전 것은 기억되거나 마음에 생각나지 아니할 것이라. 너희는 내가 창조하는 것으로 말미암아 영원히 기뻐하며 즐거워할지니라. 보라 내가 예루살렘을 즐거운 성으로 창조하며 그 백성을 기쁨으로 삼고, 내가 예루살렘을 즐거워하며 나의 백성을 기뻐하리니 우는 소리와 부르짖는 소리가 그 가운데서 다시는 들리지 아니할 것이며, 거기는 날 수가 많지 못하여 죽는 어린이와 수한이 차지 못한 노인이 다시는 없을 것이라 곧 백 세에 죽는 자를 젊은이라 하겠고 백 세가 못 되어 죽는 자는 저주받은 자이리라. 그들이 가옥을 건축하고 그 안에 살겠고 포도나무를 심고 열매를 먹을 것이며, 그들이 건축한 데에 타인이 살지 아니할 것이며 그들이 심은 것을 타인이 먹지 아니하리니 이는 내 백성의 수한이 나무의 수한과 같겠고 내가 택한 자가 그 손으로 일한 것을 길이 누릴 것이며, 그들의 수고가 헛되지 않겠고 그들이 생산한 것이 재난을 당하지 아니하리니 그들은 여호와의 복된 자의 자손이요 그들의 후손도 그들과 같을 것임이라. 그들이 부르기 전에 내가 응답하겠고 그들이 말을 마치기 전에 내가 들을 것이며, 이리와 어린 양이 함께 먹을 것이며 사자가 소처럼 짚을 먹을 것이며 뱀은 흙을 양식으로 삼을 것이니 나의 성산에서는 해함도 없겠고 상함도 없으리라 여호와께서 말씀하시니라.[64]

또한 이사야서는 새로운 세상을 꿈꾸면서 장애인의 건강한 몸의 회복을 구체적으로 제시한다. "그때에 맹인의 눈이 밝을 것이며 못 듣는 사람의 귀가 열릴 것이며, 그때에 저는 자는 사슴같이 뛸 것이

---

63) 너는 귀먹은 자를 저주하지 말며 맹인 앞에 장애물을 놓지 말고 네 하나님을 경외하라 나는 여호와이니라 (레위기 19장 14절).

64) 이사야 65장 17절~25절.

며 말 못하는 자의 혀는 노래하리니 이는 광야에서 물이 솟겠고 사막에서 시내가 흐를 것임이라."[65] 이는 예레미야서에서도 볼 수 있다. "보라 나는 그들을 북쪽 땅에서 인도하며 땅끝에서부터 모으리라 그들 중에는 맹인과 다리 저는 사람과 잉태한 여인과 해산하는 여인이 함께 있으며 큰 무리를 이루어 이곳으로 돌아오리라."[66]

2) 신약성서가 말하는 장애인

신약성서도 장애인에 관하여 언급하는 본문이 많지 않다. 그러나 장애인에 대한 분명한 기준이 드러난다.[67] 제자들이 예수님께 시각장애인을 보면서 이것이 누구의 죄 때문이냐고 묻는 질문은 그 시대의 장애인에 대한 사회적 시각이 잘 드러난다. 하나님의 형상을 따라 지음 받은 인간이 장애를 입는다는 것은 하나님의 뜻을 거역한 벌로 생각하는 사회적 분위기가 강했다. 이것은 장애의 결과에 대한 원인을 종교적 차원에서 이해하는 인과응보적인 사고방식이었다. 그러니 장애인들은 장애로 인한 고통뿐만 아니라 천벌이라는 사회적 무시와 냉대 속에서 적절한 복지적 혜택을 받지 못한 채, 낮은 자존감과 정신적 고통으로 더 어려운 처지였다. 그러므로 이들의 장애에 대한 치료의 간절함은 짐작할 수 있다. 이에 대해 예수님은 죄의 결과라는 사회적 인식을 거부하시고, 이 사람의 장애가 하나님의 일을 드러내기 위한 거룩한 과정임을 말씀하셨다. "예수께서 대답하시되 이 사람이나 그 부모의 죄로 인한 것이 아니라 그에게서 하나님이 하시는 일

---

65) 이사야 35장 5절~6절.
66) 예레미야 31장 8절.
67) 요한복음 9장 1절~12절 참조.

을 나타내고자 하심이라."[68] 예수님은 3년간의 공생애 동안 많은 장애인들에게 새로운 삶을 열어 주셨고, 이사야서의 예언을 성취하셨다.[69]

예수님은 몸의 치료보다 더 중요한 것으로 장애인들의 믿음에 주목하셨다. 이것은 진정한 건강은 몸의 치료를 넘어서는 하나님의 형상을 회복하는 데까지 이르러야 함을 일깨워 준다. 일시적이거나 간헐적인 자선과 구제는 장애인들을 위한 근본적인 사랑이 아니다. 오히려 정신적으로 나약하게 만들어 지속적으로 의존적인 인간이 되도록 할 수 있다. 예수님은 장애인들에게 근본적인 치료를 통하여 하나님의 형상이 일그러진 몸과 마음과 영혼의 회복으로, 비장애인 사회에 건강하게 참여할 수 있도록 해 주신 것이다.

(2) 기독교윤리가 말하는 장애의 극복

진정한 장애의 치유는 장애의 요소를 제거하거나 고통을 없애는 것에 머무는 것이 아니라, 장애인에 대한 배척과 선입관을 조장하는 부정적 태도와 제도와 구조를 바꿔, 장애인 스스로 힘을 얻고 자유함을 얻을 수 있는 단계까지 나아가야 한다. 장애인은 영원히 서비스를 받는 동정의 대상이고, 비장애인은 우월의식으로 장애인에게 서비스를 베푸는 방식으로는 참된 치유의 공동체를 이룰 수 없다. 그러므로 우리는 장애인을 소외시키고 차별하는 개인과 사회의 부정적인 태도와 제도를 타파해 나가야 한다. 사회가 건강하게 발전해 나가려면, 장애인이 자신의 장애를 있는 그대로 받아들이면서 비장애인과 더불어

---

68) 요한복음 9장 3절.
69) 이사야 35장 5절∼6절과 이사야 61장 1절∼3절 참조.

살아가는 공동체성을 이루어 가야 하며, 장애인과 비장애인이 상호 의존적이면서도 상호 독립적인 관계로 발전되어야 한다. 이것이 바로 일그러진 하나님의 형상을 회복하는 진정한 건강이다.

우리가 잘 아는 말대로 인간은 사회적인 동물이다. 이 말은 인간이 혼자서는 살 수 없고, 여럿이 함께 어우러지면서 살아야만 하는 존재임을 일깨워 준다. 그런데 인간의 역사를 들여다보면, 함께 어우러지는 공동체성이 파괴되고 지배와 피지배, 강자와 약자로 나뉘는 모습을 쉽게 볼 수 있다. 이로 인해 '강자'(强者)라고 할 수 있는 비장애인·남자·기득권자 등에 의해 하나님의 형상으로 지음받은 인간의 원형은 조각조각 파괴되어 갔다. 이러한 악마성을 몰아내고, 회복하려고 구원자로서 이 땅에 오신 하나님이 바로 예수님이다.

> 예수께서 그 자라나신 곳 나사렛에 이르사 안식일에 늘 하시던 대로 회당에 들어가사 성서를 읽으려고 서시매, 선지자 이사야의 글을 드리거늘 책을 펴서 이렇게 기록된 데를 찾으시니 곧, 주의 성령이 내게 임하셨으니 이는 가난한 자에게 복음을 전하게 하시려고 내게 기름을 부으시고 나를 보내사 포로 된 자에게 자유를, 눈먼 자에게 다시 보게 함을 전파하며 눌린 자를 자유롭게 하고, 주의 은혜의 해를 전파하게 하려 하심이라 하였더라.[70]

우리는 단지 장애라는 이유로 차별받거나 소외됨이 없는 완전한 참여와 평등을 통해, 개인 결점의 종류와는 관계없이 삶의 욕구를 펼쳐 나갈 수 있는 기회와 필요한 도움을 삶의 현장에서 얻을 수 있어야 한다.

교회는 세상 속에서 장애인과 비장애인이 함께 어우러지는 통합의

---

70) 누가복음 4장 16절~19절.

모델을 보여 주어야 한다. 이를 위해서 예배당이나 교육관 등 모든 건축물에 장애인 편의 시설을 설치하고, 장애인들의 보조용구나 필요한 것들을 기본적으로 갖추어야 한다. 장애인들도 예배뿐만 아니라 모든 교회 활동에 참여할 수 있도록 분위기와 여건을 만들어 주고 지원해 주는 것이 필요하다. 교회 내에서 필요한 경우에는 장애인들과 비장애인들이 함께 참여할 수 있는 성서공부, 친교 봉사 및 전도 프로그램들을 특별히 개발하여 실시함으로써 장애인과 비장애인이 함께할 수 있는 기회를 될 수 있는 한 많이 제공하여 주는 것이 필요하다.

(3) 새로운 장애인 윤리의 요청

장애는 모든 사람에게 일어날 수 있는 존재 양식이다.[71] 장애는 누구에게나 일어날 수 있는 무차별적인 조건임에도 그것만으로 차별하고 무시하고 냉대한다. 우리 역사에서 쉽게 찾아볼 수 있는 가진 사람과 못 가진 사람, 지배하는 사람과 지배당하는 사람, 남성과 여성, 백인과 흑인, 비장애인과 장애인 등의 차별적 사고는 분명 사회·문화적 편견에서 온 것이다. 더욱이 장애는 죄와 관계가 없다. 물론 순간적 실수나 욕심이 자신과 타인에게 치명적인 장애를 가져오기도 한다. 많은 경우, 장애는 가난이나 무지에서 발생한다. 장애는 분명 인간의 육체적 조건이나 한계를 말한다.

이러한 장애를 지녔다고 해도 인간은 누구나 하나님이 주신 하나님의 형상으로 창조되었된 존재로서 존엄하다. 인간은 인종이나 종교

---

71) 김성원, 『장애도 개성이다』(서울: 인간과 복지, 2005), p.51.

나 장애에 상관없이 누구이든 하나님의 형상대로 창조된 것으로써 동등하게 존중되어야 한다. 오늘날 의료적인 관점에서 장애를 규정하는 것에 문제가 있다. 장애인 등록증을 가지고 있는 사람들만이 장애를 갖고 살아가고 있는 것이 아니다. 화상을 입어서 얼굴 형태가 거의 없어진 사람들이나 심각한 비만 때문에 고통스러워하는 사람들의 경우, 의료적 기준에서 볼 때는 장애로 분류되지 않을 수 있다. 또한 우리 사회의 미적 기준과는 거리가 먼 몸을 지녔다는 이유로 많은 차별을 당하기도 한다. 이와 같은 경우, 이런 사람들 역시 장애인으로 보고 이들을 위한 사회적 지원의 의식전환도 필요하다. 장애의 개념은 사회문화적 산물이라고 볼 수 있다.

최근 미국에서는 장애인에 대해 'Disabled person'(장애를 지닌 사람)이라는 개념 대신에 'Differently abled person'(다른 능력을 가진 사람)으로, 청각장애인을 'seeing person'(보는 능력이 뛰어난 사람), 시각장애인을 'hearing person'(듣는 능력이 뛰어난 사람)이라고 한다. 그러므로 이들은 의료적 기준에 의해서, 소외된 존재일 뿐이다.

4. 나오는 말

오늘 우리는 장애에 대한 이해가 부족하다. 우리는 장애인에 대하여, 불쌍한 사람이니 도와주어야 한다는 단편적인 생각을 한다. 심지어 '장애는 저주이고, 비장애는 축복', '장애인은 귀신 들린 사람'이라는 등과 같은 흑백논리적인 신앙에 근거한 잘못된 장애인에 대한 의식을 가지고 있는 경우도 많다.

이제 우리는 잘못된 장애인에 대한 의식에서 벗어나 보다 성숙한 의식과 실천적 다짐으로 나아가야 한다. 부족하고 죄 많은 내가, 하나님의 사랑을 목말라하는 심정으로 장애인을 사랑하고, 섬겨야 한다. 우리가 바라보는 장애인 안에 하나님이 계시기 때문에, 온 인류의 죄와 고난을 지고 십자가에 달리신 그리스도가 장애인과 더불어 계시기 때문에 장애인을 사랑하고 섬기는 것이 바로 하나님을 섬기는 것이다. 우리가 사랑 깊은 마음으로 장애인을 끌어안아야 그리스도를 끌어안을 수 있고, 하나님의 사랑에 우리 자신을 내맡길 수 있다. 우리 인구의 10%에 이르는 이들을 향한 사랑의 손길을 내밀어야 한다. 이제는 '불쌍하니까 도와준다'는 식으로 장애인을 대해서는 안 된다. 우리의 사랑은 그리스도의 장성한 분량만큼 자라나야 한다.

얼마 전 청각장애 학생에게 이야기해 준 내용이다. 장애에 대한 우리의 차별적인 허위의식에 대하여 되새겨 보면서 이 글을 마치려 한다.

난 눈이 나빠서 안경은 써. 안경 벗으면 저 멀리에 있는 큰 글씨도 안 보여. 버스도 제대로 못 타. 그러니 안경은 내게 아주 중요한 거야. 나같이 눈이 나빠서 안경 쓴 사람더러 장애인이라고 말하는 사람은 없어. 안경 쓴 나를 이상하게도 생각하지도 않아. 나 자신도 이상하게 생각하지 않고, 그냥 불편하니까 안경을 쓰는 것 뿐이야. 그렇지. 너도 만찬가지야. 귀가 좀 불편하니까 보청기를 끼는 것 뿐이야. 그게 뭐가 문제야? 눈이 나빠 안경 쓰는 나나 귀가 나빠 보청기를 끼는 너나 불편한 걸 보완하는 건 같은 거야.
그런데 왜 사람들이 보청기를 끼는 사람은 좀 이상하게 보고, 안경 쓰는 사람은 이상하게 안 볼까? 그건 아주 간단해. 안경 쓰는 사람이 많고 보청기 끼는 사람이 적어서 그래. 안경 쓰는 사람을 장애인으로 보면 아마 안경 쓰는 사람들이 화를 낼 거야. 막~ 항의하겠지. 이런 사람 중에는 높은 사람들이 많고, 공부 많이 한 사람들도 많잖아. 그래서 장애인으로 말하지 않는 거야.

그런데 보청기를 끼는 사람의 숫자는 적잖아. 그러니 힘이 약해. 그래서 좀 부족한 사람으로, 불편한 사람으로 규정짓는 거야. 이거 정말 억울하지 않니? 많은 사람이 하는 건 정상이고, 적은 사람이 하는 건 비정상일까? 이런 생각은 아주 잘못된 거야. 이런 생각은 고쳐야 해. 네 자신부터 이런 생각을 버려야 해. 네 스스로 당당하면 누구도 널 부족한 사람으로 생각지 않아. 중요한 건 네 마음가짐이야.

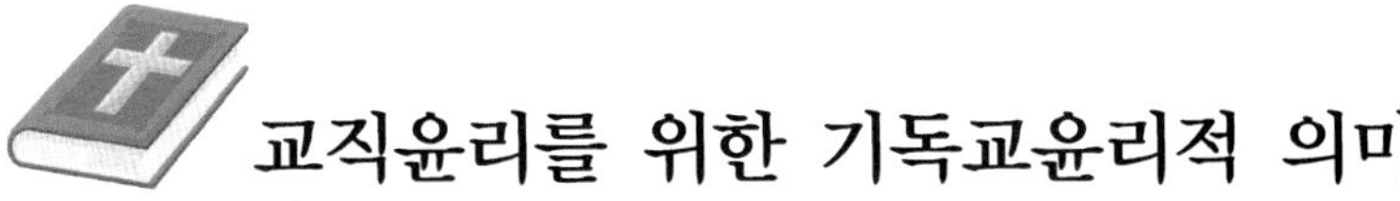

교직윤리를 위한 기독교윤리적 의미

1. 들어가는 말

오늘 우리의 교육현장은 심각한 지경에 이르렀다. 연이어 터지는 교육계의 비리가 개그 프로그램의 소재가 되었다. 급기야 대통령이 교육문제의 해결을 국정의 중점 과제로 삼겠다고 선언하였다. 이와 함께 올해 전면 실시한다는 교원평가 문제로 교육계는 더욱 혼란을 겪고 있다. 우리 사회의 교권침해는 어제, 오늘의 문제가 아니다. 최근 들어 교권침해사건이 속출하고 있다. 교사가 잘못을 저지른 학생에게 체벌을 했다고 해서 학부모가 학교에 와서 학생들 앞에서 교사에게 폭언을 하고 심지어 멱살을 잡는 사건도 벌어지곤 한다. 어떤 학생은 자신에게 훈계를 하는 선생님을 휴대전화기로 경찰에 고발하고, 경찰은 교장의 허락 없이 교사를 수업 도중에 경찰서로 연행하는 일도 있었다.

또한 교사가 이런저런 구실을 붙여 학부모에게 향응이나 금품을 강요한다는 불미스러운 소문들이 사람들의 입에 오르내리곤 한다. 얼마 전에는 의과대학 교수와 학교장이 뇌물수수 의혹을 받고는 조사 도중에 자살한 사건이 보도되었다. 오늘의 현실은 그야말로 교육의 총제적인 위기라고 말해도 지나치지 않다.

오늘날 교사는 그 이전의 세대보다 우수한 인력을 갖추고 있다. 요즘 교사 되기가 '하늘에서 별 따기'라고 할 정도로 교직의 인기가 치솟았지만, 정작 교사를 지망하는 동기는 사명감보다는 교직이 주는 경제적이고 안정적인 측면이 강하다. 즉 교직을 선호하는 동기나 자세에 교직윤리에 대한 의식이 결여되어 있다는 것이 가장 큰 문제이다. 교직은 그 어떤 직업인보다 높은 윤리의식을 요청 받는다. 사람들이 교사를 신뢰하는 것은 교사가 높은 수준의 윤리의식을 가지고 있고 교사로서 직업윤리를 잘 지킴에 있을 것이다. 이 글은 기독교윤리적인 의미에서 교사가 갖춰야 할 자세와 윤리의식을 모색해 보려고 한다.

2. 교직윤리가 요청되는 시대

오늘날 우리는 과거와는 달리 매우 다른 패러다임 속에서 이른바 문명사적 전환의 시대를 살고 있다. 세계는 이제 하나의 지구촌으로 되어 가고 있으며, 우리는 그 속에서 다른 나라와 경쟁하고 협력해야 하는 이중적 과제에 직면해 있다. 또한 세계 경제체제의 변화와 자본의 국제 간 이동이 가속화되면서 국내 산업과 고용구조에도 심각한 변화가 도래했으며, 정보화 사회로 발전함에 따라 이전에는 경험해 보지 못한 사이버 공간에서의 삶이 현실에서 실현되고 있다. 이러한 현실 속에서 우리는 도덕성 쇠퇴와 비인간화 현상을 경험하고 있다.

과학기술의 발달로 인류의 물질문명은 급속도로 발전되어 가고 있지만, 그러한 변화가 진정으로 삶의 질을 높이고 인간다운 삶을 영위하도록 해 주지는 못하고 있다. 이렇게 볼 때 우리는 급격한 사회변동과 가치관의 혼란을 이 시대의 특징으로 지적할 수 있다.

문제는 이러한 사회에 대처하기 위해 어떤 노력을 기울여야 하는가 하는 점이다. 여기서 중요하게 대두되는 것이 바로 '교육'이다. 변화와 혼동을 특징으로 하는 사회 속에서 개개인으로 하여금 바람직한 삶을 영위하도록 하기 위해서는 이에 적절한 자질을 길러 줄 수 있는 교육이 뒷받침되어야 한다. 이러한 교육이 그 기능을 제대로 발휘하기 위해서는 교육을 직접 담당할 교사가 먼저 바로 서야 한다. 즉 교사가 먼저 현대사회에서 요구되는 양질의 지식과 바른 안목 그리고 올바른 가치관을 지니고 건전한 삶을 영위할 수 있는 자세와 능력을 지녀야 한다. 왜냐하면 교육의 질이 결코 교사의 질을 넘지 못하기 때문이다.

교사가 되려는 사람은 누구나 자신의 스승, 즉 교사를 갖는다. 그리고 그들은 자기 나름대로 자신의 스승을 평가하게 된다. 어떤 선생님은 참 좋은 교사로 기억에 남아 있는가 하면 다른 어떤 선생님은 그렇지 않은 경우로 각인될 수 있다. 그리고 우리가 좋았다고 생각되는 선생님은 왜 그러한가, 즉 그 선생님의 어떤 경우가 그렇게 훌륭하고 좋았던가를 곰곰이 생각해 보면 '참교사'에 대한 자신의 기준을 확인할 수 있을 것이다. 그 반대로 좋지 않았다고 기억되는 선생님의 경우도 그 원인을 곰곰이 생각해 보면, 자신이 생각하는 '부정적인 교사'의 면모를 대략 짐작할 수 있을 것이다. 우리가 진정 존경하고 평생토록 기억 속에 간직하는 스승은 교과적인 지식과 수업(강의)이 좋았던 교사인 경우도 있겠지만, 그보다는 주로 참다운 인간을 만드는 교육을 하였다.

3. 기독교윤리적 의미에 따른 교직윤리

교직은 다른 어떤 전문 직종보다도 높은 윤리의식을 요구하는 직업이다.[72) 교육행위란 교사의 전문지식과 인격이 어우러지게 됨으로써 비로소 이루어질 수 있다. 왜냐하면 교사의 인격이란 교사에 대한 처우의 좋고 나쁨 이전의 문제이기 때문이다. 교사의 인격은 그 자체가 교육적 환경이자 교육적 가치이다. 빌 하이벨스는 바람직한 기독교신앙윤리를 거룩함과 세속이 분리되지 않고 일치된 삶의 자세임을 말했다. 그러면서 그는 바른 신앙의 자세는 어느 공간, 장소 또는 사람의 시선이나 판단에 근거하는 것이 아니라 하나님과의 관계 속에서, 하나님 존전(尊前) 앞에서(Coram Deo) 신실하게 사는 실천하는 삶으로부터 나오는 것임을 강조하였다.[73) 이런 삶의 자세를 '신독'(愼獨)이라고 한다. 이 말은 남이 보든 안 보든 자신의 양심에 따라 살아가는 자세를 말한다.[74)

교육이란 본질적으로 가르치는 사람과 배우는 사람의 만남과 또 그들 사이의 상호작용을 통해 가치지향적인 인격형성을 촉진하는 과정이다. 맥신 그린은 교육과정의 역할을 '관계를 만드는 것' 혹은 '의

---

72) 내 형제들아, 너희는 선생 된 우리가 더 큰 심판을 받을 줄 알고 선생이 많이 되지 말라(야고보서 3장 1절).
73) 빌 하이벨스, 『아무도 보는 이 없을 때 당신은 누구인가』 박성민 옮김(서울: 한국기독학생회 출판부, 2007) 참조.
74) 무슨 일을 하든지 마음을 다하여 주께 하듯 하고 사람에게 하듯 하지 말라(골로새서 3장 23절).

미를 구성하는 것'이라고 하였다. 이것은 바람직한 교육과정은 교사의 전통적 지식과 학생의 현재적인 경험이 교육 내용으로 통합되어야 함을 말한 것이다.75) 즉 바람직한 교육은 교사와 학생이 서로 성장하는 것이다(教學相長). 이는 임제종(臨濟宗)이 지은 『벽암록』(碧巖錄)에 나오는 '줄탁동시'(啐啄同時)라는 말과도 같은 의미이다. 이 말은 안과 밖에서 함께해야 일이 이루어진다는 말로, 병아리가 껍질을 쪼는 것을 줄이라 하고, 어미닭이 쪼는 것을 탁이라 하는데 이것이 함께 이루어져야 부화가 가능하다는 비유에서 나온 고사성어이다. 그러기에 교사는 부단한 자기수양을 통해 인격을 연마해 나가야 한다. 교사에게 요구되는 인격이란 단순한 도덕성이나 시민적 자질 또는 사명감이나 천직의식의 고취만으로 형성되는 것이 아니다. 교사의 인격에는 일반적 덕성뿐만 아니라 사물에 대한 정확한 이해능력, 탐구활동에 대한 진지성, 인간과 자연에 대한 애정 그리고 교직 수행에 있어서 온몸으로부터 우러나오는 전인적 덕성이 요구된다.

이처럼 교사가 교사이기 이전에 먼저 '참인간'이기를 강조하는 것은 교사가 인간을 만드는 직업인이기 때문이다. 그리고 인간을 만드는 일에는 특별한 기술도 필요하지만 이보다 교사의 인품과 행동이 더 중요하다. 학생들은 교사가 애써 가르치지 않고자 하는 내용, 심지어는 교사가 본받지 말았으면 하는 것조차 교사를 통해 배우게 된다. 이를 교육학에서는 '잠재적 교육과정'이라고 한다. 이는 형식적 교육과정과는 달리 의도하지 않았지만 가르쳐지는 부분을 말하는 것으로 '숨겨진 교육과정' 또는 '비명시적 교육과정'이라고도 한다. 실제로

---

75) Maxin Green, "Curriculum and Consciousness", in William Pinar, *Curriculum Theorizing*(Berkeley: McCutchan, 1975), pp.311-314.

학생들에게 일어나는 변화 중 상당 부분은 교회나 학교가 의도하거나 계획한 것과는 다른 것일 수 있다. 교수하지 않았지만 학습이 일어난 것으로 교과수업 이외에 교사와 학생의 관계, 학생과 학생의 상호관계 그리고 교회나 학교의 분위기나 풍토에 따라서 여러 가지 변화가 일어날 수 있다.[76]

교사의 자질과 덕성에 대한 대략 네 가지 정도를 제시하면 다음과 같다.

첫째, '사랑'이다. 교사에게 요구되는 덕목으로 무엇보다도 우선되어야 할 것이 사랑이다. 교육대상자인 학생에 대한 사랑 없이 교직을 수행하는 것은 어쩌면 자기기만이요, 위선이다. 이건 그야말로 교사와 학생 모두에게 불행이요, 괴로움이다. 학생을 어떤 수단으로서가 아니라 고귀한 인격으로 대하며 어떤 경우에도 신뢰를 잃지 않고, 나쁘거나 부족한 측면을 지적하고 마음 상하기보다는 좋은 측면을 격려하고 사랑하는 자세가 바람직하다. 이에 대한 김동호의 말이다. "기독교교육에서는 논리로 문제가 해결되지 않는다. 폭력으로도 안 된다. 권위로는 더더욱 안 된다. 사랑으로 문제가 해결된다. 삭개오를 뒤집어 놓으신 것도 사랑이고, 옥합을 깨뜨린 여인을 변화시키신 것도 사랑이었다"[77]

똑같은 학생이라 하더라도 교사가 사랑하는 마음을 갖고 대하는 경우와 그렇지 않은 경우의 결과는 엄청나게 다르다. "사람은 사랑을 먹고 자란다"는 말이 있듯이, 사랑은 교육에 있어서 가장 중요하다. 기독교윤리에서는 바람직한 교사상으로 스승보다도 한 단계 높은 차

---

76) 박상진, 『교회교육현장론』(서울: 장로회신학대학교 출판부, 2008), p.253.
77) 김동호, 『교사바이블』(서울: 규장문화사, 2003), p.160.

원을 요구한다. 이것이 바로 '아버지 모델'이다. 교사는 그저 교과지식을 가르치는 사람이 아니라 제자들의 삶을 하나님의 형상으로 회복시키는 사람이다. 단지 스승이 되어 잘 가르치고 존경 받는 것으로 그쳐서는 안 된다. 하나님 아버지처럼 진정으로 사랑함으로 낳고 양육하는 자세가 필요하다.[78] 학생에 대한 사랑이 없는 교사와 학교는 죽은 것과 같다. 왜냐하면 이런 곳에서는 성장이 없기 때문이다. 사랑은 가르치는 사람과 가르침을 받는 사람의 마음 사이에 놓이는 가교(架橋)이다. 이 사랑이라는 연결고리를 통해 비로소 교사와 학생 두 인격체가 만나게 되고 교육이 이루어지게 된다.

둘째, '사명감'이다. 최근 교직에 대한 선호도가 엄청나게 높다. 그 이유는 그만큼 교직에 대한 처우가 좋아졌기 때문이거나 아니면 교직 자체를 소망하는 학생이 많아졌기 때문만은 아니다. 우리나라의 경제적인 여건과 사회적 배경에서 볼 때 교직이 다른 직종보다는 상대적으로 신분적인 안정감이 높다는 현실적 이유에서 선택하는 것이다. 다만 이런 이유라면 다른 직종이 교사라는 직업에 비해 나은 대우를 한다면 언제든지 그만둘 수 있다는 말이다. 한마디로 사명감이 없기 때문이다. 교직이라는 자체를 고귀하게 여기고, '가르친다'는 직업이 보수와 사회적 평가 및 대우와 전혀 무관할 수는 없지만 그 이외의 어떤 것, 즉 보람 혹은 긍지를 얻을 수 있다는 사명감을 가져야 한다. 맹자는 군자의 세 가지 즐거움 중의 하나로 제자를 교육하는 것을 말했다.[79]

---

78) 내가 너희를 부끄럽게 하려고 이것을 쓰는 것이 아니라 오직 너희를 내 사랑하는 자녀같이 권하려 하는 것이라. 그리스도 안에서 일만 스승이 있으되 아버지는 많지 아니하니 그리스도 예수 안에서 내가 복음으로써 너희를 낳았음이라(고린도전서 4장 14절~15절).

79) 『맹자(孟子)』, 〈진심편(盡心篇)〉 得天下英才 而敎育之.

교사의 일은 고통스러운 노역이 될 수도 있고 기쁨이 될 수도 있다. 의무감에 못 이겨 맡겨진 하루의 일을 기계적으로 되풀이함으로써 생계의 수단으로 삼는 데 그친다면 모두에게 불행이다. 가르치는 일보다는 월급쟁이의 역할에만 충실할 것이기 때문이다. 그러나 교사가 이러한 범주를 넘어서, 주어진 어린 생명의 성장을 도움으로써 그 가능성을 개발하여, 이를 통해 세상의 빛과 소금이 되는 일꾼들을 길러낸다는 사명의식에 찬 신념을 가진다면, 그의 일은 노동의 영역을 넘어서는 희열과 가슴 벅찬 감격을 맛볼 것이다. 자신이 하는 일에 대한 신념은 사명감에서 나온다.

교사는 주어진 일에 최선을 다하는 열정과 몰입이 필요하다. 사명이 요청하는 것은 자기 일에 대한 헌신과 그 일에 자기 자신을 내던지는 결단이 있어야 한다. 이것은 교사가 가르치는 일 자체에서 기쁨을 찾고 의의를 느낄 때 가능하다. 즉 어떤 일의 결과로서 주어지는 보상에 관심을 갖는 것이 아니라, 그 일 자체에 관심을 가져야만 한다. 교사는 물질이나 기계를 대상으로 일하는 것이 아니라 생동하며 성숙해 가는 과정에 있는 인간을 대상으로 한다. 그러기에 단순한 지식과 기술을 전수하는 것이 아니라 도덕성을 지닌 성숙한 모델의 역할을 수행해야 한다.

셋째, '소명의식'이다. 교직은 사명감을 넘어서는 더 깊은 의미를 필요로 한다. 이것이 바로 교직에 대한 소명(召命)의식, 천직(天職)의식이다.[80] 소명의식은 개인적인 결단으로 행하는 것을 넘어서는 높은

---

80) 소명(召命) 즉, '부르심'이라는 말은 헬라어 크레시스($\kappa \lambda \acute{\eta} o \iota$ s)로, '부르다'$\kappa \alpha \lambda \varepsilon \omega$ (to call)에 어원을 두고 있다. 교회를 의미하는 에클레시아($\acute{\varepsilon} \kappa \kappa \lambda \eta o \iota \alpha$)도 $\acute{\varepsilon} \kappa$ (out of;—에서부터)와 $\kappa \lambda \eta o \iota \alpha$ (called, 부르심을 받은 자)의 합성어로서 속된 세상으로부터 부르심을 받은 사람들의 집단임을 뜻한다. 소명으로서 일, 즉 천직 혹은 직업(Beruf; Calling)이란 말은 종교개혁에 의해 만들어진 것으로 이는 일상적

차원의 의미를 말한다. 소명이란 말 그대로 하나님의 부르심을 받아 그 직업에 종사한다는 의식이다. 그러한 부르심을 하늘의 부르심으로 알고 성심을 다하는 자세가 필요하다. 이사야서에 언급된 소명[81]의 의미는 하나님이 이스라엘 백성과 인격적인 관계를 맺고 그 민족을 '그의 아들'이라고 이름 지어서 이스라엘을 하나님의 것이라고 말씀하시는 것으로 잘 드러난다. 이러한 소명은 집권자가 아랫사람을 부른다는 의미보다 차원이 월등히 높다. 왜냐하면 참임금이신 '하나님의 부르심'이기에, 이 부르심은 '거룩한 부르심'이 되기 때문이다.[82]

소명은 모든 사람은 자기의 위치와 직무를 갖고 있는데 그 위치, 직무에 만족하면서 최선을 다하라는 노동개념이다.[83] 자기의 직무를 돌보는 것은 하나님이 인간의 일을 돌보는 일에 함께 참여하는 것이다. 교사의 소명이란 그 자리에서 맡겨진 직무, 즉 가르치는 일을 하는 것이다. 이것을 통해 이 땅에서 하나님의 뜻을 이루어 가는 일꾼으로 쓰임받는 것이다. 우리가 수행하는 직업 중에는 사람의 몸을 주로 다루는 의사가 있는가 하면, 그 마음을 대상으로 하는 교사가 있다. 그러기에 교사는 인간을, 특히 인간의 마음을 대상으로 한다는 점

의미를 넘어서는 윤리적인 의미를 갖는다. 김철영, 『믿음과 삶의 윤리학』(서울: 장로회신학대학교 출판부, 1994), p.370.

81) 내가 또 주의 목소리를 들으니 주께서 이르시되 내가 누구를 보내며 누가 우리를 위하여 갈꼬 하시니 그 때에 내가 이르되 내가 여기 있나이다 나를 보내소서 하였더니(이사야 6장 8절).

82) 각 사람은 부르심을 받은 그 부르심 그대로 지내라(고린도전서 7장 20절).

83) 그러므로 주 안에서 갇힌 내가 너희를 권하노니 너희가 부르심을 받은 일에 합당하게 행하여(에베소서 4장 1절). 여기서 '합당하게'에 해당하는 헬라어 '악시오스'($\alpha \xi \iota \omega \zeta$)는 문자적으로 '다른 들보를 하나 더 세워'라는 의미로 기독교인들이 삶 속에서 어떤 기준을 세워야 함을 의미한다(Wood, Lincoln). 그 기준은 '부르심'으로서 하나님께서 행하신 구속을 통한 새 생명의 초대이다(1장 4, 5, 12, 13절). 그러므로 기독교인이 하나님의 부르심에 합당하게 응답함으로써 부르신 목적에 부합되는 삶을 살아야 함을 강조한 것으로 기독교 신앙인의 고백과 실천 사이에는 항상 평형(平衡)이 유지되어야 함을 시사한다(마태복음 3장 8절, 10장 38절, 사도행전 26장 20절, 빌립보서 1장 27절, 골로새서 1장 10절, Mitton, Lincoln). 강병도 편, 『호크마 종합주석 - 에베소서』(서울: 기독지혜사, 1992), p.71.

에서 분명한 소명의식을 가져야 한다. 아스트리드 린드그렌(Astrid Lindgren)은 가르치도록 부르심을 받은 것은 설교하라고 부르심을 받은 것과 같이 기본적이며 둘은 동전의 양면과 같이 분리할 수 없다고 말하였다.[84]

넷째, '전문지식'이다. 교사가 아무리 학생에 대한 사랑이 많고 또한 사명감이 넘친다고 할지라도 교과에 대한 충분한 이해와 전문적인 소양을 갖추지 못하면 이 또한 훌륭한 교사라고 할 수 없다. 다른 첨단 전문 직종에 비해 교사라는 직업이 비교적 전문인으로서 지식의 변화 폭이 좁은 것이 사실이지만, 시대적 추이와 학문적 발달에 따른 자기보완을 끊임없이 계속해 나가야 한다. 그리고 교과내용상 전혀 새로운 지식을 보충할 필요가 없는 경우라 하더라도 교수법에 있어서나, 아니면 자기 계발이라는 측면에서 자기 갱신의 노력을 계속해 나가야 한다. 흔히 나이 많은 선생님이 교육 현장에서 홀대 받고 무시당하는 경우가 있는데, 그 원인은 그들이 젊은 교사에 비해 학생에 대한 사랑이 부족하거나 혹은 교직에 대한 사명감이 부족해서가 아니다. 주로 전문인으로서의 지식이 젊은 교사에 비해 부족하다고 생각되기 때문이다. 이러한 점은 교사 자신의 노력에 의해 얼마든지 극복될 수 있다.

자기 갱신을 위한 배움에서 나이는 숫자에 불과하다. 교사라는 직업, 즉 교직에 스스로 만족하지 못하면 자신도 불행하겠지만, 무엇보다도 인간을 가르치는 직업적 특성상 피교육자인 학생에게도 피해가 간다. 그리고 이러한 피해는 비록 당장 눈으로 확인되지 않는다고 하

---

84) 김희자, 『교사론』(서울: 대한예수교장로회총회 출판부, 1998), p.40.

더라도 그의 평생에 막대한 손해를 가져다줄 수 있다는 점에서, 현재 교직에 있거나 아니면 그 길을 희망하는 이들이 반드시 각성해야 한다. 즉 교직은 교사 스스로가 좋아하는 일이어야 하며 이 일을 통해 교사 자신이 자긍심과 보람을 느껴야만 한다. 바로 이런 측면에서 교사에게 무엇보다도 직업적인 윤리의식이 바르고 분명하게 서 있어야 한다.

4. 나오는 말

교육이란 사람을 가르쳐 사람을 만드는 일이다. 개인적인 입장에서 볼 때는 개인의 능력과 자질 그리고 도덕적 품성을 형성하는 일이며, 사회적 입장에서 볼 때는 민주시민 혹은 국민의 생산력과 도덕적 자질을 만드는 일이다. 교사는 개인의 일생은 물론 사회와 국가의 미래에 중요한 영향을 미치는 사람이다. 그러므로 교사는 다른 어떤 직종의 사람들보다도 높은 윤리의식이 요구된다. 교육이 무너지면 우리 사회의 미래도 없다. 우리의 미래를 책임지는 것으로 교육을 대신할 것은 없다. 교육은 단기간에 성과물을 내는 경제적인 시장논리와는 다르다. 장기적인 안목으로, 콩나물에 물 주듯이 오랜 시간 정성을 다해 진심 어린 사랑을 다할 때, 비로소 참된 가치를 구현해 내는 사람을 길러낼 수 있다. 이러한 귀한 소명의 부름에 응답하는 것이기에 교직(敎職)은 성직(聖職)과도 같은 것이다.

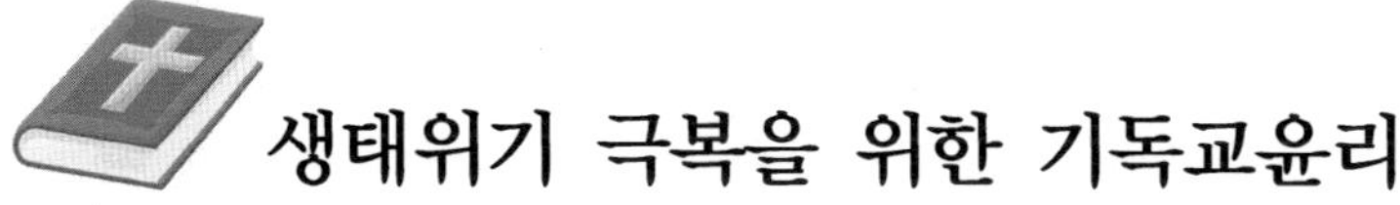

생태위기 극복을 위한 기독교윤리

1. 들어가는 말

현대사회는 비약적인 과학기술의 발달로 그 어떤 시대보다 풍요롭고, 편리한 삶을 영위할 수 있게 되었다. 현대인들에게 과학기술의 발달은 더 많은 풍요와 편리를 가져다줄 장밋빛 미래를 꿈꾸게 해 주었다. 그러나 과학기술의 발달에 비례하여 생태계 파괴는 더욱 심각해졌다. 이로 인해 자동차 배기가스와 중금속과 산성비로 물이 오염되고, 원자로의 방사능 유출로 인해 기형아와 기형동물이 생겨나기도 한다. 도시의 수많은 어린이들이 오염된 공기 때문에 기관지 계통의 병을 앓고 있고, 많은 사람들이 원인 모를 갖가지 병에 시달리고 있다. 오늘날 공장폐수, 산업쓰레기, 핵폐기물 등으로 인한 생태계의 오염과 파괴 문제는 단지 대도시의 사람들이나 일부 부유한 사람들의 문제가 아니라, 전 지구적인 문제이다. 이렇게 되기까지 우리 기독교는 그동안 무엇을 해 왔는가? 오는 6월 5일은 UN이 정한 '환경의 날'인데 우리 기독교인과 교회들은 이에 대해 둔감한 듯하다. 오늘날 우리 기독교가 추구하는 가치는 무엇이며, 이 가치가 우리가 사는 세상에서 어떤 모습으로 표현되고 있고, 이 가치에 근거하는 우리의 신앙과 실천은 어떠한가.

이 글은 이러한 문제의식에 따라, 성서가 말하는 생태계와 인간의 올바른 관계가 어떠한가를 밝히므로 오늘날 문제 되고 있는 생태계 위기를 극복할 수 있는 기독교윤리적인 시각에서 바라보아야 하는 생태학[85]의 정립을 모색해 보려고 한다.

2. 생태계 파괴의 원인

우리는 '인간이 만물의 영장'이라고 배웠다. 그 이유는 인간이 직립보행을 하고, 언어와 도구를 사용하고, 종교생활을 하는 등 다른 생명체와는 분명하게 구분되는 뛰어난 존재양식을 지녔다는 것이다. 이러한 인간중심적 세계관은 창조신앙에 근거한다. 창세기 1장 26절~27절에 의하면, 하나님의 대리자인 인간은 하나님을 대신하여 생태계를 다스릴 권한을 위임받았다. 인간은 28절의 "땅을 정복하라"는 말씀으로 개발과 발견이라는 명분 아래 생태계를 파괴하고, 전쟁을 통해서 땅과 하늘과 바다를 소유하였다. 그야말로 인간은 모든 생태계

---

85) 생태학(Ecology)이라는 용어는 1866년 독일의 생물학자 에른스트 헤켈(Ernst Haeckel)이 최초로 사용하였다. 이 용어는 '집', '가족', '친구', '이웃' 이라는 의미를 갖는 그리스어 'o ἶκ o ς'(오이코스)와 '성찰', '연구'라는 말의 'λ o γ o s'(로고스)가 합쳐진 것이다. 'o ἶκ o ς'는 세 가지 의미가 있다. 첫째는 개인의 집이요, 둘째는 사회적 환경이요, 셋째는 동식물을 포괄하는 만물이 사는 우주적인 거주지이다. 즉 개인이 사는 집으로부터 사회와 지구 전체를 포괄하는 뜻이다. 따라서 생태학은 어원적으로는 '우주가족이 사는 거주지에 관한 연구'이다. 영국 『옥스퍼드사전』은 생태학을 "살아 있는 유기체들과 그 환경조건 사이의 관계를 연구하는 학문"이라고 정의한다. '환경학'이 인간 쪽에서 자연을 보는 시각이라면 '생태학'은 생명체의 시각에서 이루어지는 연구이다. 그러므로 이 글에서는 환경학보다는 생태학이라는 용어를 쓰고자 한다.

의 중심이요, 정점에 위치한다. 생태계는 인간을 위해 존재하고 규정된다. 인간은 생태계의 소유자이며, 지배자이고, 창조의 완성이요, 만물의 척도이다. 이에 따라 인간은 생태계를 임의대로 지배한다.

이러한 기독교의 인간중심적 세계관이 오늘의 생태계의 위기를 가져왔다고 보고 이에 대해 비판하는 학자들이 있다. 이들은 기독교가 철저한 인간중심적 세계관에 따라, 생태계를 탈신화화, 세속화하여 생태계에 대한 인간의 접근을 자유롭게 하였고, 생태계를 자유롭게 변형시키는 근거를 제공하였다고 비판하였다.[86] 대표적으로 린 화이트(Lynn White Jr.)는 "만물을 지배하라"는 기독교 세계관의 근본 결함에서 생태계 위기가 비롯되었다고 보고[87] 이러한 기독교 세계관에 새로운 개념이 설정되지 않으면 인류는 자멸에 이를 수밖에 없다는 비관론을 펼쳤다. 린 화이트는 생태계에 대해 인간이 취하는 행위는 결국 인간과 생태계에 대한 우리의 인식체계에 따르는 것이기 때문에 새로운 종교 또는 새로운 개념을 발견해 내기까지는 아무리 많은 과학기술이 적용되어도 소용이 없는 것으로 말하였다.[88] 칼 아메리(Carl Amery)도 오늘날의 생태계 파괴를 기독교의 창조신앙에 의해 자행된 무자비한 결과로 보았다.[89]

그러나 오늘날의 생태계 위기에 대한 원인을 기독교 창조신앙으로만 규정하기에는 무리가 있다. 듀보(R. Dubos)는 생태계 파괴가 기독교 이전의 고대 문명국가들에도 이미 존재했고,[90] 생태학적 재난은

---

86) 김균진, 『생태학의 위기와 신학』(서울: 대한기독교서회, 1991), p.29.

87) Lynn White, Jr., "The Historical Roots of our Ecological Crisis", *Science* vol. 155 March 10, 1967), pp.1203-1207.

88) *Ibid.*

89) Carl Amery, *Das Ende der Vorsehung. Die gnadenlosen Folgen des Christentums*(Hamburg, 1972), p.15. 오영석, 『조직신학의 이해』(서울: 대한기독교서회, 1992), pp.353~354에서 재인용.

기독교 세계에만 일어난 독특한 현상이 아닌 전 세계적인 현상으로서, 성서가 쓰이기 오래전에 그리고 기독교 신앙이 전파되기 훨씬 전에도 인간은 생태계를 파괴하고 훼손했음을 말하였다.[91] 더욱 주목할 것은 과학기술의 발전에 따른 생태계 파괴는 기독교가 서구에서 지배적 권위를 상실하게 된 근대 이후부터 본격화되었다.[92] 인간과 생태계의 관계설정은 철저한 '주객도식'의 구조적 틀에 따라 대상에 대한 주체의 지배권은 절대화되었다.

오늘날 생태계 위기를 일으키고 있는 과학기술은 데카르트와 베이컨에 의한 정신과 물질, 인간과 생태계, 주체와 객체의 이원론을 그 정신적 배경으로 삼고 있다. 데카르트는 "나는 생각한다. 그러므로 나는 존재한다"는 명제로 인간의 본질을 사유로 보았다. 인간은 사유하는 존재로서, '정신'이다. 그에 따라 물질은 '연장되는 존재'일 뿐, 인간의 사유 이외의 모든 것은 대상이므로, 인간의 주체화와 자연의 대상화가 분명하다. 그러므로 인간과 생태계는 분리되고, 주체로서 인간은 객체로서 생태계의 주인이 된다.[93] 베이컨도 인간과 생태계의 관계를 주인과 노예의 시각에서 본다. 인간은 명령하고, 향유하고, 번영하는 반면에 생태계는 복종하고, 봉사하는 주인인 인간을 위한 희생의 거름일 뿐이다.[94]

생태계의 황폐화는 근본적으로 인간이 생태계를 자신의 욕망 충족을 위해 지배하고 착취한 데 있다. 산업사회가 발달함에 따라 인간은

---

90) 르네 듀보, 『내재하는 신』, 김용준 역(서울: 탐구당, 1975), p.224.

91) 목창균, "생태학적 신학과 창조신학", 《목회와 신학》(제38호, 1992년 8월호), p.75.

92) 김균진, *op. cit.*, pp.29 – 30.

93) 김균진, *op. cit.*, p.44.

94) 오영석, *op. cit.*, p.358.

더욱 자신의 욕망 충족을 위한 생태계 약탈 기술을 발전시켰고, 결국 오늘과 같은 생태계의 죽음을 낳게 되었다. 인간의 과학기술의 발달에 따른 생태계의 대상화는 생태계를 고도의 기술적 성과로 착취하였다. 현대 산업 국가들의 발전은 생태계를 착취한 결과에 비례한다.[95] 생태계 위기의 근본적인 원인은 인간의 이기적인 욕망에 있다. 가능한 대로 많이 소유하여, 그에 따라 자기를 확장하려는 인간의 무한한 욕망이 생태계 위기를 가져왔다. 이 욕망은 소유와 소비와 향락과 힘의 확보를 최고의 가치로 삼는 현대인의 가치관으로 나타난다.[96] 오늘날 일어나고 있는 생태계 위기의 직접적인 원인은 창조신앙에 근거한 인간중심적 세계관이 아니다. 창조신앙은 인간중심적 세계관이 아닌, 하나님 중심적 세계관을 말한다. 창조신앙을 인간중심적인 세계관으로 해석한 것은 생태계를 지배하고 세계를 정복하고자 했던 근대 서구 제국주의적 지배 이데올로기에 편승한 보수기득권 신학이 만들어 낸 것이다.[97]

3. 창조신앙의 바른 이해

하나님이 만물을 창조하셨다는 것은 하나님이 만물의 주인이라는 말과 같다. 만물의 중심은 인간이 아니라 하나님이시다. 그러므로 인간의 뜻에 따라 지배되고 정복될 수 있는 것이 아니라 하나님의 뜻에

---

95) 위르겐 몰트만, 『창조 안에 계신 하느님』 김균진 역(서울: 한국신학연구소, 1987), p.44.
96) 김균진, *op. cit.*, p.49.
97) 김균진, *Ibid.*, p.32.

따라 유지되어야 한다. 왜냐하면 만물은 인간으로 말미암아 있게 된 것이 아니라 하나님으로 말미암아 있게 되었기 때문이다.[98] 세계가 하나님으로 말미암아 있게 되었다면 세계의 본래 소유자는 인간이 아니라 하나님이다. 생태계를 하나님의 창조로 인식한다는 것은 만물을 인간의 소유물이 아니라 하나님의 것으로 인식해야 함을 말한다. 하나님이 만물의 소유자라면, 생태계를 포함한 세계 안에 하나님의 정의와 자비가 세워져야 한다. 따라서 생태계를 자의에 따라 임의로 처리할 수 있다고 생각하는 것은 하나님 없는 인간의 생각이요, 창조 신앙에 위배된다. 인간은 생태계에 대한 소유권이 없고, 사용할 수 있는 사용권만을 가질 뿐이며, 이 사용권도 모든 피조물[99]이 그 종류대로 평화롭게 사는 하나님의 창조 목적에 따라 집행되어야 한다. 인간이 생태계를 파괴하고 생물들의 종을 단절시키는 것은 하나님의 소유권과 처분권에 대한 심각한 도전이요, 침해이다.[100]

성서는 생태계에 대해서 하나님이 보시기에 좋은 세계로 말한다.[101] 이 세계가 하나님 보시기에 좋았다는 것은 이 세계에 대한 하나님의 긍정과 기쁨을 말한다. 현재의 세계는 하나님 보시기에 좋은 세계, 하나님이 긍정할 수 있는 세계, 하나님이 기뻐하는 세계로 귀결

---

98) 김용준, "자연에 대한 인간의 책임", ≪기독교 사상≫(제393권, 1991년 9월), p.59.

99) 고대 히브리어에는 '자연'이라는 개념이 없다. '자연'에 해당하는 말은 굳이 찾는다면 '피조물'이다. 통합 윤리학회 편, "21세기의 도전과 기독교문화"(서울: 예영커뮤니케이션, 1998), pp.57~58. 문시영은 생태계를 피조물로 인식함을 지적하면서 이에 대한 피조물과 인간의 관계설정을 말한다. "성서는 자연(自然)이라는 말보다는 피조물이라는 단어를 선호한다. 자연이란 '스스로 그러한 것'이라는 의미에서 일종의 도교적 관념 혹은 범신론적 입장을 다소간 반영하는 것처럼 들린다. 성서는 오히려 생태계를 피조물로 인식하도록 함으로써 인간과 생태계가 경쟁 혹은 뒤엉키는 관계에서 더불어 사는 파트너십의 관계로 재인식되기를 의도한다. 혹은 보다 정확히 말해 정원관리사로서의 인간의 역할을 강조한다." 문시영, 『기독교윤리 이야기』(서울: 한들출판사, 1996), p.107.

100) 김균진, *op. cit.*, pp.73~75.

101) 하나님은 만물을 창조하시면서 "보시기에 좋았다"고 말씀하셨다. 이 말씀이 2일째는 없으나, 3일과 6일째는 두 번씩으로 총 7회에 걸쳐서 나온다(4, 10, 12, 18, 21, 25, 31절).

되어야 한다. 여기서 하나님 보시기에 좋은 태초의 창조는 이 세계가 거꾸로 돌아가야 할 과거라기보다 이 세계가 지향해야 할 미래, 즉 종말론적 목표를 가리킨다. 따라서 오늘날 일어나고 있는 생태계 위기에 대한 근본원인은 창조신앙의 세계관 자체에 있는 것이 아니라 이 세계관의 잘못된 해석에 있으며 근본적으로 인간의 이기적 욕망에 있다.[102]

4. 새로운 창조신앙의 이해

(1) 생태계의 위상과 구원

시편 19장 1절~6절에서는 생태계가 비록 인간의 귀에 들려지고 소통하는 언어를 갖고 있지 않지만, 하나님의 영광과 능력을 알려 주는 신비한 기능을 갖고 있다고 증언한다. 폰 라드(G. von Rad)는 생태계의 언어 또는 생태계의 증언에 대해서 말한다. 즉 생태계는 창조주를 찬양하는 지혜를 갖고 있고 그 지혜를 인간에게 가르치고, 인간은 생태계로부터 가르침을 받은 그것을 인간의 언어로 표현(찬양)한다. 다시 말해서 생태계의 하나님 증언은 인간에게로 향한다. 즉 인간은 생태계 증언(지혜)을 통하여 감춰져 있는 하나님의 신비한 특성을 인식하고 놀라움에 창조주를 찬양하게 되고, 생태계의 증거를 통하여 인간의 허약성과 존엄성을 인식하게 된다.[103]

---

102) 김균진, *Ibid.*, pp.75~78.
103) 시편 8편 참조.

기존의 신학은 하나님의 구원을 인간만으로 규정하였다. 이와 같이 구원의 영역을 인간만으로 위축시킬 때, 생태계는 착취와 억압에서 벗어날 수 없다. 이에 대해 많은 신학적인 반성과 성찰이 제기되었다. 이들은 하나님의 구원을 성서의 본래적 뜻에 따라 포괄적이며 전체적으로 파악해야 하며 그리스도의 존재를 우주적 차원에서 인식해야 한다고 주장한다. 이러한 구원의 보편성과 우주성은 성서적 근거를 갖는다.

> 그때에 이리가 어린 양과 함께 살며 표범이 어린 염소와 함께 누우며 송아지와 어린 사자와 살진 짐승이 함께 있어 어린 아기에게 끌리며, 암소와 곰이 함께 먹으며 그것들의 새끼가 함께 엎드리며 사자가 소처럼 풀을 먹을 것이며, 젖 먹는 아이가 독사의 구멍에서 장난하며 젖 뗀 어린아이가 독사의 굴에 손을 넣을 것이라, 내 거룩한 산 모든 곳에서 해 됨도 없고 상함도 없을 것이니 이는 물이 바다를 덮음같이 여호와를 아는 지식이 세상에 충만할 것임이니라.[104]

이에 대한 시편의 구절은 다음과 같다. "여호와께서 그의 보좌를 하늘에 세우시고 그의 왕권으로 만유를 다스리시도다."[105] "여호와의 지으심을 받고 그가 다스리시는 모든 곳에 있는 너희여 여호와를 송축하라 내 영혼아 여호와를 송축하라."[106] "여호와는 모든 나라보다 높으시며 그의 영광은 하늘보다 높으시도다, 여호와 우리 하나님과 같은 이가 누구리요 높은 곳에 앉으셨으나."[107]

---

104) 이사야 11장 6절~9절.
105) 시편 103편 19절.
106) 시편 103편 22절.
107) 시편 113편 4절~5절.

　이러한 구원의 보편적·우주적 차원은 모든 피조물 곧 온 우주가 죄와 죽음의 세력, 곧 멸망의 사슬에 묶여서 신음하고 있는 것으로 말한다.[108] 이에 따라 인간의 영혼이나 정신뿐만 아니라 생태계를 비롯한 온 우주가 하나님의 구원 대상이다. 온 우주 안에 하나님의 영광이 나타나야 하며 하나님이 그 안에 거하시는 곳이 되어야 한다. 하나님의 우주적 구원이라는 관점에서 세계사는 단순히 정신의 역사나 인간의 역사가 아니라 생태계의 역사이기도 하고 물질의 역사이기도 하다. 하나님의 구원의 우주적 드라마 속에는 인간과 생태계가 함께 파트너로 존재하고 정신과 물질 역시 파트너로 존재한다. 생태계 위기에서 절실히 요구되는 신앙고백은 생태계도 우리 인간과 같은 피조물이라는 사실이다. 이렇게 볼 때, 참된 평화는 우리의 평화를 이루는 것인 동시에 생태계의 평화도 이루어야 한다. 예수 그리스도의 평화는 먼저 기독교인의 마음속에서 실현되어야 하고, 이 평화를 통하여 끝없이 치닫는 소유욕이 극복되어야 한다.

　그러나 이 평화는 여기서 그칠 수 없다. 신앙인 개인의 마음 영역을 넘어서서 온 우주의 평화와 사귐을 지향해야 한다. 예수 그리스도는 십자가의 죽음을 통해 모든 적대적인 관계와 막힌 담을 허무셨다. 즉 인간과 인간, 인간과 생태계, 생태계 간의 적대관계가 예수 그리스도를 통하여 참된 화해가 이루어졌다. 이러한 예수 그리스도의 평화는 인간 개인 마음의 평화로 제한되지 않는다. 그것은 우주적인 것이며 모든 피조물로 확대된다. 예수 그리스도의 복음은 개인의 죄 용서, 개인 마음의 평화를 넘어서서 온 우주의 평화, 생태계와의 평화에 대

---

108) 로마서 8장 참조.

한 메시지이다. 만약 그렇지 않다면, 예수 그리스도는 온 우주의 창조자이신 하나님의 뜻을 이룬 메시야가 아님과 동시에 창조자 하나님의 중재자도 아니게 된다. 예수 그리스도를 통한 하나님과 온 우주의 화해, 곧 구원은 우주적 차원의 완전한 정의가 실현되는 것이다. 그러므로 우주의 그 어떤 사물도 인간의 지배대상으로 취급될 수 없다. 인간은 하나님과 화해된 우주적 사귐 속에서 생태계를 지배 대상이 아닌 친구가 되고, 본향이 된다. 왜냐하면 인간 자신이 생태계요, 생태계가 인간을 안고 있는 공동체성을 이루기 때문이다. 생태계의 모든 생명체들은 폐쇄 혹은 독립 조직 안에서 존재할 수 없고, 상호 의존하고, 상호 관계의 역동적인 개방성을 통하여 공존하고 공생한다. 이에 따라 생태계는 생물의 종이 다양할수록 생태계의 안정성과 항상성의 정도는 극대화되지만, 생태계 안의 어느 한 부분의 변동은 다른 여러 부분에 심한 영향을 미치는 취약성도 지닌다.[109]

(2) 생태계에 대한 인간의 책임성

성서가 말하는 생태윤리는 역설(paradox)적인 관계에 있다. 인간을 생태계의 일부로 보면서, 생태계를 하나님의 위임에 따라 관리(통치)하는 책임적 존재(하나님의 형상)로 본다. 여기서 '형상'이라는 단어는 히브리어 צלם(chalam; image)인데 이 단어의 어원은 불확실하다. 이에 대해 베스터만(C. Westermann)은 צלם의 기본적 의미가 추상적·구체적적인 의미를 포함하는 넓은 의미의 '대표성'(representation)이라고

---

109) Kenneth A. Dahlberg, "Environment as a Global Issues" in *Environment and Global Arena*, ed. Kenneth A. Dahlberg et al.(Durham: Duke University Press, 1985), p.2.

말한다. 이 개념은 원래 메소포타미아와 이집트에서 쓰이던 것인데 이집트에서는 신적인 지위나 속성을 나타내는 단어로 쓰였으며, 가끔 '신의 형상(images of god)'으로 특별한 사람을 나타내는 경우가 아니면 '왕'을 가리킬 때 사용하였다. 왜냐하면 그 당시의 이집트 백성들이 파라오를 땅에 있는 신의 현현(顯現)으로 신의 대리자라고 믿었기 때문이다. 성서의 '하나님의 형상(image of God)'은 아마도 이런 고대 근동의 왕정사상에 근거하고 있는 것으로 보인다.110)

창세기 1장 26절~28절에 나오는 '다스리고', '정복하라'는 표현도 새롭게 해석해야 한다. 하나님은 인간이 생태계를 다스리도록 하기 위하여 인간을 당신의 형상대로 창조하여 다스리는 사명자로 세우셨다.111) 인간은 하나님의 형상이라는 축복의 사명을 통해 하나님과의 수직적 사귐, 인간과의 수평적 사귐, 세계와 생태계와의 순환적 사귐을 가지게 된다.112) 인간은 생태계를 마음대로 처리하고 파괴할 수 있는 권리를 가진 소유자가 아니라, 하나님의 통치권을 위임받은 자 혹은 하나님의 대리자에 불과하다. 하나님의 대리자로서 인간은 생태계의 질서를 세우고 이 세계를 돌보며 보호해야 한다. 하나님은 그가 지은 생태계가 착취되고 파괴되기를 원하지 않으신다. 그는 이 세계가 아름다운 조화를 이루어 가기를 원하신다. 이 일을 위하여 하나님은 인간을 통치자로 세우셨다. 따라서 '다스리다'는 말은 '장려하다', '돌보다', '가꾸다', '보호하다'는 뜻을 가지는 것으로 섬김을 뜻한다.

---

110) Edward M. Curtis, "*Image of God*", in David Noel Feedman, ed., *Anchor Bible Dictonary*(ABD), Vol. 3(New York: Double day, 1992), pp.389~391 참조.

111) 하나님의 형상은 조화를 이루는 '관계능력'의 완성을 말한다. 즉, 나만이 아닌 남과 완전한 조화와 일치를 이루어가는 능력이다. 김경호, 『야훼신앙의 맥』(서울: 평화나무, 2007년), p.48.

112) 위르겐 몰트만, *op. cit.*, pp.272~287 참조.

창세기 1장 26절의 '다스리다'는 히브리어 רדה(radah)로 억압하고 파괴하는 것을 뜻하는 것이 아니라 다스림을 받는 자의 행복을 위해 '돌보다'는 의미이다. 원래 이 말은 고대 이집트와 바빌론의 궁중 언어에서 쓰였다.[113)

성서는 인간이 하나님의 형상이라고 증언한다. 인간이 하나님의 형상이라는 것은 생태계에 대한 지배와 통치권을 말하는 것이 아니다. 하나님과 하나 되어 하나님의 사랑을 받는 동시에 하나님을 마음과 뜻과 정성을 다하여 사랑하며, 이웃과 생태계의 만물을 자기의 몸과 같이 사랑하고 보호하며 살아가는 책임성에 있다. 한스 요나스(H. Jonas)의 책임윤리적 대안에 주목할 필요가 있다. 요나스의 책임윤리는 현재의 행위에 대해 관심을 집중하는 전통윤리와는 달리 그 시야와 지평을 미래로 확장시킨다. 또한 사적인 행위에 대한 관심을 넘어 장차 이 생태계에서 성장해 갈 아기들, 즉 후세에 대한 배려와 미래에 대한 희망의 관점에서 책임의 의의를 말한다.[114) 인간은 하나님의 뜻에 따라 생태계를 다스려야 한다. 이 다스림은 생태계 속에서 평화를 이루고 책임을 지고, 사귐으로 실현되어야 한다. 인간은 생태계와의 사귐이 없이는 생존할 수 없다. 인간이 생태계를 파괴할 때, 생태계는 처절한 고통을 당하며 사라져 가게 된다. 동시에 인간 생명을 지지(支持)하는 작동 구조의 파손으로 인간의 생존이 또한 위협을 받게 된다. 레오나르도 보프는 우리의 관심을 생태적 문화로 돌려야 함

---

113) 김균진, *op. cit.*, p.101.

114) 문시영, *op. cit.*, p.111. 책임을 신학적 주제로 발전시킨 학자는 디트리히 본회퍼(D. Bonhoeffer)이다. 그는 자유주의적이고 개인주의적인 책임의 이해, 즉 '자아 개념'의 윤리적 이기주의를 비판하고 오직 타자(他者), 즉 이웃을 위한 것일 때, 진정한 의미의 책임임을 말한다. 이를 위한 그리스도인은 그리스도의 제자로서 그의 현실에 주어진 구체적인 부름에 응답하는 뒤따름의 윤리가 요구된다. 강성영, 『생명 · 문화 · 윤리』(오산: 한신대학교 출판부, 2006), p.31.

을 말했다. 우리가 인간으로서 지구와 동식물의 생명 보존에 대해 갖는 책임에 대한 인식이다. 우리가 살고 있는 사회체제는 반생태적이므로, 우리는 세계의 불행과 가난에 대한 우리의 책임을 수용해야 한다. 불평등과 그것에 수반하는 자본주의 경제 안의 삶의 질의 악화는 부의 원천인 토지와 그 자원에 대한 사적 소유의 결과이다.[115]

우리는 "땅을 정복하라"는 구절이 "하나님이 그들에게 복을 주시며"는 구절과 관련되어 있다는 사실에 유의해야 한다. 이는 하나님의 복 주심이다. '정복'은 인간이 생태계를 가꾸며 더불어 건강하고 행복하게 살게 하심을 뜻한다. 그것은 피조물들의 평화로운 공생을 뜻한다. 따라서 이 말은 생태계를 임의로 파괴하고 착취해도 좋다는 것을 말하는 것이 아니라, 모든 피조물이 인간의 활동을 통하여 자신을 발전시킬 수 있는 가능성을 얻게 되는 것을 말한다. 어떠한 피조물도 파괴되어서는 안 된다. 몰트만은 "땅을 정복하라"는 것을 '땅의 통치'로 해석하고 가르쳐 온 것에 대해 비판하면서, 이 구절이 음식물에 대한 명령임을 말한다. 즉 인간은 동물과 함께 땅의 식물과 나무들이 생산하는 열매로 살아야 하기에, 동물에 대한 인간의 지배는 평화의 기능적 지배를 뜻한다. 하나님은 파괴하고 억압하는 자가 아니라 섬기는 자, 함께 고난을 당하는 자로 나타난다. 이러한 하나님의 지배 형식은 예수 그리스도에게서 드라마틱하게 나타난다. 기독교의 다스림, 즉 리더십에 대해 예수님은 분명한 기준을 제시하셨다.

"너희 중에는 그렇지 않을지니 너희 중에 누구든지 크고자 하는 자

---

115) Leonardo Boff, "Social Ecology: Poverty and Misery", in D. G. Hallman(ed) *Ecotheology: voices from South and North*(WCC, Orbis Books, New York, 1996), p.235.

는 너희를 섬기는 자가 되고 너희 중에 누구든지 으뜸이 되고자 하
는 자는 모든 사람의 종이 되어야 하리라. 인자가 온 것은 섬김을
받으려 함이 아니라 섬기려 하고 자기 목숨을 많은 사람의 대속물
로 주려 함이니라"[116]

이러한 하나님의 지배 형식을 고려할 때, 창세기 1장이 말하는 생
태계에 대한 인간의 지배와 정복은 인간의 억압과 파괴와 착취가 아
니라 섬김과 고난을 뜻한다. 인간은 하나님이 지으신 에덴동산을 위
해 고난을 당해야 하고, 땀을 흘리는 노동으로 섬겨야 한다. 이러한
섬김은 궁극적으로 십자가에 달리신 하나님의 고난에 상응해야 한다.

5. 나오는 말

오늘날 지구촌이 당면한 생태계 문제는 이제 더 이상 어느 한 지
역, 한 국가의 문제가 아니라 지구촌 전체의 생존에 대한 것이다. 우
리가 살고 있는 세상, 우리가 살아가는 데 필요한 것들을 제공하는
생태계가 위험한 상태에 놓여 있다. 오늘날 생태계의 위기는 인간의
끝없는 욕망 충족을 위한 탐욕에서 왔다. 이제 인간은 생태계의 한
부분임을 직시하면서 하나님의 새로운 인간성 회복에 의한 생태계
회복에 힘을 기울여야 한다.

성서는 이웃과 생태계에 대한 자비와 정의를 제시한다. 창조신앙
의 다스림과 정복의 의미는 생태계 보호와 돌봄에 대한 인간의 책임
성을 요구한다. 인간은 하나님의 형상에 따른 청지기로서 생태계를

---

116) 마가복음 10장 43절~45절.

보호할 의무가 있다. 창조질서의 파괴가 계속되고 있는 오늘 우리에게 창조신앙은 창조질서의 보전을 위한 책임의식에 따른 구체적인 실천방안을 시급히 요구한다. 무절제한 자본주의적 소비문화와 그것을 부추기는 반생명적인 이윤추구는 생명지향의 새로운 삶의 문화로 전환되어야 한다. 이를 위해 인간과 생태계 간의 상호연계에 대한 바른 인식과 이들의 보존을 위한 책임의식과 그에 따른 행동들이 요청된다. 이것은 생태계의 파괴를 대가로 한 모든 소비적 관습들의 포기에서 출발한다. 이러한 생태계에 대한 책임성은 생태계에 대한 개개인의 감수성 훈련에서부터 강화될 수 있다.

오늘 이 시대에 창조신앙은 우리에게 생태계에 대한 윤리적 책임을 선포하고 그 실천에 앞장서야 할 것과 창조질서를 깨뜨리는 불평등을 초래하는 각종 제도 개선, 의식개혁 등을 위해 구체적이고 실천적인 방안을 모색해 나가야 할 것을 요구하고 있다.

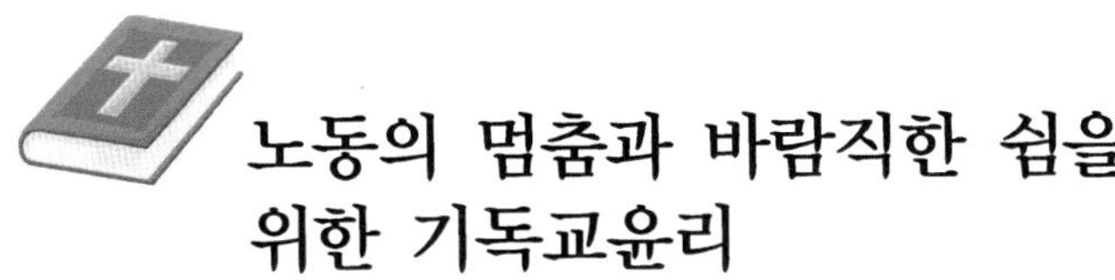

노동의 멈춤과 바람직한 쉼을 위한 기독교윤리

1. 들어가는 말

오늘 우리는 과학기술이 주는 풍요를 만끽하면서 살고 있다. 현대인들은 교통수단의 확대와 시간 단축, 유전공학의 발전에 의한 식량난 해소 그리고 기술축적에 따른 자동화가 주는 노동 시간 단축으로 인해 여가시간이 늘어났다. 그러나 이러한 과학문명의 발전에 따른 인간의 풍요가 결코 긍정적인 것만이 아님이 지적되고 있다. 오늘날 현대인들은 오늘의 풍요와 편리에 만족할 줄 모른다. 오히려 더 많은 소유와 편안함을 위해 더 많은 노동으로 치닫고 있다. 이제는 맞벌이 부부가 기본이고 더 나은 미래를 위해 아주 어릴 때부터 지나친 학업에 찌들어 산다. 그러다 보니 현대인들은 그야말로 바쁘고, 정신없이 산다.

이는 기독교 신앙인들도 마찬가지다. 주일에도 노동을 해야 하고, 공부해야 함을 호소하는 이들이 많다 보니 주일예배는 물론이고 교육 및 사귐을 위한 시간적 여유가 없다. 이러한 현실 속에서 과연 오늘의 기독교사회윤리는 무엇을 제시할 수 있을까? 이 글은 인간의 지나친 노동과 바람직한 쉼을 위한 성서적 가르침과 윤리적 의미를 찾아보려고 한다.

2. 구약성서가 말하는 안식일

(1) 출애굽기

안식일 계명은 매우 오래되고 폭넓게 증언된 이스라엘의 주요 전승 중 하나라고 말할 수 있다.[117] 여기서 휴식의 의미는 창조설화를 중시하는 이유[118]에서 더욱 강하게 드러나는 것으로,[119] 가장 오래된 형태는 "너는 6일 동안에 네 일을 계속하고 제7일에는 쉬어라"[120]일 것이다. 이러한 제7일의 노동 금지는 인간의 노동 금지만이 아니라, 인간이 지향하는 모든 노력과 시도에 대해 엄격한 한계를 설정해 놓은 것이다. 안식일은 교역과 영업행위에 대한 장애물로 여겨지기도 하였다.

---

117) 한스 발터 볼프, 『구약성서의 인간학』, 문희석 역(왜관: 분도출판사, 1991), pp.200~210 참조.

118) 이는 엿새 동안에 나 여호와가 하늘과 땅과 바다와 그 가운데 모든 것을 만들고 일곱째 날에 쉬었음이라 그러므로 나 여호와가 안식일을 복되게 하여 그날을 거룩하게 하였느니라(출애굽기 20장 11절).

119) 천지와 만물이 다 이루어지니라, 하나님이 그가 하시던 일을 일곱째 날에 마치시니 그가 하시던 모든 일을 그치고 일곱째 날에 안식하시니라, 하나님이 그 일곱째 날을 복되게 하사 거룩하게 하셨으니 이는 하나님이 그 창조하시며 만드시던 모든 일을 마치시고 그날에 안식하셨음이니라(창세기 2장 1절~3절). 이는 나와 이스라엘 자손 사이에 영원한 표징이며 나 여호와가 엿새 동안에 천지를 창조하고 일곱째 날에 일을 마치고 쉬었음이니라 하라(출애굽기 31장 17절).

120) 너는 엿새 동안 일하고 일곱째 날에는 쉴지니 밭 갈 때에나 거둘 때에도 쉴지며(출애굽기 34장 21절), 너는 엿새 동안에 네 일을 하고 일곱째 날에는 쉬라 네 소와 나귀가 쉴 것이며 네 여종의 자식과 나그네가 숨을 돌리리라(출애굽기 23장 12절).

그때에 내가 본즉 유다에서 어떤 사람이 안식일에 술틀을 밟고 곡식단을 나귀에 실어 운반하며 포도주와 포도와 무화과와 여러 가지 짐을 지고 안식일에 예루살렘에 들어와서 음식물을 팔기로 그 날에 내가 경계하였고, 또 두로 사람이 예루살렘에 살며 물고기와 각양 물건을 가져다가 안식일에 예루살렘에서도 유다 자손에게 팔기로, 내가 유다의 모든 귀인들을 꾸짖어 그들에게 이르기를 너희가 어찌 이 악을 행하여 안식일을 범하느냐, 너희 조상들이 이같이 행하지 아니하였느냐 그래서 우리 하나님이 이 모든 재앙을 우리와 이 성읍에 내리신 것이 아니냐 그럼에도 불구하고 너희가 안식일을 범하여 진노가 이스라엘에게 더욱 심하게 임하도록 하는도다 하고, 안식일 전 예루살렘 성문이 어두워 갈 때에 내가 성문을 닫고 안식일이 지나기 전에는 열지 말라 하고 나를 따르는 종자 몇을 성문마다 세워 안식일에는 아무 짐도 들어오지 못하게 하였으므로, 장사꾼들과 각양 물건 파는 자들이 한두 번 예루살렘 성 밖에서 자므로, 내가 그들에게 경계하여 이르기를 너희가 어찌하여 성 밑에서 자느냐 다시 이같이 하면 내가 잡으리라 하였더니 그 후부터는 안식일에 그들이 다시 오지 아니하였느니라. 내가 또 레위 사람들에게 몸을 정결하게 하고 와서 성문을 지켜서 안식일을 거룩하게 하라 하였느니라. 내 하나님이여 나를 위하여 이 일도 기억하시옵고 주의 크신 은혜대로 나를 아끼시옵소서.[121]

너희가 이르기를 월삭이 언제 지나서 우리가 곡식을 팔며 안식일이 언제 지나서 우리가 밀을 내게 할꼬 에바를 작게 하고 세겔을 크게 하여 거짓 저울로 속이며[122]

안식일 계명은 인간이 휴식 없이 지속적인 노동을 통해서 이루려는 안정의 경지나 삶의 질을 향상시키려는 성향과 배치된다.[123] 이러한 경향은 계명이 확대되고, 명확하게 규정되는 곳에서, 규약적 문서들 속에서, 안식일 논쟁이 보도되는 곳에서 분명하게 드러난다. 이러

---

121) 느헤미야 13장 15절~22절.
122) 아모스 8장 5절.
123) *op. cit.*, p.207.

한 예로, 팔레스틴 농부들의 삶의 관계를 참작하여 "밭 갈 때나 거둘 때에도"라는 부가문을 붙여 확대시켰고,124) 제6일에 두 배가량의 만나가 떨어져서 이미 거두어들였어도 제7일에 만나를 주우려고 나갔으나 아무것도 찾지 못한 이스라엘 민족의 분주함과 활동을 조롱한다.125)

안식일 계명126)의 주목할 점은 "무엇을 하라"는 것이 아니라, "쉬라, 아무 일도 하지 말라"는 것으로, "너는 아무 일도 하지 말라!"는 배타적인 금지 명령형으로 제시된다.127) 이는 안식일이 하나님께 예배드리는 날의 의미로 그저 거룩하게 지키는 것으로 이해하는 것에 그치는 것이 아니라, 노동을 하지 않는 날로, 인간이 수행하는 모든 노동에서 멈춤을 이루는 쉼을 의미한다.128) 안식일은 다른 날들과는 다르게 특별한 제의를 시행하라든가,129) 어떤 일을 하라는 규정이 없다. 이러한 안식일 계명에서 노동의 멈춤을 주도하는 주체는 인간이 아니라, 하나님에 의해 제정된 것이다. 하나님의 안식은 그저 아무일

---

124) 너는 엿새 동안 일하고 일곱째 날에는 쉴지니 밭 갈 때에나 거둘 때에도 쉴지며(출애굽기 34장 21절).

125) 일곱째 날에 백성 중 어떤 사람들이 거두러 나갔다가 얻지 못하니라(출애굽기 16장 27절).

126) 안식일을 기억하여 거룩하게 지키라, 엿새 동안은 힘써 네 모든 일을 행할 것이나, 일곱째 날은 네 하나님 여호와의 안식일인즉 너나 네 아들이나 네 딸이나 네 남종이나 네 여종이나 네 가축이나 네 문안에 머무는 객이라도 아무 일도 하지 말라, 이는 엿새 동안에 나 여호와가 하늘과 땅과 바다와 그 가운데 모든 것을 만들고 일곱째 날에 쉬었음이라. 그러므로 나 여호와가 안식일을 복되게 하여 그날을 거룩하게 하였느니라(출애굽기 20장 8절~11절).

127) *Ibid.*, p.237.

128) Walter Brueggemann, *Genesis Interpretation: A Bible Commentary for Teaching and Preaching*(Atlanta: John Know Press, 1982), p.35.

129) 안식일이 제의로 구별된 것은 시기적으로 매우 후대이다. 이는 매일 드리는 아침 번제와 저녁 번제를 평소 제물의 두 배(민수기 28장 9절) 또는 세 배(에스겔 46장 4절)로 드리라는 정도이다. 안식일 희생 제사가 보통 평일의 규정과 결합된 것이기 때문에, 전반적으로 봐서는 안식일이 질적으로 독특한 제의적 특성을 전혀 지니고 있지 않음을 증명한다. 안식일은 본래 모든 노동을 금지하는 사실을 통해서만 그 특성을 띠고 있었으며, 고대 이스라엘 사회에서 하나님께 적극적으로 제의를 행한 것과는 아무 관련이 없었다. 한스 발터 볼프, 『구약성서의 인간학』, *op. cit.*, p.237.

도 안하시고 쉬셨다는 말이 아니다. 모든 피조물의 관계가 어떠해야 하는 지를 밝혀주는 것이다. 즉, 만물의 존재방식과 존재 지향을 분명하게 한 것이다. 하나님의 창조하심이 완성됨이 바로, '하나님의 안식'이다. 이는 곧 모든 피조물이 평화로운 안식, 즉 '하늘과 땅의 안식'을 말한다.[130]

하나님은 이스라엘 공동체에게 7일마다 인간과 만물의 주관자를 기억하라는 의미에서 안식일 계명을 제정하셨다. 이는 안식일의 주체가 통치자로서 왕이나 국가의 제도적 정치경제 시스템도 아닌, 개인이나 집단적 능력이나 노력도 아닌, 땅의 생산성이나 생태계의 선물도 아닌, 오직 하나님만이 모든 것을 공급해 주시며, 이스라엘 공동체를 돌보시는 분이심을 안식일을 통해 기념하고 확인하며 기억하라는 것이다.[131] 이에 따라 구약성서에서 안식일에 노동하는 것은 하나님과 이스라엘 공동체 사이의 근본적인 신뢰관계를 깨뜨리는 것으로 여겨졌다. 이러한 안식일 규례의 위반 사례는 광야에서 일어난 만나 기사[132]와 이에 대한 모세의 해석[133]을 통해 볼 수 있다. 인간의 근본적인 생존 문제를 해결해 주시는 분은 오직 하나님이시다.

인간이 안식일에 노동하는 것은 하나님의 신실하심에 대한 도전이요, 의심이며, 하나님과의 본래적 관계를 훼손하는 약속 위반이다.[134]

---

130) 헤셸은 안식일이 평일을 위해 있는 것이 아니라, 평일이 안식일을 위해 있음을 말하면서, 안식일이 창조로는 마지막이지만 의도적으로는 첫째이며, 천지창조의 목적임을 강조하였다. Abraham J. Heschel, *The Sabbath: Its Meaning for Modern Man* (New York: Farrar, Straus & Giroux, 1951), p.14.

131) Walter Harrelson, *The Ten Commandments and Human Rights*(Philadelphia: Fortress Press, 1989), p.82.

132) 출애굽기 16장 참조.

133) 네 하나님 여호와께서 이 사십 년 동안에 네게 광야 길을 걷게 하신 것을 기억하라. 이는 너를 낮추시며 너를 시험하사 네 마음이 어떠한지 그 명령을 지키는지 지키지 않는지 알려 하심이라. 너를 낮추시며 너를 주리게 하시며 또 너도 알지 못하며 네 조상들도 알지 못하던 만나를 네게 먹이신 것은 사람이 떡으로만 사는 것이 아니요 여호와의 입에서 나오는 모든 말씀으로 사는 줄을 네가 알게 하려 하심이니라. 이 사십 년 동안에 네 의복이 해어지지 아니하였고 네 발이 부르트지 아니하였느니라(신명기 8장 2절~4절).

이와 같이 안식일에 노동하는 것은 하나님의 신실하심에 대한 의심에서 비롯된 것으로 매우 부정적으로 보았다.[135] 에스겔서는 이스라엘 민족의 안식일 위반을 하나님에 대한 배반으로 집중시켰고(겔 20장 10절~26절), 지킴을 모든 율법과 약속의 표징으로 제시하였다.[136] 이러한 경향은 에스겔의 영향을 받은 느헤미야에 와서 더욱 명백하게 나타나며(느 13장 17절~18절), 안식일 지킴은 새로운 이스라엘 재건에 있어 철저히 하나님께만 공동체의 삶을 의뢰한다는 신앙의 상징이 되었다. 인간의 행복은 노동이나 생산 또는 소유에 의한 것이 아니라, 하나님과의 사귐 안에서 얻어지는 것이다. 그러므로 안식일에는 개인적인 노동을 하지 말아야 할 것을 말한다.

> 만일 안식일에 네 발을 금하여 내 성일에 오락을 행하지 아니하고 안식일을 일컬어 즐거운 날이라, 여호와의 성일을 존귀한 날이라 하여 이를 존귀하게 여기고 네 길로 행하지 아니하며 네 오락을 구하지 아니하며 사사로운 말을 하지 아니하면, 네가 여호와 안에서 즐거움을 얻을 것이라 내가 너를 땅의 높은 곳에 올리고 네 조상 야곱의 기업으로 기르리라 여호와의 입의 말씀이니라.[137]

이러한 안식일 의미의 회복과 강조는 이스라엘이 포로생활을 통해 바벨론 제국의 문화와 제도를 경험했던 것에 기인한다. 그들의 문화

---

134) 그때에 여호와께서 모세에게 이르시되 보라 내가 너희를 위하여 하늘에서 양식을 비같이 내리리니 백성이 나가서 일용할 것을 날마다 거둘 것이라 이같이 하여 그들이 내 율법을 준행하나 아니하나 내가 시험하리라(출애굽기 16장 4절), 여호와께서 모세에게 이르시되 어느 때까지 너희가 내 계명과 내 율법을 지키지 아니하려느냐(출애굽기 16장 28절).

135) 이러한 노동은 "벌레가 생기고 냄새가 나서"(출애굽기 16장 20절) 허사가 되고(시편 127편 1절 참조), 인간에게 아무것도 유익을 주지 못한다(출애굽기 16장 27절). 신명기 8장 3절에 의하면, 모세는 신명기에서 이 사건을 해석하면서 인간의 삶의 조건은 인간의 수고와 노동으로 얻어지는 떡에 있지 않고 하나님의 말씀과 그 능력을 의지함에 있음을 분명히 일깨워 주었다.

136) 한스 발터 볼프, 『구약성서의 인간학』, *op. cit.*, p.246.

137) 이사야 58장 13절~14절.

는 철저하게 인간의 노동에 의한 성과물로 주어진 경제적인 부와 막강한 군사력에 근거하고 있다. 이스라엘이 멸망한 것은 자신들의 뿌리인 하나님을 버리고 이들의 문화를 따라갔던 것에 그 원인이 있다. 따라서 새로운 이스라엘을 건설하면서 자신들의 근거를 철저히 하나님께만 두고 옛 계약의 공동체로 거듭나고자 할 때 안식일 지킴을 강조하고 이를 새로운 시대, 새로운 공동체의 기본질서로 삼게 된 것은 당연한 일이었을 것이다. 바벨론 포로생활에서 그들의 문화와 차별적인 의미로 안식일 지킴이 강조되고, 이스라엘 공동체가 제국의 문화에 함몰될 위기상황에서 자기 정체성의 확립을 위해 창조신앙에 접목된 안식일 제도를 강조하게 되었다.[138]

(2) 신명기

신명기가 말하는 안식일 계명[139]은 출애굽기보다 애굽으로부터 이스라엘을 해방하신 하나님의 구원에 중점을 두고, 노동의 멈춤에 대한 대상의 범위도 보다 자세하고 철저하다. 이는 신명기가 출애굽기보다 사회변혁적인 성격이 강함을 말해 준다.[140] 안식일은 애굽의 가혹한 노예생활에서 해방된 사건을 상기시켜 준다.[141] 이에는 엿새 동

---

138) Ralph W. Klein, *Israel in Exile in Exile: A Theological Interpretation*(Philadelphia: Fortress Press, 1979), p.126.

139) 네 하나님 여호와가 네게 명령한 대로 안식일을 지켜 거룩하게 하라, 엿새 동안은 힘써 네 모든 일을 행할 것이나, 일곱째 날은 네 하나님 여호와의 안식일인즉 너나 네 아들이나 네 딸이나 네 남종이나 네 여종이나 네 소나 네 나귀나 네 모든 가축이나 네 문 안에 유하는 객이라도 아무 일도 하지 못하게 하고 네 남종이나 네 여종에게 너같이 안식하게 할지니라. 너는 기억하라 네가 애굽 땅에서 종이 되었더니 네 하나님 여호와가 강한 손과 편 팔로 거기서 너를 인도하여 내었나니 그러므로 네 하나님 여호와가 네게 명령하여 안식일을 지키라 하느니라(신명기 5장 12절~15절).

140) 민영진, "하나님의 창조행위와 쉼", 《기독교사상》(제313호, 1984년 7월), p.9.

141) 너는 기억하라 네가 애굽 땅에서 종이 되었더니 네 하나님 여호와가 강한 손과 편 팔로 거기서 너를 인

안 생계를 위해 노예처럼 수고한 이스라엘 민족에게만 선물을 뜻하는 것이 아니라 그의 집안의 모든 권속들, 즉 아들, 딸, 종, 하녀, 소, 나귀와 손님들도 포함됨을 뜻한다.[142] 안식일은 애굽에서 고된 노예 생활로부터 해방시켜 주신 하나님을 기억하는 날로, 선물로 받은 해방, 인간을 위한 하나님의 구원행동을 되새기는 날이다.[143] 이는 특정된 개인이나 소수만 누리는 것이 아니라, 모두를 위한 사회적인 해방이다. 나아가 이 해방은 인간만이 아닌, 동물들과 땅도 포함된다.[144] 그러므로 안식일의 근본정신은 하나님의 구원행동과 해방의 선물 앞에서 모든 인간과 만물이 평등하다는 것이다.[145]

안식일 규정은 안식에서 소외되기 쉬운 사회적인 약자들을 일일이 열거하면서 이들에게 최소한의 쉼의 권리를 보장해 주고 있다. 이 규정이 강조하는 것은 땅을 인간이 소유할 수 없는 것처럼,[146] 인간은 타인의 노동력을 영원히 소유할 수 없다.[147] 이러한 의미는 땅과 노동력의 본래적 회복이라는 레위기의 희년제도(25:8 이하) 정신과 맞닿아 있다. 동서고금을 막론하고 땅을 소유한 사람들은 땅뿐만 아니

도하여 내었나니 그러므로 네 하나님 여호와가 네게 명령하여 안식일을 지키라 하느니라(신명기 5장 15절).

142) 일곱째 날은 네 하나님 여호와의 안식일인즉 너나 네 아들이나 네 딸이나 네 남종이나 네 여종이나 네 소나 네 나귀나 네 모든 가축이나 네 문 안에 유하는 객이라도 아무 일도 하지 못하게 하고 네 남종이나 네 여종에게 너같이 안식하게 할지니라(신명기 5장 14절). 엿새 동안은 힘써 네 모든 일을 행할 것이나(출애굽기 20장 9절).

143) 한스 발터 볼프, 『구약성서의 인간학』, op. cit., pp.238~239.

144) 레위기 25장 1절~7절에 나오는 땅에 대한 안식년 규정은 땅 또한 하나님의 선물임을 기억하라는 의미이다. Walter Brueggemann, *The Land*(Philadelphia: Fortress Press, 1977), p.64.

145) Patrick D. Miller, *Deuteronomy Interpretation: A Bible Commentary for Teaching and Preaching*(Louisville: John Knox Press, 1990), p.83.

146) 모든 땅의 소유권은 오직 하나님께 있고, 인간은 하나님의 선물로 사용권만 행사할 수 있음을 분명히 한다. "토지를 영구히 팔지 말 것은 토지는 다 내 것임이니라 너희는 거류민이요 동거하는 자로서 나와 함께 있느니라"(레위기 25장 23절).

147) Walter Brueggemann, *The Land, op. cit.*, p.64.

라, 타인의 노동력마저 지배하고 싶어 한다. 이들에게 있어 안식일은 더 많은 생산을 방해하는 거추장스런 제도일 뿐이다. 기득권층의 꿈은 휴식과 휴일 없이, 생산의 멈춤이 없는 세상을 갈망한다. 결국 이들의 야욕은 모든 인간과 생태계에 주어진 해방과 평등을 위한 하나님의 뜻을 거역하는 것이다.

아모스 선지자는 이러한 기득권층에 의한 사회적 불의를 고발하였다.

> 가난한 자를 삼키며 땅의 힘없는 자를 망하게 하려는 자들아 이 말을 들으라, 너희가 이르기를 월삭이 언제 지나서 우리가 곡식을 팔며 안식일이 언제 지나서 우리가 밀을 내게 할꼬 에바를 작게 하고 세겔을 크게 하여 거짓 저울로 속이며, 은으로 힘없는 자를 사며 신 한 켤레로 가난한 자를 사며 찌꺼기 밀을 팔자 하는도다.[148]

안식일은 사회적 약자들을 위한 최소한의 안전장치이고, 이스라엘 공동체에게 하나님께서 모두에게 베풀어 주신 압제로부터 해방의 선물을 기억하고, 가난한 자들을 학대하지 말라는 사회 정의적 성격이 강하다.[149] 이와 같이 제시하고 있는 안식의 의미를 통해 노동자들을 위한 휴식권의 확대, 노동경제상의 평등과 정의의 확대라는 차원에서 긍정적인 요소들을 발견할 수 있다.

---

148) 아모스 8장 4절~6절.

149) *op. cit.*

3. 신약성서가 말하는 안식일

(1) 예수 그리스도의 안식일 선언

예수님은 "안식일은 사람을 위하여 있는 것이요, 사람이 안식일을 위하여 있는 것이 아니라"[150]고 하면서 "인자는 안식일에도 주인이다"[151]라고 선언하셨다. 그 이유는 예수님 당시, 구약의 안식일 제도가 인간 해방과 기쁨을 위해 하나님께서 제정하신 것인데 이 제도를 가장 바르게 지키며 백성을 지도해야 할 종교지도자들이 안식의 참된 의미를 가장 방해하는 대적자로 둔갑한 것을 질타하시며, 안식일의 참의미를 다시금 일깨워 주신 것이다. 이 선언은 출애굽기와 신명기의 안식일 계명 정신과 맞닿아 있다.

예수님과 바리새인 사이에 안식일 논쟁을 촉발시켰던 안식일에 '배고픔의 상태에 있는 것',[152] '안식일에 병자의 상태로 있는 것'[153] 자체가 하나님이 보시기에 좋은 모습이 아니다. 이런 모습은 하나님이 주신 구원과 해방의 선물도 아니다. 안식일에 이 상태로 머무는 것 자체가 하나님의 참안식을 거역하는 것이다. 이런 현실을 안식에 대한 단순 논리적 이해를 적용하며 교리적, 교권적인 이유에서 무시하는 것은 오히려 하나님의 참된 안식의 뜻과 반대된다. 안식일 제도

---

150) 마가복음 2장 27절.

151) 마가복음 2장 28절.

152) 안식일에 예수께서 밀밭 사이로 지나가실새 그의 제자들이 길을 열며 이삭을 자르니, 바리새인들이 예수께 말하되 보시오 저들이 어찌하여 안식일에 하지 못할 일을 하나이까(마가복음 2장 23절~24절).

153) 예수께서 다시 회당에 들어가시니 한쪽 손 마른 사람이 거기 있는지라, 사람들이 예수를 고발하려 하여 안식일에 그 사람을 고치시는가 주시하고 있거늘, 예수께서 손 마른 사람에게 이르시되 한가운데에 일어서라 하시고, 그들에게 이르시되 안식일에 선을 행하는 것과 악을 행하는 것, 생명을 구하는 것과 죽이는 것, 어느 것이 옳으냐 하시니 그들이 잠잠하거늘(마가복음 3장 1절~4절).

는 태초에 하나님이 처음 이를 정하신 때부터 오늘까지 인간을 위한 것이었으며, 그 자체를 위해 인간이 존재하는 것이 아니다. 이러한 예수님의 선언은 안식일의 참다운 정신이 언제나 종교나 사회적 제도의 교권화, 교리화에 의해 왜곡될 수 있음을 경고하신 것이기도 하다. 계속해서 "인자는 안식일에도 주인이다"(28절)라고 선언하신 것은 자신의 신분과 권위를 말해 주는 것으로 처음 안식일을 제정하신 하나님께 자신의 신분을 잇대어 놓으신 것이다.[154] 또한 예수님 자신이 참안식일의 지킴 여부를 판단할 수 있는 분이심을 드러내셨고,[155] 자신이 인간의 참다운 해방과 기쁨의 안식을 주러 온 하나님의 아들임을 선언하셨다.

(2) 안식의 종말론적 의미

예수님이 "내 아버지께서 이제까지 일하시니 나도 일한다"[156]고 말씀하신 것은 창조로부터 지금까지 인간을 향한 쉼 없는 하나님의 노동하심에 대한 자신의 참여를 선언하신 것이다. 이러한 예수님의 참여는 종말론적인 안식의 장(場)이 열림을 말씀하신 것이다. 예수님이 "다 이루었다"[157]고 말씀하신 것은 구원사역의 완성을 의미한다. 이는 하나님이 6일만에 창조 사역을 마치신 창세기의 증언을 연상시킨다. 그렇다면 예수님의 구원사역 완성 후, 안식은 어디에 있는가?

---

154) Donald H. Juel, *Mark: Ausburg Commentary on the New Testament*(Minneapolis: Augsburg Fortress, 1990), p.5.

155) Lamar Williamson, Jr., *Mark: A Bible Commentary for Teaching and Preaching*(Louisville: John Knox Press, 1983), p.74.

156) 요한복음 5장 17절.

157) 요한복음 19장 30절.

히브리서 4장 1절~11절은 예수 그리스도의 사역을 통한 종말론적 안식을 말한다. 이제 그리스도의 구원사역을 통해 모든 인간에게 열려진 안식은 마지막 날에 주어질 영원한 하나님 나라에서 누릴 안식의 예표이다.[158] 이와 같이 안식은 인간의 노동에 대한 세속적인 가치를 부여하는 것이거나 노동을 통해 성취한 결과물이 아니다. 우리는 노동과 안식을 통해 하나님 나라에 대한 최종적인 종말론적 구원을 이루어 가야 한다.[159] 이런 의미에서 초대교회가 안식일을 유대교의 안식일을 따르지 않고, 예수님이 부활하신 날로 정한 것은 중요한 의미를 지닌다. 이것은 그리스도를 통한 새로운 창조의 완성을 기뻐하며 기억하는 날로, 주어진 해방의 선물에 감사하며 기념하는 날이고, 이미(already)와 아직(yet) 사이에서 이미 성취된 그리스도의 영원한 안식에 종말론적으로 바라보며 참여하는 것을 의미한다. 초대교회가 새롭게 이해한 안식일의 제정은 예수님의 부활을 기억함으로써 인간에게 약속된 새로운 세계에 대한 희망의 근거에 의한 것이다.[160]

---

158) A. 리차드슨 · J. H. 올드햄, 『성서의 노동관』 강근환 역(서울: 대한기독교서회, 1981), pp.65~66. 랄프 크라머, 『현대인과 노동 - 노동의 경제적, 사회적, 신학적 의미』, 김성국 역(서울: 법문사, 1994), p.21.

159) *Ibid.*, pp.67~68.

160) 한스 발터 볼프, 『구약성서의 인간학』, *op. cit.*, p.247. Ronald. F. Hock, 『바울선교의 사회적 상황』, 전경연 역(서울: 대한기독교출판사, 1984), pp.45~46.

4. 안식일의 기독교사회윤리적인 의미

(1) 안식일의 현대적 의미

하나님은 6일 동안 노동을 통해 세상을 창조하시고 7일째 되는 날 안식하셨다. 이것은 전체적으로 인간의 삶에서 노동과 안식이라는 기본적인 틀을 제공해 주고 있다. 인간은 노동과 안식의 리듬이 조화되어야만 건강한 삶을 살 수 있다. 만일 인간에게 노동만 있고 안식이 없다면 건강의 악화와 비인간화로 인간성이 훼손되고 말 것이다. 반면에 노동 없이 안식만 있다면 참된 안식의 의미를 상실하여, 삶의 의미 상실을 가져올 것이기에 이 두 가지는 인간의 삶에 꼭 필요하다.[161] 노동 이후에 인간은 휴식을 취하게 된다. 이것은 자연스러운 질서이다. 브루너는 휴식의 필요성은 인간이 피로를 회복하기 위해서 그리고 인간이 노동의 지배를 받지 않기 위함으로 말하였다.[162] 인간은 휴식을 통해 참된 자신을 발견하고, 기도할 수 있다. 이러한 휴식을 통해 특별한 날에는 예배를 위한 시간을 보낼 수 있다.[163]

(2) 재창조로서 휴식

현대는 '여가의 시대'라고 할 만큼 여가에 대한 관심이 증가하고 있다. 이러한 여가에 대해 생각해 볼 것은 여가에 대한 인식이 시간

---

161) A. 리차드슨 · J. H. 올드햄, 『성서의 노동관』, *op. cit.*, p.65.

162) Emil Brunner, *The Divine Imperative*(Philadelphia: The Westminster Press, 1967), p.389.

163) 이러한 특별한 날을 통해, 하나님께 예배할 수 있으므로, 십계명 중 제4계명은 하나님의 선물이다. *Ibid.*, p.391.

과 돈에 대한 것일 뿐, 종교나 도덕적인 양심에 대한 것으로 여기지 않는다는 점이다. 이것은 현대인들에게 여가는 세속적인 맥락에서 논의되고 있음을 말해 준다. 또한 여가를 즐길 수 있는 사람들이 지극히 제한적이라는 사실이다. 이것은 하나님의 창조신앙에 근거한 노동의 완성을 위한 안식과 평등에 의한 하나님의 쉼의 의미와는 다르다.[164] 오늘의 교회는 주 5일 근무 등에 따른 소비향락 풍조와 과소비로 인해 사회질서의 문란, 시간적 여유에 따른 쾌락주의의 확산과 탈교회생활의 문제 등을 고민해야 할 때이다.

안식은 '레크리에이션'을 의미한다. 이 말은 '놀이하다', '논다'는 말로 'Recreation', 즉 '재창조'라는 말이다. 레크리에이션은 마음과 몸의 피로를 풀고 긴장과 불안을 해소하여 새로운 의욕과 용기를 북돋아 주는 재창조이다. 인간은 놀이를 통해 정서를 함양하고, 능률을 향상시켜 나갈 수 있다. 6일 동안 열심히 일하고 1일을 쉬듯이, 1시간 일하고 10분을 쉬어야 노동의 효율성도 기할 수 있다. 만약 인간이 쉬지 않고 노동한다면 노동의 질 저하를 가져오게 되어, 노동에 의한 성과물의 질도 떨어지고 만다. 흔히들 열심히 노동하는 이유가 휴식을 취하기 위함이라고 한다. 이 말은 휴식시간이 바로 레크리에이션이라는 뜻이기도 하다. 이 시간이 없는 인간은 사회의 일원으로서 정상적인 능력을 발휘할 수 없을 뿐만 아니라, 노동의 보람도 느끼지 못한다. 노동과 휴식은 어느 하나 속의 종속이나 전유물의 대상이 아

---

164) 노동과 여가가 상호적 관계에 있다고 보는 견해도 있지만 그보다 더 많은 논의들이 노동과 독립적으로 여가를 생각해 왔다는 것도 여가와 안식이 얼마나 다른 의미와 내용을 담고 있는지를 보여 준다. 오늘의 현실은 하나님의 창조질서로서 '안식'의 의미가 왜곡되고, 오용되어 왔다. 창조와 구원의 의미로서 '안식'이 범죄와 타락과 향락으로 변질되었다. 이것은 과학화와 자동화에 따른 여가의 확대와 그에 따른 노동 가치의 상실에 의한 것이다. 파스칼은 인간 구원에 있어서 여가가 갖는 역기능적 효과를 염려했다. 황경식, "노동과 기술 그리고 여가", 《사목》(제84호, 1982년 11월), p.26.

닌 대등한 관계로 상호보완의 관계이다. 노동은 그 가치를 회복함으로써 신성시되어야 하고, 휴식은 창조질서를 보전함과 재창출의 기회로 거룩하게 여겨져야 한다.

5. 나오는 말

오늘날 현대인들은 해야 할 일이 너무 많다. 이렇게 해야 하는 일이 많아짐에 따라 피로감이 쌓여만 간다. 이것이 심해지면 과로를 동반하는 일중독 증후군으로 치닫게 된다. 일중독증 환자들은 일하려는 욕망이 지나칠 정도로 강박적이고 극단적이다. 이러한 일중독 증후군의 주된 요인은, 더 많이 가지려는 탐욕스런 문화와 어떻게든 성공하려는 성공 지향적인 문화에 기인한다.[165]

바쁜 현대사회 속에서 하나님에 대한 믿음을 결단하며 살아가는 것이 바로 안식일(주일)을 거룩히 지키는 것이다. 그러나 아쉽게도 교회 안에서 주일성수에 대한 강조는 율법적인 경우가 많다. 심지어 주일에 대한 편협한 이해로 인해, 교회 안과 밖의 삶을 나누어 생각하도록 하는 기준이 되기도 한다. 이스라엘 공동체는 쉼 자체가 제사요, 가장 실존적인 신앙고백이었다. 더 나아가 이러한 안식의 의미는 오늘날 우리 교회에서 이루어지는 예배와 교육 그리고 모든 활동들이 무엇을 추구하는 것이어야 하는지를 분명하게 보여 주고 있다. 그러므로 진정한 의미의 안식은 창조주 하나님을 기억하는 쉼이다. 안식

---

165) 리랜드 라이큰, 『하나님이 주신 선물 — 일과 여가』, 유충선 역(서울: 생명의 말씀사, 1993), pp.48~49.

일을 지키므로 얻게 되는 축복은 새로운 삶의 동력을 얻게 한다.[166]

안식에 대한 성서의 가르침은 현대 자본주의 시대를 살아가는 우리에게 매우 강렬한 의미를 제공해 준다. 성서가 경계하는 것은 하나님 없이도 생존의 문제를 해결할 수 있다는 확신, 끝없는 부의 창출과 축적된 부가 인간을 행복하게 한다는 인간의 세계관이다. 안식일은 이러한 인간 주도적인 모든 생산을 멈추게 하는 날이다. 인간의 생존과 행복은 오직 하나님으로부터만 온다는 것을 재확인하는 날이다. 여기서 안식, 즉 쉰다는 것은 더 많은 부의 창출을 위한 가능성을 단호하게 멈추는 것을 말한다.

---

166) 게르하르트, 다우첸베르크, "노동에 대한 성서적 관점들", ≪기독교사상≫(제364권, 1989년 4월), pp.29~39 참조.

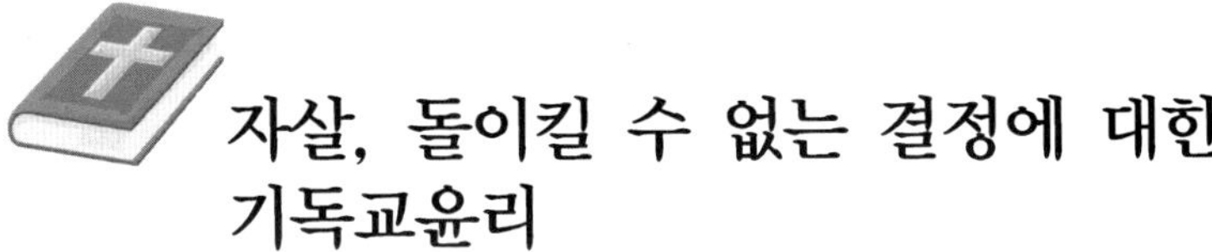

자살, 돌이킬 수 없는 결정에 대한 기독교윤리

1. 들어가는 말

매년 9월 10일은 2003년 세계보건기구(WHO)와 국제자살예방협회(IASP)가 지구상의 가장 큰 인명 손실 원인 중 하나로 꼽히는 자살문제에 대응하기 위해 공동으로 제정한 '자살예방의 날'이다. 그런데 우리의 교회와 학교와 관공서 달력을 보면, 이를 표기한 경우가 거의 없다. 그만큼 우리 교회와 사회가 자살 문제를 심각한 사회문제로 인식하지 못하는 것은 아닐까 하는 생각이 든다. 자살, 우리나라는 학교나 기독교교육 현장에서 이를 가르치거나 논의하는 것이 일반적이지 않다. 오히려 자살이라는 용어를 떠올리는 것조차 금기시되어 왔다. 그러나 최근 우리는 자살 문제에 쉽게 구체적으로 직면해 있다.

지난해, 어느 학생이 찾아와 심각한 질문을 하였다. 최근 연이어 보도된 유명 연예인의 자살과 지난 2009년 5월 23일 노무현 전 대통령(62세)의 자살에 의한 사회적 충격에 이어 터진 6월 6일 범민련 초대의장을 지낸 강희남 목사(89세)의 자살에 대한 질문이었다. 이 학생은 독실한 기독교 집안에서 자라서 목사가 되기를 희망하는데, 대통령을 지낸 사람의 자살과 구십이 다 된 목사가 현직 장로 대통령에게 "살인마 이명박을 내치자"라고 하면서 자살한 것이 충격이라고 하였다. 그러면서 질문은 궁극적인 구원 문제에 이르렀다. "선생님! 자살하면 지옥 가나요? 그렇다면 천주교에서 '유스도'라는 세례명을 받은 노무현 전 대통령도 지옥 가나요? 그리고 대통령에게 욕하면서 자살한 목사님도 지옥 가나요?" 이 학생의 질문에 쉽게 대답하지 못했다. 그로부터 얼마 후 출석하는 교회에서 경제난으로 자살한 신자의 장례식 소식을 접하였다. 신자의 죽음은 온 교인이 함께 위로해야 하는데 자살이라는 죽음의 방식으로 인해 관례화된 교회 주보 등으로 알리는 부음소식조차 없이 조용히 장례를 치르는 것을 보았다. 이를 보면서 이제는 자살의 문제가 우리 주변에서 쉽게 접하게 되는, 결코 금기시될 수만은 없는 현실임을 되새겨 보게 되었다.

우리나라는 이른바 '자살공화국'으로 불린다. 이러한 사회적 위기 속에서 생명의 참다운 의미를 살펴보는 작업은 중요할 것이다. 더욱이 우리 사회의 중요한 정신문화의 틀을 형성하는 기독교의 시각에서 자살에 대한 이해와 극복방안의 실마리를 제공해 보는 것은 그 의의를 더할 것이다.

2. 우리의 현실, 자살공화국

세계 보건기구의 보고에 의하면, 2000년 한 해 동안 약 100만 명이 자살하였다. 이러한 자살에 의한 피해는 자살한 사람뿐만 아니라 최소한 6명 이상의 주위 사람들에게 심리적·정서적인 영향을 미쳐, 자살할 위험을 내포한다.[167] 최근 몇 년 사이, 우리 사회는 유명인사의 자살, 군인들의 자살, 경제난으로 인한 자살 등 수많은 사건들을 접하였다. 또한 그러한 죽음을 부추기는 우리 사회의 현실은 갈수록 악화되는 현실에, 이에 대한 깊은 연구나 교육 등은 미비하다. 자살에 대한 논의는 그 어떤 논제보다 절박한 문제이다. 이제 우리 사회도 자살에 대한 보다 본격적인 연구와 예방교육을 위한 논의를 심도 있게 진행해 나가야 할 것이다.

우리나라의 자살률이 경제협력개발기구(OECD) 30개 회원국 평균의 1.6배에 달하면서 3위에 해당하는 것으로 나타났다. 특히 여성의 경우, 1위에 올랐다. 2007년 9월 통계청이 발표한 '2005년 사망원인통계결과'를 보면 자살한 사람은 한 해 동안 12,000명으로 하루에 33명꼴이다. 이것은 암, 뇌질환, 심장질환에 이어 사망원인 4위이다. 간 질환, 고혈압 등 각종 성인병으로 인한 사망보다 높다. 연령별로 보면 자살률은 20대, 30대의 사망원인 중 1위이며, 10대와 40대의 사망원인 중 2위이고, 60대 사망원인 중 5위를 차지한다. 이런 통계조사 결과 중에서 우리 사회의 중추적인 역할을 담당하는 30~50대의 자살률이 높다는 것이고, 50대의 자살률을 합치면 50%가 넘게 된다는 것을 눈여겨 보아야 한다. 한국 사회의 최근 자살 경향을 보면 장년층 그리고 여성보다 남성의 자살률이 높다.[168] 2009년 4월 6일 OECD가 발간한 '2009 OECD 통계연보'에 따르면 우리나라의 자살률(인구 10만 명당 자살자 수·이하 2007년 기준)은 18.7명으로 OECD 평균(11.88명)을 크게 앞지

---

167) 교육과학기술부 편, 『학생자살예방교육 및 위기관리』(교육과학기술부, 2008년 10월), p.21.
168) 김복경, "자살 예방, 교회가 유일한 대안이다", 《목회와 신학》(통권 218호, 2007년 8월호), p.54.

르며 헝가리, 일본에 이어 3위에 올랐다. 특히 여성의 자살률은 11.1명으로 OECD 평균(5.4명)의 두 배를 훌쩍 넘어서면서 회원국 중 가장 높았다. 28.1명인 남자는 4위를 기록했다.[169] 이 얼마나 불명예스러운 일인가. 이제는 '자살 도미노', '자살 베르테르 효과'라는 말이 남의 나라 이야기가 아니라 바로 우리의 현실이 되었다.

우리나라는 대통령을 지낸 사람도 자살하고, 목사도 자살한다. 그야말로 상상도 못할 일이 연이어 벌어지고 있다. 그래서 우리나라를 '자살공화국'이라고 혹평하기도 한다. 최근 몇 년 사이에 국내 자살자들의 숫자가 기하급수적으로 늘어났다. 자살의 이유도 성적 비관, 취업 실패, 카드 빚 등 다양하고, 자살의 연령대도 청소년에서 노년에 이르기까지 다양하다.

사회 저명인사들과 인기 연예인들의 연이은 자살 그리고 전직 대통령의 자살은 우리를 큰 슬픔과 충격으로 몰아넣었을 뿐만 아니라 청소년들에게 매우 부정적인 영향을 줄 것이라는 우려를 낳고 있다. 사회적인 영향력을 미치는 이들의 자살은 우리 사회의 가치체계를 흔들어 놓는다. 서민들은 이들의 생활을 보고 자신들의 삶을 설계하기도 한다. 이들의 생활은 서민들에게 무엇을 위해 살며 어떻게 살아야 할 것인가에 대한 모델이 되기도 한다. 그런 점에서 이들의 가치혼란은 사회적 아노미를 초래할 수 있다. 과연 그들의 사회적인 명성의 실추가 소중한 생명보다 더 중요한 것인가? 왜 이들의 궁극적인 삶 그 자체가 사회적인 기대를 넘어설 수 없는가? 연이어 접하게 된 이들의 충격적인 자살은 우리가 무엇을 위해 어떻게 살아갈 것인가

---

169) "한국 자살률 OECD 3위", ≪서울신문≫(2009년 4월 7일자).

에 대한 해답을 요구하는 과제를 남겨 주었다.

이들의 자살을 바라보면서 크게 우려가 되는 것이 바로 보도에 대한 자세이다. 대중매체는 유명 인사의 자살보도를 하나의 뉴스거리로 보도할 뿐, 그에 따른 파급효과나 사회문제에 대해서는 무관심한 것 같다. 세계보건기구는 유명 인사의 자살이 일반인 자살에 영향을 미친다며 자살보도기준을 제정해 언론의 신중한 보도를 권고한 바 있다. 우리나라는 기자협회, 자살예방협회, 보건복지부 공동으로 2004년 자살보도 지침을 제정했다. 이 지침에는 다음과 같은 것들이 명시되어 있다. 자살한 사람과 유족의 사생활이 침해되지 않도록 해야 한다. 유명인이라도 장소와 방법·자세한 경위를 묘사하면 안 된다. 불충분한 정보로 자살 동기를 판단해선 안 된다. 속보 및 특종 경쟁의 수단으로 다뤄선 안 된다. 그러나 자살도구 및 구입처 공개, 장례식 생중계 등의 몇몇 보도는 이 같은 지침을 무색게 한다. 연이어 자살 관련 보도를 보면서 청소년들은 마음 속으로 자살을 끝없이 되뇌었을지 모른다.[170]

더욱이 자살에 대한 심층적인 원인규명이나 가족 및 주위 사람들에게 미치는 영향이나 유명인사의 자살보도에 의해 자살률이 높아진다는 연구결과에는 관심조차 없다.[171] 지난해의 경우, 최진실 씨 사건으로 인한 모방 자살이 크게 늘어난 것으로 분석됐다. 최 씨가 자살한 지난해 10월 2일 이후 자살자가 예년보다 큰 폭으로 증가한 것이다.[172] 얼마 전 40대 주부가 한류스타 박용하 씨 자살관련보도를

---

170) 차정섭, "유명인 자살 대대적 보도, 청소년에 악영향", ≪세계일보≫(2008년 10월 15일자).

171) 마릴린 먼로 같은 유명 인사가 자살을 하면 자살률이 높아진다. 폴 퀴네트, 『자살, 돌이킬 수 없는 결정』, 육성필·이혜선 공역(서울: 학지사, 2006), p.27.

172) "최진실 모방 자살 급증", ≪연합뉴스≫(2009년 8월 30일자).

본 뒤 자살했다고 한다. N모 씨도 한강에 투신하였다가 다행히 친구의 신고로 구조되었다.[173] 자살을 결정하게 되는 이들은 심리적으로 이런 생각을 할 수 있다 — '저렇게 유명하고 대단한 사람들도 문제를 해결하지 못해서 자살을 선택하는데 나는 어떻게 해결할 수 있겠어?' 더욱이 청소년들은 자신들의 우상을 따라 자살을 선택하는 위험한 결과를 초래하기도 한다.[174]

또한 우리나라 자살 문제는 이제 고령화 사회에 따른 문제와 함께 드러나고 있다. 우리나라는 지난 2000년 고령화율 7%를 넘어서면서, 고령화 사회에 진입했으며, 세계에서 가장 고령화 속도가 빠른 나라이다.[175] 이에 따라, 우리나라의 65세 이상 노인 인구 10만 명당 자살률은 1998년 38명에서 2007년에는 73.6명으로 2배 정도 증가하였으며, 이는 65세부터 74세의 자살률이 64.9명으로 가장 낮은 그리스의 4.9명에 비해 13배가 많다. 나이가 들수록 자살률은 더욱 상승하는 것으로 나타났는데, 75세 이상의 경우 우리나라 노인 자살률은 106.1명으로 그리스 6.3명의 17배에 이른다. 이는 OECD 국가들 중 우리나라의 노인 자살률이 엄청나게 높은 수치임을 나타낸다. 이 조사는 우리나라의 노인 자살률이 높은 이유를 정년퇴직 연령이 선진국보다 낮고 연금과 같은 복지 혜택이 상대적으로 미흡하며, 우리나라의 전통적 미덕인 긴밀한 가족 관계가 약화되고 있는 점 등으로 분석하였다.[176]

---

173) "교회, 치유사역 힘쓰고 있는가", ≪기독교연합신문≫(2010년 7월 8일자).

174) 이를 '베르테르 효과'(Werther effect)라고 한다. 동조자살(copycat suicide) 또는 모방 자살이라고도 한다. 조성돈 · 정재영, 『그들의 자살, 그리고 우리: 한국사회 자살의 경향을 말한다』(서울: 예영커뮤니케이션, 2008), pp.25～26.

175) 2050년 우리나라는 고령화율(전체 인구 중 65세 이상 인구 비율)이 38.2%로 세계 최고령 수준으로 예상된다. ≪국민일보≫(2009년 9월 3일자).

176) 홍기숙, "노인들의 자살, 왜?", ≪한국기독공보≫(2009년 6월 24일자).

우리나라는 군대의 사망 사고 중, 절반이 자살이라고 한다. 지난 10년 동안 군대 사망자의 절반 이상이 '자살'로 인해 숨진 것으로 드러났다. 국회 정보위원회 소속 이철우(한나라당) 의원은 국방부로부터 제출받은 군대의 사망사고 현황을 분석한 결과, 지난 2000년부터 올해 8월 말까지 군에서 발생한 각종 사건·사고로 숨진 현역병 1,374명 가운데 717명(52%)이 자살로 사망했다고 밝혔다.[177]

미국질병관리센터(CDC)에 따르면 미국 청소년의 자살률이 지난 15년 사이에 급증하고 있다고 발표했다. 그런데 이제는 우리나라 청소년도 예외가 아니다. 한국청소년상담원의 최근 자료에 의하면 10명 중, 6명이 자살을 심각하게 고민해 본 적이 있는 것으로 조사되었고, OECD국가 가운데 청소년 자살률은 1위를 차지하여 '자살공화국'이라는 불명예를 안고 있다.[178] 이원희 한국교육총연합 회장은 위기 청소년들에 대한 문제는 과거에 비해 더욱 복잡하고 다양해지고 있고, 특히 자살과 관련된 상담 건수가 2005년 34건에서 2008년 895건으로 25배나 증가해 실질적인 대처방안이 시급한 것으로 말했다.[179]

또한 우리나라는 도박 산업을 정부가 양성화하고 있다. 이 중 가장 대표적인 것이 강원랜드이다. "도박 산업규제 및 개선을 위한 전국 네트워크"(김일수 외 3인)는 정부와 강원랜드를 향해서 강력하게 비판하는 성명서를 발표하였다. 이 성명서에는 정부가 사행산업에서 나오는 기금의 단맛에 취해 무책임한 자세로 일관함을 강하게 비판하면서, 강원랜드 측이 계속되는 자살에 대한 특별대책을 마련할 것을

---

177) "군대 내 사망사고, 절반이 자살", ≪한겨레신문≫(2009년 10월 1일자).
178) 정재민, "대중스타의 자살과 청소년", ≪기독신문≫(2008년 10월 14일자).
179) "자살 상담 25배 증가", ≪한국교육신문≫(2009년 4월 16일자).

촉구하였다. 성명서 내용에는 강원랜드가 개장한 이후 수많은 사람들이 도박중독자로 빚더미에 오르게 되었고, 지금까지 17명이 자살했음을 지적했다.[180] 그러나 이런 비판의 소리에도 지금까지 정부나 강원랜드는 이렇다 할 대책 마련을 하지 않고 있다.

3. 도대체, 왜 자살하는가?

우리나라는 '우리 몸은 부모에게서 받았으므로 건강하게 지켜야 함'을 강조해 왔다.[181] 성서는 피투성이가 되는 고통 속에서도 반드시 살 것을 강조한다.[182] 이처럼 생명은 우주의 원천적 개념으로 존중의 대상이었다. 생명이란 완전하면서도 역동적이고, 불변하면서도 끊임없이 변화하는 신비한 것이다. 그러나 우리는 지금 문명을 조롱하듯 생명경시 풍조가 급증하는 시대에 살고 있다. 에밀 뒤르켕은 자살이 개인적 행위로 보이지만 사실은 사회의 특정한 상태를 반영하는 것이라고 보았다. 사회가 심한 아노미 현상을 겪으면 사회적 결속력이 약해져 자살률이 높아지고, 반대로 가족, 종교단체, 친목을 위한 사회그룹과의 강한 유대는 자살률을 낮추는 데 기여한다. 뒤르켕의 주장에 따르면 진정한 친구 한 사람만이라도 곁에 있으면 그 사람은 자살을 감행하지 않는다고 한다. 자살은 관계의 단절을 의미한다. 자

---

180) "자살책임, '정부에 있다'", 《기독신문》(2005년 12월 27일자).

181) 이는 "신체발부 수지부모 불감훼상"(身體髮膚 受之父母 不敢毀傷), 즉 부모로부터 물려받은 몸의 터럭 하나라도 감히 훼손해선 안 된다는 『효경(孝經)』 첫 장의 유명한 구절이다.

182) "내가 네 곁으로 지나갈 때에 네가 피투성이가 되어 발짓하는 것을 보고 네게 이르기를 너는 피투성이라도 살아 있으라 다시 이르기를 너는 피투성이라도 살아 있으라 하고"(에스켈 16장 6절).

살을 예방하는 길은 우리가 서로 진정한 이웃이 되어 주는 것이다. 우리는 부버의 말대로 나(I)는 너(you) 속에 존재한다. 우리가 만들어 갈 공동체는 나와 네가 하나 되는 것을 말한다.[183]

개인 간에 응집력이 강하고 사회 유대관계가 형성된 사회는 정서적으로 안정감을 주고 치료의 효과를 유발한다. 그러나 그렇지 않은 사회는 사회적 지원을 받지 못하고 스스로 소외된다. 주변 사람들과의 감정교류의 유대가 단절되고, 이로 인해 고독감을 느끼고 있으며, 최후의 순간 죽음과 삶의 충동의 갈등 속에서 한 가닥 구원마저 호소할 곳이 없는 상황에서 결행으로 옮겨진다. 평소에 마음을 주고받는 친근한 사람이 있다면 그들의 지원을 받을 수 있다.

우리 사회는 치열한 경쟁에 의한 자본주의를 강조한다. 경쟁력을 상실한 사람들은 생존 자격을 상실한 사람으로 사회적 도태를 경험하게 되고, 그로 인한 자존감의 상실은 결국 스스로 생존을 포기하게 된다. 최근 심각한 경제 불황으로 인해, 많은 사람들이 자살하였다. 이러한 경쟁적 사회구조는 결국 사람들로 하여금 생명을 경시하게 하고 경쟁에서 낙오된 사람들로 하여금 자살을 유도하는 위험으로 빠져들게 한다. 치열한 경쟁을 통한 사회발전을 지향하는 사회는 결국 인간 생명의 존엄이라는 절대적인 가치를 외면하게 한다.

자본주의의 기본원칙은 적자생존(適者生存)이다. 이는 자유로운 경쟁력을 통하여 힘을 가지며 소유가 있고, 자유로운 경쟁력이 있는 사람들만 생존할 수 있다. 우리는 자본주의 사회에서 경쟁력이 얼마나 생존에 필수적인가를 뼈저리게 체험하고 있다. 세계화시대에 경쟁력

---

183) 강대기. "'시론' 잇따른 지도층 자살을 보는 시선", ≪기독신문≫(2004년 7월 6일자).

이 없으면 국가도 외국의 자본에 의하여 여지없이 무너지고 파산하는 것이 현실이다. 현재 세계는 약육강식(弱肉强食)의 정글법칙으로 운영되고 있다. 이에 따라 경쟁에서 밀려난 사람들의 좌절감은 심각한 지경에 이르게 된다.[184]

4. 자살, 기독교윤리의 실천적 자세

심각한 자살문제에 대해 기독교는 무엇보다 자살을 죄로만 여기는 기존의 사고방식에서 탈피하는 것이 시급하다. 구원의 확신이 있고, 자신을 하나님의 자녀이며 그리스도인이라고 규정한 신자들도 자살충동을 느낀다. 김기현은 우리가 자살을 말하기 전, 그리고 자살자를 향해 죄라고 말하기 전 우리 자신을 먼저 말하는 것이 필요함을 지적한다. 그의 연구에 의하면, 최근까지 자살한 연예인들의 경우 타 종교에 비해 기독교가 압도적이었다. 그만큼 우리 교회는 자살이라는 문제에서 벗어나지 못하고 있는 상황이다. 한국교회는 자살하는 이를 두고 무책임하다거나 인격의 미성숙이라고 질타하기 전, 그렇게 말하는 자신을 먼저 반성해야 한다.[185] 성서는 자살을 죄라고 단정하기보

---

184) 흔히 아담 스미스를 '보이지 않는 손'을 주장한 『국부론』 정도로만 이해하는데 바로 그 아담 스미스가 『도덕 감정론』도 함께 썼다는 것을 아는 사람이 드문 것 같다. 『도덕 감정론』에 따르면, 인간 개인은 다른 사람의 인정과 존중을 갈망한다. 이것이 시장에서 도덕적으로 정당하게 인정될 때 시장법칙도 제대로 작동한다. 도덕 법칙이 무너진 시장은 그야말로 약육강식이 지배하는 정글일 뿐이다. 이승훈, "시민사회 사상의 역사와 딜레마", 조성돈·정재영 편, 『시민사회 속의 기독교회』(서울: 예영커뮤니케이션, 2008), p.62 참조. 오늘 우리의 현실은 도덕 법칙이 제대로 작동하지 못하는 신자유주의 경제구조 속에서 수많은 사람들이 노동의 소외와 위기에 직면해 있고, 경제구조의 현실은 효율성이라는 틀로 사람의 가치를 규정한다.

185) 김기현, 『자살은 죄인가요?』(서울: 죠이선교회, 2010) 참조.

다는 침묵하고 있다. 사실 성서는 자살에 관해 아주 적은 분량의 이야기를 담고 있다. 사울, 아히도벨, 삼손, 가룟 유다 등의 죽음은 자살이었다. 하지만 성서는 자살에 대해 이렇다 할 평가를 하지 않은 채 침묵하고 있다. 모세, 엘리야, 욥, 요나와 같은 이들도 힘겨운 삶 속에서 하나님을 향해 죽기를 간청했다. 뛰어난 신앙의 사람들이었던 그들도 강한 자살 충동을 경험했다. 자살에 대해 침묵하는 성서에서 하나님의 뜻을 발견할 수 있다. 그러므로 특정인의 자살을 도덕적 잣대, 정치적 관점 등으로만 평가하는 것이나 자살을 특별한 범죄 행위로 취급하여 구원 문제와 연결시키는 것은 옳지 않다.

자살에 대해 교리적·신학적인 논의도 중요하지만 이런 고담준론(高談峻論)은 마치 예수님에게 '안식일에 병 고치는 일이 옳은가?'를 따지는 율법사나 바리새인을 연상케 한다. 지금 우리에게는 착한 사마리아 사람이 필요한 때이다. 흔히 '자살하면 지옥 간다'는 식의 종교적 가르침은 다시금 깊이 생각해 봐야 한다. 이에 대해 이상원은 교회가 자살이 하나님 앞에서 심각한 죄임을 분명히 가르쳐야 하지만, 자살을 인간의 궁극적인 구원의 문제로 성급하게 연관 짓는 것에 대해서 주의를 기울여야 함을 여섯 가지 이유를 들어 제시하였다.[186] 자살한 사람이 생겼을 때, 교회에서 장례를 집례해 주고, 유가족을 위로하여 구원과 부활에 대한 소망을 확증해 줘야 한다. 교회에서 단순하게 "자살하면 지옥 간다"고 가르치면 자살을 예방하는 효과가 있기는 하지만, 섣불리 단순화시킬 문제가 아니다. '자살하면 지옥 간다'는 말이 자살 상황에 들어간 사람에게는 더 위험할 수도 있다. 우울

---

186) 이상원, "'자살하면 지옥간다'는 통설", 《복음과 상황》(제226호, 2009년 8월호), pp.70~75 참조.

증 상황에서는 이성적인 판단을 할 수 없기 때문에, '신이 나를 버렸다'고 생각하게 된다. 신이 나를 버렸다고 판단하고 점점 더 상태가 악화되는 경우도 있다. 성서는 어떤 생명도 하나님 앞에서 귀중하지 않은 것이 없고, 모두가 천하보다 귀한 생명임을 분명히 한다.[187] 십계명의 6계명인 '살인하지 말라'는 명령도 생명의 존엄성에 기반을 둔 것이다. 자살을 시도한 이들에 대한 우리의 시각은 이들을 신앙도 없는 신성 모독자로 정죄하고 심각한 정신질환자로 몰아가며 사회에서 고립시키고 인생 실패자로 손가락질할 것이 아니라 다시 살아난 이들의 생명에 부활의 의미를 접목시켜서 갱생의 의지를 심어 주고 보살펴 주어야 한다.[188]

기독교윤리의 궁극적인 원리인 하나님의 사랑, 즉 아가페(agape)는 하나님의 돌봄이 누구에게나 미치고 있다는 보편성과 구체성에 근거한다. 이 아가페의 사랑을 인간 현실에 직접 적용하기는 어렵다. 그러나 이웃의 생명이 파괴되어 가는 사회 구조 속에서 기독교가 개인 구원만을 강조하고 자살자를 범죄시한다면 그것은 소극적으로 기독교 자체의 존재를 거부하는 자살 행위나 다름없다. 또한 적극적으로 자살자의 죽음에 동참하는 공범자가 될 것이다. 기독교는 '자살은 방지되어야 한다'는 원칙이 지켜지도록 자살자가 죽음에 이를 수밖에 없는 환경을 생명의 환경으로 개선해 나가야 한다.

기독교는 교회에서 소그룹을 활성화해 나가야 한다. 소그룹과 관

---

187) 그러므로 내가 너희에게 이르노니 목숨을 위하여 무엇을 먹을까 무엇을 마실까 몸을 위하여 무엇을 입을까 염려하지 말라 목숨이 음식보다 중하지 아니하며 몸이 의복보다 중하지 아니하냐(마태복음 6장 25절), 두려워하지 말라 너희는 많은 참새보다 귀하니라(마태복음 10장 31절), 너희에게는 심지어 머리털까지도 다 세신 바 되었나니 두려워하지 말라 너희는 많은 참새보다 더 귀하니라(누가복음 12장 7절).
188) 박원기, 『신학윤리와 사회과학』(서울: 대한기독교서회, 1998), p.240.

련한 조사 결과, 소그룹에 적극적인 사람일수록 사사로운 고민을 얘기할 수 있는 친구를 교회 안에서 많이 가지고 있는 것으로 나타났고, 소그룹 활동을 소극적으로 하는 사람들에 비해 외로움이나 우울증의 문제로부터 자유로운 것으로 나타났다. 소그룹을 통해 형성된 폭넓고 깊이 있는 인간관계를 가지고 있는 사람들은 외로움을 잘 느끼지 않으며, 소그룹 활동을 통한 심리 치료의 효과는 우울증에 걸릴 가능성도 줄어드는 것으로 나타났다.[189] 우리 교회 안에서 공동체성을 회복함으로써 공동체 구성원들에게 믿음 안에서 올바른 삶의 의미를 깨닫게 하고, 교회 공동체 안에서 친밀한 인간관계를 형성함으로써 서로 돌볼 수 있도록 해야 한다. 푸트남은 교회 공동체가 새로운 사회 자본으로 기능할 수 있음을 주장하였다. 교회는 전통의 공동체가 무너진 후 파편화되고 불확실성이 증가된 사회에서 사는 현대인들에게 신뢰할 수 있는 관계 형성을 위한 소그룹을 제공해 줄 수 있다. 교회 소그룹들은 집단 구성원들의 대면 교섭을 통해서 형성된 신뢰를 바탕으로 하여 공동체성을 나타낼 수 있다.[190]

뿐만 아니라 우리 사회에 대해서도 지나친 물질주의 가치관과 성공지향의 태도가 우리의 삶을 더 삭막하게 만들게 됨을 지적하고, 이를 초월하여 보다 숭고한 가치를 추구할 수 있도록 삶의 규범을 제공할 수 있어야 한다. 그렇게 된다면 우리 기독교는 우리 사회에서 자살을 예방하는 사회안전망 역할을 해 나갈 수 있다.

---

189) 정재영, "한국 교회 소집단의 공동체성 대한 연구"(연세대학교 박사학위논문, 2002), pp.116~117.
190) 정재영, "시민사회 참여를 통한 교회 공공성의 회복", 조성돈 · 정재영 편, *op. cit.* pp.101~102.

5. 나오는 말

요즘 방송이나 신문 보기가 겁난다. 자살이 마치 전염병처럼 번지고 있기 때문이다. 유명 연예인들의 자살만이 아니라 우리 사회는 '자살자 공화국'이라 할 만큼 여러 종류의 자살자들이 많다. 우리나라는 지난 수십 년 동안 '잘살아 보세'라는 구호 아래 잘살기 위해 매진해 왔다. 그러나 잘살자고 한 것이 더불어 살아가는 공동체 의식이 약화되고 경쟁만을 강조하는 사회적 분위기를 자아낸 것이 사실이다. 따지고 보면 청소년들의 성적 비관 자살도 잘살기 위해 몸부림치는 가운데 그것을 이룰 수 없다는 상대적 좌절감에 기인한 충동적 행위다. 이는 희망의 상실에 따른 결과이다. 사람은 희망을 잃어버릴 때, 절망감이 엄습하고, 이것은 죽음으로 치닫는다. 사회의 불안정한 분위기는 개인에게 심리적인 혼란을 줄 수 있다. 최근 우리나라가 사회 전반에 걸쳐 혼란스러운 모습을 보이면서 미래에 대한 뚜렷한 희망을 갖지 못하는 사람들이 많아지면서 자살로 치달을 가능성을 높여 주고 있다.

이제 우리는 '세계자살예방의 날'을 즈음해서, 9월 둘째 주를 '생명존중의 주간'으로 정하여, 이를 가르쳐야 한다. 이 주간에 생명존중을 구체화하는 내용으로 자살에 대한 예방조치와 생명의 소중함을 일깨워 줘야 한다. 아울러 자살의 징후를 미리 알아차려서 적절하게 위탁할 수 있는 자살예방센터나 긴급 상담원(Gatekeeper)을 양성해야 한다. 자살의 가능성 있는 사람을 민감하게 알아차리는 생명감각을 통해 자살 징후를 감지하여 적극적인 도움을 받도록 옆에서 돕는다면 지금의 자살률을 현저히 줄일 수 있다.

자살의 현실인식과 목회윤리적 대응[191]

1. 들어가는 말

요즘 우리 사회에는 자살 소식이 끊이질 않고 있다. 최근 2~3년 동안 집계된 자살 통계를 보아도 쉽게 알 수 있다. 2000년 자살자 수는 11,794명, 2001년 12,277명으로 꾸준한 증가세를 보이고 있다. 지난 2003년 8월 5일 경찰청의 발표에 따르면 "지난해 총 자살 건수는 13,005건으로 2001년 자살한 사람의 숫자는 교통사고 사망자보다 50% 이상 많았다."고 전한다. 서울 소방방재본부 구조팀의 2003년 상반기 자살 관련 출동 건수만 해도 199건으로 2002년 같은 기간의 151건에 비해 30%가량 증가했다.

우리나라의 자살률이 경제협력개발기구(OECD) 30개 회원국 평균의 1.6배에 달하면서 3위에 해당하는 것으로 나타났다. 특히 여성의 경우 1위에 올랐다. 6일 OECD가 발간한 '2009 OECD 통계연보'에 따

---

191) ≪세계와 선교≫(한신대학교 신학대학원, 200호, 2009년 가을호)에 게재.

르면 한국의 자살률(인구 10만 명당 자살자 수·이하 2007년 기준)은 18.7명으로 OECD 평균(11.88명)을 크게 앞지르며 헝가리, 일본에 이어 3위에 올랐다. 특히 여자 자살률은 11.1명으로 OECD 평균(5.4명)의 두 배를 훌쩍 넘어서면서 회원국 중 가장 높았다. 28.1명인 남자는 4위를 기록했다.[192]

이런 자살자 수의 증가와 함께 우리나라는 '자살사이트와 세계자살증가율 1위'라는 불명예를 다시 안게 되었다. 자살률은 흔히 인구 10만 명당 자살자 수로 비교된다. 대개 10만 명당 자살자 수가 10명을 넘으면 자살률이 높은 축에 든다. 1996년 기준으로 할 경우 우리나라의 10만 명당 자살자 수는 19.2명이었다. 전통적으로 높은 자살률을 보여 온 헝가리, 핀란드, 덴마크 등에 비하면 낮지만, 동양권에서는 가장 높은 세계적으로도 10위권을 오르내리고 있다. 지난해 노무현 전 대통령의 급작스런 서거 소식에 온 국민이 가슴 아파하였다. 그것도 바위산에 올라 투신자살로 생을 마감했다는 소식은 우리의 가슴을 더욱 아프게 하였다. 연예인 최진실, 안재환의 자살 소식과 몇 년 전엔 정몽헌 현대그룹 회장을 비롯해서 대학총장 등 유명인사의 자살 소식도 끊이지 않고 있다.

이 글에서는 이러한 자살의 현실을 인식하고 이에 대한 교회의 대응방안을 논의하는 장(場)을 마련해 보고자 한다.

---

192) "한국 자살률 OECD 3위", ≪서울신문≫(2009년 4월 7일자).

2. 자살을 부추기는 현실

최근 몇 년 사이에 국내 자살자들의 숫자가 기하급수적으로 늘어나고 있다고 한다. 전 세계는 심각하고도 중요한 공중 보건 및 정신 보건상의 문제인 자살의 문제에 직면하였다. 세계보건기구의 보고에 의하면 2000년 한 해 약 100만 명이 자살하였다. 자살로 인한 피해는 자살자뿐만 아니라 최소한 6명 이상의 주위 사람들에게 심리적, 정서적인 영향과 자살 위험을 전염한다. 자살 기도자는 자살자의 10~20배에 이른다.[193)]

자살자들의 자살 동기는 성적 문제, 가정불화, 자포자기, 생활비관 등이 대부분이지만 청소년들의 경우, 자신이 동경했던 스타의 자살을 추종하여 자신의 목숨을 끊는 경우도 가끔 있다. 똑같은 문제를 놓고도 사람에 따라서 견딜 수 있는 능력의 차이는 있게 마련이다. 또한 일생을 살면서 한 번쯤은 자살의 충동을 느낄 수도 있다. 그러나 자살을 쉽게 선택하는 것과 그러한 자살을 부추기는 문화에 대하여 문제를 지적하고 싶다. 예전에는 자살을 금기시했고 하나의 충격적인 사건으로 받아들였으나 요즘은 자살이라는 주제가 사람들의 입에 자연스럽게 오르내리고 그리 대수롭지 않은 사건으로 여겨지고 있다는 데 문제의 심각성이 있다.

지난 시드니 올림픽 때는 결승전을 눈앞에 두고 실격패한 호주의 여자 경보선수 제인 새빌이 "권총 자살하고 싶다"는 섬뜩한 말로 자신의 아쉬움을 표현했는데 매스컴은 이를 흥미 있는 기사거리로 보

---

193) 교육과학기술부 편, 『학생자살예방교육 및 위기관리』(교육과학기술부, 2008년 10월), p.21.

도하기도 했다. 최근에 우리나라에서 일어났던 자살에 관한 기사들을 살펴보면 전혀 자살할 것 같지 않은 사람이 자살한 경우도 있다. 방범과 방범반장으로 재직해 오면서 공로상 등 표창도 11차례 받기도 한 현직 경찰 간부가 경찰서 내에서 총기를 이용해 스스로 목숨을 끊은 일이 발생한 것이다. 그는 평소 여자문제로 부인과 심한 가정불화를 겪은 것으로 알려졌지만 자살할 수밖에 없는 상황이라고 보기에는 납득하기가 어렵다. 또한 '노인의 날'인 지난 10월 2일에는 자식들에게 짐이 되기 싫다며 80대 할머니가 투신자살하였고, 구조조정의 불안감 때문에 공무원이 아파트 옥상에서 뛰어내려 숨지기도 했다. 이러한 일련의 자살사건을 살펴보노라면 과연 죽음을 스스로 선택할 만큼 절박한 상황이었는지에 관해 의구심을 갖게 되지 않을 수 없다.194)

더욱이 유명 연예인들의 잇단 자살보도는 자라나는 청소년들에게 미칠 영향을 고려해야 한다. 이를 베르테르 효과(Werther effect)라고 하는데 동조자살(copycat suicide) 또는 모방자살이라고도 한다. 독일의 문호 괴테가 1774년 출간한 서한체 소설 ≪젊은 베르테르의 슬픔≫ (Die Leiden des jungen Werthers)에서 유래하였다. 이 작품에서 남자 주인공 베르테르는 여자 주인공 로테를 열렬히 사랑하지만, 그녀에게 약혼자가 있다는 것을 알고 실의와 고독감에 빠져 끝내 권총 자살로 삶을 마감한다. 이 소설은 당시 문학계에 새로운 바람을 일으키면서 유럽 전역에서 베스트셀러로 자리잡았다. 그러나 작품이 유명해지면서 시대와의 단절로 고민하는 베르테르의 모습에 공감한 젊은 세대의 자살이 급증하는 사태가 벌어졌다. 이 때문에 유럽 일부 지역에서

---

194) 최근 유명 연예인의 자살이 잇따르면서 교육계는 심각한 위기의식을 가지고 이에 대한 교육을 강조하고 있다. *Ibid.,* p.17.

는 발간이 중단되는 일까지 생겼다. 베르테르 효과는 이처럼 자신이 모델로 삼거나 존경하던 인물 또는 사회적으로 영향력 있는 유명인이 자살할 경우, 그 사람과 자신을 동일시해서 자살을 시도하는 현상을 일컫는 말로, 1974년 미국의 사회학자 필립스(David Phillips)가 이름 붙였다. 그는 20년 동안 자살을 연구하면서 유명인의 자살이 언론에 보도된 뒤, 자살률이 급증한다는 사실을 토대로 이런 연구 결과를 이끌어 냈다.

대중매체는 유명인사의 자살보도를 하나의 뉴스거리로 보도할 뿐 그에 따른 파급효과나 사회문제에 대해서는 관심이 없는 것 같다. 더욱이 자살에 대한 심층적인 원인규명이나 가족 및 주위 사람들에게 미치는 영향이나 유명인사의 자살보도에 의해 자살률이 높아진다는 것에는 관심조차 없다. 폴 퀴네트는 마릴린 먼로 같은 유명인사가 자살을 하면 자살률이 높아짐을 말한다.[195] 그에 의하면, 자살을 결정하게 되는 이들은 심리적으로 이런 생각을 할 수 있다. '유명인사도 문제를 해결하지 못해 자살을 선택하는데 나는 어떻게 해결할까?' 더욱이 십대들은 자신들이 우상을 따라 자살을 선택하는 위험한 결과를 초래하기도 한다.

이러한 문제의 심각성을 대중매체에서는 진지한 고민 없이 자살의 사건만을 여과 없이 보도한다. 언론고시라고 불릴 정도로 신문이나 방송 매체의 기자는 우수한 인력들이다. 그런데 이러한 자살의 심각한 문제를 다룸에 있어 무책임하게 사실을 보도할 뿐 그에 따른 문제를 고려하지 않는 자세는 그야말로 무책임한 일이다. 이러한 언론의

---

195) *Ibid.,* p.27.

보도 자세에 대해 비판하지 않는 우리의 몰이해도 큰 문제일 것이다. 폴 퀴네트는 자살이 미치는 영향에 대한 실례로 어느 고등학교에서 한두 명이 자살을 하면 그에 따라 주변의 학생들이 자살하는 경우가 있다. 또한 가족 중 누가 자살을 했을 때, 나머지 가족 구성원들이 자살을 선택하는 경우도 있다. 자살을 고려하는 사람들이 어려운 상황에서 자살을 떠올리게 되는 것은 자신에게 가장 중요한 영향을 미친 사람, 즉 부모의 자살이 아무리 애를 써도 떨쳐 버리기 어려운 생각으로 영향을 미친다. 그러니 자살의 위험은 최대한 막아야 할 사안이다. 그것은 자살자로 끝나는 문제가 아니라 파급효과를 드러내기 때문이다.[196] 지금까지 우리는 이러한 자살의 엄청난 '전염'의 위험한 문제의식을 간과해 왔다.

3. 자살에 대한 교회의 대응방안

폴 퀴네트는 종교가 자살을 증상으로 보는 것이 아니라 신의 뜻에 위반하는 큰 죄로 보면서 얼마나 많은 자살자들의 문제를 처리해 왔는지 알려 준다.[197] 언뜻 생각해 보면 우리 기독교나 유교, 불교 등 종교에서 자살을 크게 죄악으로 여겨 자살을 하지 않도록 방지하는 것 같지만 실제로는 자살한 이들을 엄청난 죄인으로 몰아갈 뿐 자살자의 상한 감정이나 그 가족이나 주변 사람들이 지닐 충격이나 상처에는 관심이 없다. 이로 인해 자살자나 가족과 주변사람들은 종교적

---

196) *Ibid.*, p.28.
197) 폴 퀴네트, 『돌이킬 수 없는 결정, 자살』, 이혜선 · 육성필 공역(서울: 학지사, 2006), pp.38~39.

인 위로나 지지 혹은 치료는커녕, 엄청난 죄인으로 낙인 찍혀 버리는 결과를 초래한다. 그러므로 종교적인 자살예방은 진정한 의미에서 자살을 예방한다고 보기는 어렵다.

전통적으로 교회는 자살한 사람을 구원 받지 못한 사람으로 간주하여, 자살한 사람의 장례를 거부했다. 과연 이것은 성서적인가? 만약 평소에 복음 위에서 구원의 확신을 가지고 있던 성도가 우울증과 같은 정신질환을 앓다가 일순간 잘못 생각해서 자살했고, 회개할 기회 없이 죽었기 때문에 구원을 받지 못한다고 생각한다면 이것은 구원론에 큰 문제가 있는 것이 아닐까? 구원은 사람의 행위에 따라 좌우되는 것이다. '정신 질환'에 의한 자살과 '인간의 연약성'에 의한 자살을 구별해야 할 것이다. 구원의 주권은 하나님께 속한 권한이다. 자살한 사람이라도 그가 예수 그리스도를 참으로 믿은 사람이며 구원 받기로 예정된 사람이라면 예수 그리스도는 어떤 방식으로든 용서하시고 간섭하셔서 구원하시지 않을까? 예수 그리스도의 용서는 인간의 어떤 죄악보다 크지 않은가? 그러므로 자살한 사람이 생겼을 때도 목회적 차원에서 장례를 집례해 주고, 유가족을 위로하여 구원과 부활에 대한 소망을 확증해야 하지 않을까? 교회에서 단순하게 "자살하면 지옥간다"고 가르치면 자살을 예방하는 효과가 전혀 없다고 말할 수는 없지만, 이렇게 단순한 문제는 아니다. 이에 대한 프레젤의 말이다.

구약성서에 나타난 자살들에 대해 어떤 특정한 가치적인 판단을 하나님은 하지 않으신 것 같은 인상을 주기도 한다. 그리고 초대교회에서는 순교행위로서의 죽음을 인정하는 경향이 매우 당연시 되었다. 성 어거스틴에 이르러 교회는 자살을 반대하는 강한 입장을 취하게 되었다. 6세기 초쯤(533 A.D.)에 몇 개의 교회협의회에서

자살을 정죄하게 되었고, 성 토마스 아퀴나스는 어거스틴이 자살은
죄라고 보는 견해를 다시 인정하고 확인하게 된다.[198]

그렇다고 '자살해도 구원을 보장받을 수 있으니 괜찮겠구나'라는
의미로 오해하면 안 된다. 자살은 성서적으로 옳거나 정당화될 수 없
다. 다만 돌이킬 수 없는 결정에 대한 보다 깊은 인간 이해를 통한 접
근, 남은 사람들에 대한 상한 마음을 어루만지는 사랑의 다가감을 말
하고 싶을 뿐이다.

4. 나오는 말

문득 성서에 나오는 '가룟 유다'를 생각해 보았다. 그는 자신의 스
승인 예수를 팔아먹은 파렴치한으로 기억되고 있다. 그가 예수를 왜
팔려고 했는지, 팔고 나서 후회하고는 다시 돈을 돌려주려다 실패하
여 끝내 죽음으로 자신의 잘못에 대한 벌을 내리려 한 것에는 관심이
없다.[199] 그저 가룟 유다는 '돌이킬 수 없는 나쁜 놈!'으로 기억되고

---

198) P. W. Pretzel, "Suicide: Ethical issues", In R. J. Hunter(Ed.), *Dictionary of Pastoral Care and Counseling*(Nashville, TN: Abingdon Press, 1990)을 이상복, "자살에 대한 문제의식과 대안", 『기독교 사회윤리』 제6집(서울: 선학사, 2003), p.47에서 재인용.

199) 가룟 유다의 배신에 대해, 다양한 시각이 있다. 영화감독 드라이는 정치적 기대의 좌절로 배신한 것으로 본다. 카트린 슐라르 책임 편집, 『유다』, 박아르마 역(서울: 이룸, 2003), p.127. 이에 반해 영화감독 파솔리니는 예수님을 향한 동성애적 연정이 이루어지지 않음에 대한 배신으로 본다. *Ibid.*, 117. 또한 흔히 아는 배신의 이유로 요한복음 12장 4장~5절과 마태복음 26장 16절을 근거로 돈에 대한 욕심이다. 그러나 '은 서른 개'는 우스울 정도로 적은 액수이다. 출애굽기 21장 32절에 의하면 황소가 남의 노예를 죽였을 때는 은 삼십 세겔을 물게 되어 있었다. 예수님시대에는 그 액수가 대략 십 분의 일의 가치가 있었다. 그렇다면 이렇게 적은 액수를 받고 스승을 넘겨 주었다는 것은 납득하기 어렵다. 주목할 것은 성서는 유다의 행위를 배신으로 서술하지 않고, 단지 그가 예수님을 '넘겨주었다'라고 표현한다. '배신'으로 번역된 원래의 단어는 본래 '넘겨주다'라는 단어로서 배신보다는 약한 뜻을 지닌다. 그리고 유다의 행동을 좀 더 꼼꼼하게 살펴보면 '배신'이라는 단어는 사건의 본질을 정확하게 설명하기 어렵다. 그러나 그의 분명한 잘못은 성급하게 자살로 끝을 맺음이다. 사도행전 1장 18절에서 유다가 자살하고 나서 그

있다. 그러나 가룟 유다의 자살을 죄악으로만 생각할 게 아니라 그의
상한 마음을 생각해 보면서 내 안에 있는 가룟 유다와 같은 마음을
생각해 보았으면 한다. 어쩌면 오늘날 우리 기독교인 중에서 가룟 유
다는 없을까? 가룟 유다는 자살을 결심할 때까지 자신의 절친한 동료
들인 예수의 제자 11명 중 아무도 없었다. 그의 가족도 없었다. 가룟
유다가 자살을 결심하여 실행하기 전에 한 번 더 자신을 긍정하는 방
향으로 돌이켜 보았더라면, 자살예방 상담자로서 단 한 명의 친구나
동료가 있었다면 그는 결코 돌이킬 수 없는 결정을 내리지 않았을 것
이다.

성서에 의하면, 예수님은 십자가 처형 후 3일만에 부활하여 제자들
을 찾아오셨다. 자신을 세 번이나 부인한 베드로를 찾아가 용서하고,
부활을 믿지 못하는 제자 도마에게 자신의 못 박힌 손과 발과 창자국
난 옆구리에 손을 넣어 보고 믿으라고 권면하셨다. 가룟 유다가 3일
만 자살의 결정을 미루었다면 어땠을까? 아마 가룟 유다도 용서를 받
았을 것이다. 이 일로 예수님의 용서와 사랑은 더욱 빛이 났을 것이
다. 그러나 많은 동료 중, 아무도 가룟 유다의 자살예방 상담자가 되
어 준 이가 없었다.

우리 교회 목회자들과 교인들이 이러한 가룟 유다와 같은 상한 마
음을 지닌 사람들, 돌이킬 수 없는 결정을 심각하게 고민하는 이들
혹은 자살자의 가족과 주변 사람들에게 진정한 예수님의 사랑[200]을

의 내장이 온통 터져나왔다는 구절에서 '내장'(splagchna)이 쓰인 용례를 통해, 하나님의 깊은 불쌍히
여기심과 자비로 읽을 수 있음을 보여 준다. 그렇다면 유다가 쏟아낸 내장은 연민과 자비로 다 타버린
바로 하나님 자신의 애간장으로 볼 수도 있다. 이에 대해서는 채수일, "이스카리옷 유다에 대한 명상",
≪세계와 선교≫(한신대학교 신학대학원, 제204호, 2010년 가을호), pp.5∼7 참조.

200) 부활 후 가룟 유다를 찾아가 용서하고 사랑하려고 했는데 이미 자살해 버린 가룟 유다를 보고 안타까워
했을 예수님과 동료의 자살을 보고 충격받았을 제자들의 상한 감정을 보는 마음.

설교하고 목회활동으로 해 나갔으면 한다. 이런 점에서 자살 문제는 더욱 고민해야 할 중요한 과제이다. 이제는 자살예방을 위한 교육과 심리적 터치에 대한 고민이 있어야 할 것이다. 자살은 성서적으로 옳거나 결코 정당화될 수 없다. 다만 돌이킬 수 없는 결정에 대한 보다 깊은 인간 이해를 통한 접근, 남은 사람들의 상한 마음을 어루만지는 사랑의 다가감을 말하고 싶을 뿐이다. 안타깝게도 도덕, 윤리 교과서와 종교 교과서에서 자살에 대한 교육은 그다지 중시되지 못한 실정이다. 이는 교회교육 현장에서도 마찬가지다. 이제는 자살에 대한 심도 있는 논의와 예방에 대한 다양한 교육현장에서 교육이 필요하다. 사실 자살은 예방해야 할 문제이지, 사후 대처의 문제가 아니다. 그야말로 자살 이후에는 그 어떤 치료도 불가능하다. 대처하기도 난감하다. 그러므로 자살의 실제적 현실을 직시하고, 이에 대한 교회의 대응 방안을 모색해 나가야 할 것이다.

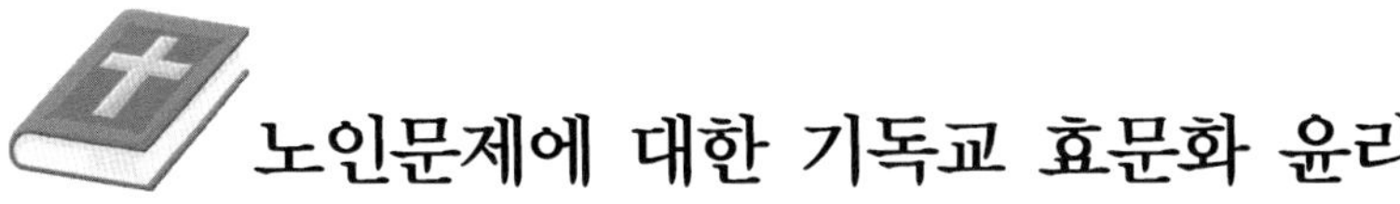

노인문제에 대한 기독교 효문화 윤리

1. 들어가는 말

종교는 사회와의 관계성을 중시한다. 왜냐하면 종교는 사회 속에서 하나의 문화를 형성해 가면서 이에 대한 기능을 수행해 나가기 때문이다. 이를 일컫는 말이 '빛과 소금', '진흙 속의 연꽃' 등이다. 이처럼 종교를 사회적 기능으로 바라보면, 종교를 위해 인간이 존재하는 것이 아니라 인간을 위해 종교가 존재하는 것으로 볼 수 있다.[201] 인간의 문화를 의·식·주의 기본적인 구조를 비롯한 가치관 등 삶의 총체적인 영역으로 보면, 각 시대의 인간과 사회를 구원하는 종교는 문화전통을 고스란히 담아 나가게 된다. 이렇게 보면 종교는 전통문화를 전승하면서 새롭게 전통을 형성해 가는 문화적 가치를 지니게 된다.

---

201) 종교와 사회와의 관계를 논의함에 있어 크게 두 가지 시각이 있다. 하나는 '인간 안의 사회', 곧 인간이 사회를 만든다는 것이고, 다른 하나의 시각은 '사회 안의 인간'으로서 인간은 결국 공간과 시간을 구원할 수 없고 구체적인 역사와 사회 속에서 존재하는 것이라고 본다. 종교사회학자 피터 버거는 사회 속에서 인간을 봄과 동시에 인간 속에서 사회를 보려고 한다. Peter Berger, *The Sacred Canopy, Garden City*(New York: Doubleday, 1967), p.109. 하비 콕스는 종교를 '문화적 세속화'의 개념으로 보고, 정치적, 사회적 세속화의 필연적 부산물로 본다. Harvey Cox, *The Secular City: Secularization and Urbanization in Theological Perspective*(New York: The Macmillan Co, 1965), pp.16~18.

이렇게 볼 때, 효문화는 전통문화일 뿐만 아니라 종교의 사회적 기능을 수행하기 위한 중심주제로 파악할 수 있다. 이는 부모와 자녀의 관계를 중심으로 하는 협의의 가족윤리부터 사회와 국가로 확대되는 경세이념의 의미도 지닌다. 효를 기독교의 가치로 말한다면, 사랑의 실천(agape)으로, 하나님의 사랑과 돌봄이 누구에게나 미치고 있다는 보편성과 구체성에 근거한다.[202]

오늘 이 우리 시대가 요구하는 기독교의 당면 과제는 무엇인가? 우리 기독교가 수행할 사회적 역할과 자리매김으로 시급히 요청되는 것이 바로 '노인문제'이다. 시급한 사회문제로 떠오른 노인문제를 해결하는 하나의 윤리체계를 논의하는 방안으로서 우리 사회의 고등종교인 기독교의 사랑과 전통문화의 담지체(擔持體)로서 효를 연결해 보는 작업도 의미 있는 일일 것이다.

2. 시급한 사회문제로 떠오른 노인문제

우리나라는 2000년, 고령화율 7%를 넘어서면서 고령화 사회에 진입했으며, 현재 세계에서 가장 고령화 속도가 빠른 나라로 수년 내에 노인문제가 사회의 가장 심각한 문제 중 하나로 부각될 전망이다.[203] 미국이 고령화 사회에서 고령 사회로 진입하는 데 걸린 기간이 71년인 데 반해, 우리나라는 약 15년에 불과할 정도로 우리나라의 인구

---

202) 박원기, 『신학윤리와 사회과학』(서울: 대한기독교서회, 1998), p.240.

203) "고령화율(전체 인구 중 65세 이상 인구 비율)은 38.2%로 세계 최고령 수준", "2050년 대한민국 국민소득 8만 달러……국토연구원 '그랜드 비전 2050' 보고서", ≪국민일보≫(2009년 9월 3일자).

고령화는 걷잡을 수 없이 빠른 속도로 진행되고 있다.

오늘 우리 시대 노인문제는 크게 '지위 역할의 축소로 인한 소외', '경제적 빈곤', '건강 악화' 등을 들 수 있다. 노인을 존경하고 모시던 유교문화와 가치관 대신, 젊음을 찬양하고 아름다움으로 여기며 무한한 가능성을 가진 것으로 여기는 서양문화의 유입과 산업 구조의 변화, 도시화, 핵가족화 추세 등으로 많은 노인들은 사회에서 소외당하고 역할의 축소로 지위도 격하되고 있다. 또한 퇴직으로 인한 수입 감소로 경제적 빈곤과 피할 수 없는 죽음을 준비해야만 하고, 건강 악화와 질병을 이미 가지고 있는 경우가 대부분이어서 신체활동에 지장을 갖고 살고 있다. 문화적인 차원에서도 소비가 미덕인 상업주의적 사회에서 구매력이 적은 노인들의 문화는 미래의 구매력까지 가정된 청년들이나 어린이들의 문화에 비해서 무시당하고, 차별되고, 소외당하고 있다. 이와 같이 경제중심주의 산업사회는 구조적으로 노인들을 사회적으로 격리시킨다. 노인들은 소외, 질병과 빈곤의 경험을 하면서 '쓸모가 없는 인생'을 산다고 하는 심리적인 고통까지 안고 있다.

경제지표나 통계수치로 예언되는 노령화 사회가 되면, 노인 부양의 경제적 압박, 노동력의 저하, 실업률의 증가, 저축 감소로 인한 경제적 투자력 저하, 정치적 활력 저하 등의 현상도 노인문제로 지적된다. 특히 개인은 전체 사회의 안정과 질서유지를 위해 존재하고, 개인에 대한 물질적, 정신적 보상은 그 전체 사회에 대한 공헌도에 따른다는 기능주의적 관점에서 보면, 급변하는 산업사회 속에서는 새로운 기술과 정보, 지식을 이용하여 경제적 생산성이 높은 연령층의 사람들만이 가치 있고 풍부한 경험과 지혜를 가지고 있음에도 노인들은 소모적인 존재로 평가받는 것이 당연시된다. 노인들은 축소된 노후의 역할변화 지위에 거부감 없이 적응할 것을 강요당하게 된다.

노인문제는 급변하는 가정의 변화 속에서도 심각하게 대두된다. 한 가정의 기둥이었던 노인이 어느새 권위를 잃고 가정 밖으로 밀려나는가 하면, 부모와 동거하지 않아야만 오붓한 부부의 행복을 누릴 수 있다는 지극히 개인주의적, 이기적인 상황이 우리 사회에 만연되고 있다. 이런 현실에 생활고와 질병 등을 비관해 목숨을 끊는 노인이 줄을 잇고 있다. 현재 노인의 자살률은 외환위기 때보다 두 배나 높으며 고령화 속도보다 노인 자살률 증가 속도가 더 빨라 심각한 사회문제로 대두되고 있다.

한국자살예방협회 연구 보고서에 따르면, 65세 이상 노인 자살률은 1998년 10만 명당 37.96명에서 2007년 73.61명으로 2배가량 증가했다. 협회는 이 같은 추세가 이어진다면 2018년에는 노인 자살률이 10만 명당 148.50명에 이를 것이라고 예측했다. 이대로 방치하면 10년 뒤에는 노인 자살률이 또 2배나 늘어날 것이라는 것이다. 65세 이상 고령인구 비율은 이 기간 동안 1.35배 증가할 것으로 예상됐다.[204] 우리는 이른바 노인의 4고에 의하여 급기야는 노인들이 번번이 자살까지 할 정도로 효가 도전을 받고 있다는 점을 우리는 심각히 받아들여야 할 것이다.[205] 노인자살연구자들은 사회경제적 지위 변화가 자살의 사회학적 이유임을 지적하면서 노인 자살률의 급증은 사회구성원의 관계 체계적 강도와 반비례함을 지적한다. 그러므로 노인층의 자

---

204) "황혼자살 – 우울한 고공행진", ≪서울신문≫(2009년 1월 19일자).

205) 뒤르켐은 자살이 개인적 행위로 보이지만 사실은 사회의 특정한 형태를 반영하는 것으로 본다. 그리고 자살률에 대한 통계 분석을 통해 이러한 경향을 증명했다. Emile Durkheim, *Suicide: A sociogical study*(Glencoe, IL: Free Press, 1975) 참조.

살률 급증현상은 사회적, 대인 관계적, 환경적 변인들의 다차원적인 결과에 의한 심각한 사회문제로 생각해야 한다.[206)

3. 도전받는 효문화와 노인문제

오늘날 우리의 현실은 인간생존을 위한 필수적인 제도인 가정이 급속도로 와해됨으로 인하여 이혼, 청소년 비행, 노인문제, 이혼한 가정 자녀들의 문제, 가정폭력, 성적 타락 등의 가정문제와 사회 혼란이 조장되고 있다. 특히 한국의 문화는 효에 기초를 둔 문화이다. 부모님과 자녀들과의 관계가 모든 인간 윤리의 기초이다. 그래서 모든 한국인의 마음 가운데 형성된 무의식의 밑바탕에는 부모님께 효도하여야 한다는 생각이 자리하고 있다. 자기는 비록 효와 거리가 멀다고 하여도 다른 사람이 효도를 하지 않으면 저절로 비판이 나오고 자기가 효도하지 못하는 것에 대해서도 무의식적으로 죄책감을 가지고 수치스러워한다. 그리고 누군가 효도하여 타의 귀감이 되었을 때는 기꺼워지고 자랑하고 싶어지고 부러워한다. 이것은 한국인으로 태어나고 자란 사람들이 가지고 있는 무의식의 문화이다.

그런데 오늘에 와서 이런 효의 문화가 도전을 받고 있다.[207) 이처럼 도전받는 우리나라 효문화의 대표적인 실례가 요즘 사회문제화되고 있는 노인학대의 증가이다. 자식이 부모를 봉양하는 것이 당연한

---

206) Lowy Louis, *Social Work with the Aging*(New York: Harper & Row, Publishers, 1979), pp.299~301. Harwood & Jacoby, *"Suicidal Behaviour among the Elderly"*, *In the International Handbook of suicide and Attempted Suicide*(edited by Hawton, keith. John Wiley & Sons, Ltd, 2000) 참조.

207) 오성춘, "현대 가정의 위기와 효", ≪월간 목회≫(제357권, 2006년 5월), p.69.

일임에도 노인 학대 상황에까지 이르고 있으니 심각한 문제가 아닐 수 없다. 실례로 아들과 며느리의 학대를 견디다 못해 노인보호기관에 신변 보호를 요청하는 노인이 늘고 있다. 특히 가족구성원 간의 불화가 노인 학대를 일으키는 가장 큰 원인으로 지목됐다.

보건복지가족부에 따르면, 지난해 전국 노인보호전문기관에 접수된 노인 학대신고는 4,730건으로 2006년에 비해 18.4% 증가했다. 실제 학대로 밝혀진 사례는 2,312건으로 전년보다 1.7% 증가한 것으로 나타났다. 학대 가해자는 아들이 53.1%로 압도적으로 많았다. 또 며느리, 딸, 배우자 등 친족에 의한 학대가 대부분을 차지했다. 특히 60세 이상 노인이 자신보다 나이가 더 많은 노인을 학대하는 학대 사례가 전체 20.5%를 차지해 전년보다 32.2%나 늘었다. 노인 학대는 주로 가족 내부의 갈등에 의해 발생했다. 노인 학대 사례의 88.2%가 가족 구성원 간 갈등이 원인이었고 이 중 51.1%는 피해 노인과 가해자 간 갈등 37.1%는 피해 노인과 자녀, 형제 친인척 사이의 갈등이 원인이었다. 나머지 11.8%는 경제적인 갈등이 원인으로 지적됐다. 학대 방식은 언어·정서적 학대가 41.4%로 가장 많았다. 또 방임, 신체적 학대, 재정적 학대가 뒤를 이었다. 피해 노인은 여성이 68.1%로 남성보다 많았다. 피해자 연령은 70대, 80대, 60대 순이었다.[208]

이러한 문제의 주원인은 여러 가지가 있겠지만 가장 근본적인 원인은 가족 구조의 변화에 따른 핵가족화라 할 수 있다. 앨빈 토플러는 문명을 농업 단계의 제1의 파도, 산업 단계의 제2의 파도 그리고 현재 일어나는 있는 제3의 파도라고 하는 3단계로 분류했는데, 제2의

---

208) "노인 학대 88% '가족 간의 불화'", ≪서울신문≫(2008년 6월 10일자).

파도가 제1의 파도와 충돌하고 가정 내의 분쟁, 가부장의 권위에 대한 도전이 시작되었다고 말한다.[209] 아이들과 양친의 관계가 바뀌고 소유권에 대한 새로운 사고방식이 생겨났다. 경제적인 생산의 장소가 논밭으로부터 공장으로 옮겨지자 가족은 이미 하나의 생산단위로서 함께 일하던 것을 그만두게 되었다. 일손을 공장 노동에 보내 버림으로써 가족에 갖고 있던 중요한 기능은 각각 전문적인 기관으로 분할될 것이다. 이에 따라 아이들의 교육은 학교에 맡겨졌고, 노인의 부양은 노인요양원과 양로원과 양호시설 등에 맡겨졌다. 이렇게 새로운 사회는 직장의 필요에 따라, 노동자들이 이곳저곳으로 다닐 수 있는 이동성을 요구했던 것이다. 도시로 이주함에 따라서 각기 떨어지게 되고 경제적인 소용돌이에 휘말리게 됨에 따라, 불필요한 친족을 분리시켜 가족의 규모를 작게 하고 이동을 용이하게 하여 새로운 기술 체계에 더 쉽게 적응하게 된 것이다. 귀찮은 친족을 떠나서 양친과 둘, 셋의 아이들만으로 구성되는 소위 핵가족이 자본주의 사회나 사회주의 사회를 막론하고 모든 산업사회에서 표준적인 근대적 가족의 모델로서 사회적 인정을 받게 되었다. 조상숭배에 의하여 가부장이 유난히 중요한 역할을 하고 있던 일본도 자손이 3~4대가 함께 살고 있던 단결심 강한 다세대 가정이 제2의 파도가 도래함에 따라 무너져 버렸다. 그야말로 핵가족이 많아졌다. 요컨대 석탄과 석유라고 하는 화석 연료와 제철 연쇄점이 제2의 파도 사회를 제1의 파도 사회로부터 분리하는 것처럼 핵가족은 제2의 파도에 의해 초래된 사회와 동일시되어 있다.

---

209) 앨빈 토플러, 『제3의 물결』, 이계행 역(서울: 한국경제신문사, 1989), pp.26~37 참조.

4. 새롭게 요청되는 효문화 윤리

　문명의 빠른 발전과 더불어 사회구조의 복잡하고 다양한 변화는 경이로운 첨단 과학기술의 발달과 함께 일찍이 없었던 생산의 증대를 가져왔고 인간의 생활수준을 향상시켜 왔으나, 한편으로는 물질만능주의와 이기주의로 대변되는 인간의 비인격화 과정을 야기하여 정신적 공황상태에 직면하게 되었다. 특히 서구적 가치관의 무비판적인 유입과 함께 전통적인 가치관이 훼손되고 급기야는 해체되는 위기에까지 직면한 현실이다. 더구나 21세기를 살아가고 있는 오늘날에 있어서 지식정보화 및 첨단과학 시대로의 진입이 본격화되고 모든 분야에서 변화가 급속도로 진행되면서 개인화가 심화되어 가족이라는 최소단위의 윤리 공동체가 무너져 가고 가정이 해체되고 있는 상황에 직면해 있다. 이로 인해 기존의 가족윤리가 퇴색하고 가정이 사람들의 따뜻한 보금자리의 역할을 하지 못하고 있다. 핵가족의 급속한 증대와 함께 가족들의 거주지가 분산·확대되고 이에 따라 가족단위들이 확산되어 가고 있는 현실과 함께 가족윤리가 심각한 위기에 직면해 있다.

　더욱이 어느 사회를 막론하고 가족과 가정의 역할과 기능은 그 사회의 기초 기반을 형성하고 동시에 사회적 불안과 다양한 갈등을 극복하는 매개체 역할을 하는 곳이다. 이러한 가정과 가족이 해체되고 가족윤리가 위기에 직면한 원인은 무엇일까? 여러 가지 원인이 있겠지만 가장 큰 이유는 가족 구성원과 가정을 이끌어 가는 핵심정신인 '효'가 퇴색되고 무너져 가고 있기 때문이다. 즉 효가 살아나야 가족이 살고, 가정이 살아나며 사회·국가·세상이 살아날 텐데 효 정신이 퇴색되고 있으니 이를 뿌리로 하는 가족 질서와 가정이 위기에 봉착하게 된 것이다. 그러므로 효 사상의 복원과 고양은 절실한 시대적 요청이다.

효 사상은 동서를 막론하고 인류사회에 널리 뿌리내리고 있는 윤리적 사상일 뿐만 아니라 우리 민족의 전통사상으로 수천 년간 정신 면과 생활 면에 있어서 가장 가치 있는 덕목으로 신봉하여 온 보편적 사회통념으로 받아들여지는 고유사상이다. 이와 같은 효 사상은 우리나라 고유의 윤리이자 민족정신의 특징으로 가치관의 근본을 이루어 왔다. 그리하여 모든 인간 행위의 근본으로 또는 우리 인간 도리의 으뜸인 지선의 윤리로서, 사회통치의 원리로 활용되어 왔다. 그러므로 효를 실행할 수 있는 생활을 잃어버리게 하는 현대 산업사회의 정신적 공해를 추방하고 건실하고 생기 있는 사회를 조성하는 것은 우리에게 시급히 해결해야 할 과제일 것이다. 효는 부모를 정성으로 공경하고 봉양하는 일이다. 부모를 공경하고 받들어 모시는 일은 자녀된 사람으로서 당연한 일이지만, '효'라는 말 앞에서는 누구나 다 후회하고 아쉬워하는 현실이고 보면 우리 인간사회에 있어서, 특히 우리 사회에 있어서 이것은 영원한 숙제가 아닐 수 없다.

우리는 현재 21세기 첨단과학의 산업화와 함께 많은 과제를 부여해 왔다. 첨단 과학 산업은 우리 인간생활에 있어서 편리함과 풍요로움이라는 생활을 하게 해준 반면에 전통적 가족구조를 해체시키고 그 안에서의 가족 구성원과 노인 간의 관계를 무너뜨리는 충격적 사회현상을 초래하고 있다. 특히 가족제도의 변화, 다세대가족의 감소, 핵가족의 급속한 증대, 근로 여성 수의 증가와 맞벌이 부부 증가, 저출산 고령사회화, 노인 부양 부담의 가중 등 일련의 변화들은 가족구조와 가족구성원 간의 역할 변화와 함께 새로운 관계를 형성하고 있는 추세이다. 더불어 노인을 위한 가족의 지원능력을 약화시키고 있다.

이러한 현상은 도시에서뿐만 아니라 농촌에서도 드러난다. 이 변화과정에서 다수의 노부모들은 경제적으로 독립한 자녀와 별거하고, 여성들의 직장진출로 부양의 손길을 잃고, 주택난 및 교통난으로 자녀와 접촉하는 빈도도 낮아지고, 경제적으로 어려워지며, 친족 및 사회로부터 소외되는 등 우리 사회가 일찍이 경험한 적이 없는 심각한 문제들에 봉착하고 있다. 이들 문제와 더불어 사람들의 생명이 연장되면서, 고령의 인구가 증가하고 이에 따른 노인의 의료 및 사회 서비스 욕구가 증대함에 따라 노약한 부모를 보살피는 일은 자녀, 가족, 국가에게 점차 커다란 부담이 되어 가고 있다. 이렇듯 노인 부양의 부담이 가중되고 있는 상황에서 가족과 사회의 자원이 감소될 경우, 노부모와 노인을 학대하거나 비인간적으로 대하지 않을 것이라고 장담하기란 쉬운 일이 아니다. 따라서 부모 부양을 윤리적인 시각에서 재음미하여 부모자녀 관계의 도덕성을 재정립할 필요가 있다.

5. 효문화의 실천윤리

효란 백행(百行)의 근본이요, 인도(人道)의 근본이며, 오상(五常)의 뿌리라 했다. 또한 효는 도덕의 표준이며, 지고지선의 미덕으로 여겨왔다. 그래서 효는 충으로 이어졌고 충효정신은 오랜 역사와 함께 교육의 지표로 그 명맥이 이어져 왔다. 우리나라에서는 예부터 경로 효친 사상이 투철하였으나 근래에 와서는 노부모에 대한 정성이 자기 자식들에 대한 관심보다 희박해져 가고 있어 오늘의 우리 사회에 노인들의 문제가 사회문제로 대두되기 시작하였다. 우리는 흔히 '내리사랑'이라는 말을 들으면 포근하고 다정다감하며 감싸 주고 의지할 곳이 있는 것 같은 감정을 느끼게 된다. 그러나 효라고 하면, 맹목적·강압적·일방적으로 부모에 대한 복종만 강요되는 덕목이라는 인상을 떠올리게 된다. 그리고 효라고 하면 예부터 전해 내려오는 전설 같은 것으로 오늘을 사는 우리에게는 맞지 않는다고 생각하는 사람들이 많다.

효는 주위에서 누가 강요한다고 해서 행해지는 것도 아니고 생활이나 사회의 여건에 따라 변하는 것 또한 아니다. 각자의 사람됨에 따라 스스로 우러나야 할 성질의 것이 효이다. 과연 효란 이미 지나가 버린 우리나라의 가정도덕 규범이요, 현대적인 감각으로는 결코 맞지 않은 낡은 규범에 불과한 것인가? 최근 미국과 같은 선진국에서 '서구문명의 몰락'을 전통가족제도의 붕괴에 기인한다 하여 중국이나 한국과 같은 나라의 전통적인 생활양식과 윤리관에 바탕을 둔 가족제도를 도입하자는 운동이 한창 전개되고 있다. 그 이유는 오늘날의 각종 사회문제, 즉 청소년문제나 노인문제 등은 가정 내에서의 인간관계 개선에 의해 그 해결점을 찾을 수 있다고 생각하기 때문이다. 그것은 가정이야말로 정신적 안식처요, 바깥 세상과 늘 긴장관계에 있는 모든 사람들이 모처럼 몸과 마음을 푹 쉬면서 힘을 회복하고, 다시금 밖으로 나가서 활동한 에너지를 충전시켜 주는 공간이다. 그러므로 가정의 의미가 얼마나 큰가는 분명해진다.

가정은 태어나면서부터 가족의 일원으로 성장해 오고 안식해 온 생활의 보금자리이다. 그래서 가정에서는 가장 가까운 가족들과 친척들이 모여 살면서 사랑과 우애를 서로 주고받는다. 또한 가정은 사회생활의 기초가 되는 생활양식을 몸에 익혀 나가고 인격을 수양해 나가는 터전이 되기도 한다. 따라서 가족 간에 지켜야 할 예절을 지켜 나가고 바른 몸가짐으로 생활해 나가는 일은 곧 사회생활을 밝고 명랑하게 해 나가는 태도를 익히는 것인 만큼 가정의 중요성은 더욱 강조될 수 있다. 그럼에도 오늘날의 우리는 핵가족을 이상적인 가족형태로 알고 대가족제도를 무시해 버리는 경향이 많아졌다. 그러나 이러한 경향은 실로 서양사회가 지니고 있는 고민과 사회문제 등을 모르고 있는 단순한 외형의 모방에 불과하다고 하지 않을 수 없다.

현대사회의 효는 개인적·가족적 차원과 함께 사회적 차원에서도 이루어져야 한다. 현대사회에 맞게 효의식을 변화시켜야 한다. 즉 현대 사회생활의 변화에 맞게 가족원들과 사회구성원들의 관계성격이 평등주의, 상호주의, 인간 존엄과 덕에 기초할 필요가 있다. 현대사회는 상호배려, 사랑과 애정, 인간에 대한 존경, 부모의 사랑과 돌봄에 대한 보답, 책임이나 희생, 예절보다는 지원과 돌봄을 강조해야 한다.

효의 실천은 전통적으로 대부분 개인이나 가족 차원에 제한되었다. 사회적 차원에서 효의 실천은 노인을 위한 국가복지급여가 있다. 이는 부모세대의 희생과 노력에 대한 사회적 보답이다. 현대사회에서 효 실천은 가족적 차원뿐만 아니라 사회적 차원에서도 실행되어야 한다. 한편으로 가족기능을 강화시키는 역할을 수행하는 결정적 역할을 함과 동시에 다른 한편으로 산업구조와 가족구조, 기능의 변화에 따라 효의 사회성을 확보해야만 한다. 효는 모든 행위 유형의 본이 된다. 그것은 효가 수평, 수직적인 모든 인간관계까지 연장되어 그것이 사회적 행동의 규범으로 되기 때문이다. 즉 부모를 섬기듯 윗사람 및 연장자에게 공손하고 공경하고 동료에겐 우의와 신뢰를 두텁게 하고 아랫사람이나 나이 어린 사람에게는 친근한 사랑을 보여 주는 행동을 하게 되며 또 그렇게 해야 한다는 것을 함축한다.

또한 경제성장의 유발 효과 외에 사회적 행위와 역할을 충실히 수행하도록 확장시키는 기능을 가진다. 즉 편안한 자세는 사회생활을 근면과 성실한 태도로 보일 뿐만 아니라 건강과 활력의 증진을 이루게 한다.[210] 효의 사회적 기능은 사회의 구성단위인 가정의 인간관계가 어떻게 이루어지며 어떠한 행동규범이 만들어지느냐에 따라 영향을 받게 된다고 볼 수 있다. 즉 이러한 효의 사회적 기능이 바르게 실천되기 위해서는 가정이 가지고 있는 고유한 기능들이 바르게 실현되어야 할 것으로 생각되며 이는 곧 가정과 사회가 함께하는 공동의 운명체임을 알 수 있다.

다른 한편으로 산업구조와 인구구조 변화에 따른 현대 가족의 변화는 더 이상 효의 실천을 가족의 테두리 내에서만 이루어질 수 없게 만들었다. 효를 사회적으로 확산하고 실천하기 위해서는 효의 사회성을 확보해야 한다. 그러므로 효의 실천이 가족주의의 경계를 넘어 국가와 사회에 의한 실천방안에 대해서도 열려 있는 태도를 견지해야 하며 내 부모와 내 형제만으로 제한된 효(孝)와 제(弟)를 강조하는 것은 시대의 변화를 읽지 못하는 파국을 맞게 될 수 있다. 그러므로 적극적으로 효에 관한 국가와 지역사회의 개입활동을 보장하고 재정적 뒷받침이 이루어질 수 있도록 하는 미래사회에서 효를 실천할 수 있는 효의 사회성 확보노력이 절실하게 요청된다.

내 부모만을 잘 모셔야 한다는 가족주의적인 전통적 효 사상으로

---

210) 임희규, "효의 현대적 이해에 관한 연구: 효 교육을 중심으로", ≪한국가정관리학회≫(제43권, 1999년 9월), p.234.

는 오늘의 시대에선 효의 실천이 매우 어려워졌다. 효의 시작은 내 부모에게 맛있는 음식을 대접하는 것, 정성과 공경하는 마음으로 모시는 것이겠지만 이를 넘어서, 사회구성원이 사회의 모든 부모를 모시는 차원으로 승화되어야 한다. 사회적 헌신이라는 숭고한 가치를 최고로 여긴다면 내 부모에게 효를 행하는 것만을 최고로 여기는 것은 더 이상 용납될 수 없다. '가화만사성'이라는 것에 동의를 하면서도 한편으로 가족주의의 이기성이 사회적으로 숭고한 가치를 해칠 수 있다는 것에 주의를 기울여야 한다.

세대관계의 새로운 도덕, 정치, 경제적 조건은 가족의 경계를 넘어 공감과 친밀함의 가치가 확대될 수 있는 사회구조를 요구한다. 성공과 경쟁에 매몰되어 있는 사회와 인성에서 전통적인 가족주의적 효는 그 이상의 정신을 필요로 하고 있다. 그러므로 내 부모를 모시는 것을 시작으로 해서 타인으로 부모를 공경하는 마음으로 모시는 자세, 즉 그 사회 전 구성원들이 모든 부모를 공경으로 보살피고 돌보는 효가 사회의 최고 가치로 인식되고 받아들일 수 있어야 한다. 그렇게 함으로써 진정한 노인들의 존엄성과 가치가 평가될 것이며 사회적 차원에서 공경심과 감사하는 마음을 가지는 효가 자리매김할 것이다.[211]

6. 나오는 말

오늘의 현실을 돌아보면 지금 세계적인 고령화문제에 대한 대책과

---

211) 박경숙, "도덕, 정치, 경제의 연관에서 본 효도법 담론의 의미", 《가족과 문화》(제19권 3호, 2007년 가을호), p.49.

해결이 현대사회의 중요한 과제 중에 하나임을 알 수 있다. 특히 우리 사회의 고령화는 노인 부양이 가장 큰 문제로 대두되고 있고, 정부는 2008년부터 노인장기요양보험 제도의 실시를 통해 그 해결을 모색하고 있다. 그러나 우리는 사회제도적인 방법을 통해 어떤 변화를 적절한 대응과 문제 해결의 모색도 중요하지만, 그것을 포괄하고 선도할 수 있는 정신적인 근본원리로서 우리 전통문화인 효문화의 계승과 발전을 이룩하는 것이 문제 해결의 근본적인 과제이다. 이에 대해 기독교는 효에 대한 연구가 있었고, 이를 체계적으로 가르치고 연구하는 기관을 중심으로 효의 가치 창출에 힘을 쏟고 있다. 이러한 영향으로 오늘의 노인복지문제 해결의 근본적인 실마리를 효라는 정신적 가치의 재정립과 그것을 통한 새로운 가치 창출에서 찾고자 하는 관심과 열의가 날로 높아지고 있다. 그것은 효의 정신적 가치가 바로 실질적인 효행실천운동의 근본지도 원리이고 내용이기 때문이다. 세상이 복잡하고 어려워질수록 노인공경문화는 우리의 정신 속에 깊이 새겨져 있어야 하고 실천으로 나타나야 한다. 효 문화의 전통이 다시 우리 사회에 깊이 뿌리를 내린다면, 노인 공경은 물론이고 인간 존중의 풍토도 폭넓게 조성될 것이다.

매년 10월 2일은 '노인의 날'이다. 우리 교회교육 현장에서 이날을 '노인공경의 날'로 정하여 효를 되새겨 보는 것도 좋은 일일 것이다. 효는 전통문화 계승은 물론이고 작게는 가정윤리에서부터 크게는 사회와 국가가 영위하는 모든 영역으로 확대가 가능한 윤리적 덕목이고, 우리나라의 다종교·다문화 사회를 엮어 나갈 수 있는 좋은 덕목이 될 것이다. 이러한 효가 가정을 넘어 사회로 확대되어 나타나는 것이 바로 사회적 효로서 경로효친(敬老孝親)이다.

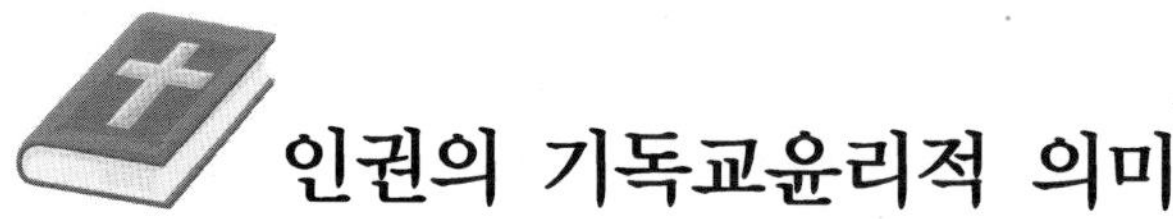# 인권의 기독교윤리적 의미

1. 들어가는 말

우리는 오랜 세월 '인권'(human right)212)이라는 말을 애써 외면해 왔다. 해방 이후 혼란한 사회상과 연이어 터진 민족상잔의 전쟁 그리고 극심한 경제난을 타개하기 위해 민주화의 열망에 따른 인권담론은 시기상조로 여겨졌다. 이는 인권 논의가 극렬한 이념대립으로 분단된 현실 앞에서 국가안보를 방해하고, 국가발전을 저해하는 것으로 생각한 것이다. 이에 따라 소수의 인권운동가들은 반국가·반체제 인사로 분류되어 억압받아 왔다. 그러나 20세기 인권부재의 개발논리가 그 한계를 드러낸 것처럼 우리의 경우도 IMF와 같은 심각한 국가적 위기를 맞았다. 다행히 김대중 정권(국민의 정부)이 시작되면서 IMF 극복을 위해 인권이 배제되는 것이 아니라 이를 극복하면서도 성숙

---

212) 인권의 개념은 그 폭이 상당히 넓다. 저마다 인권에 대해 각기 다른 관점, 시각, 눈높이를 가지고 있어서 인권 문제를 둘러싸고 서로 상충되는 부분이 생긴다. 인권이 '보편화'의 경향을 띤다는 점에서 '보편성'을 지향하지만 그것이 실제 적용되는 것은 언제나 구체적이고 특정한 현실을 전제로 한다. 그러기에 인권에 대해 간략하게 정의하기가 어렵다.

한 시민의식으로 지속 가능한 국가발전을 위해 인권의식도 고양되어 갔다. 오늘 우리나라는 OECD에 가입하고, UN 사무총장을 만들어 낸 나라로서 인권선진국으로 발돋움하려고 부단히 애를 쓰고 있다. 이것이 국가 브랜드를 높이는 측면과도 연관되면서 국가차원의 인권 논의도 활성화되었다. 이제는 그야말로 뒤쪽으로 밀려 있던 인권이 중요하게 논의되는 시대를 맞이하였다.

이제 우리 사회는 성숙한 인권의식으로 인권선진국의 된 것일까? 언뜻 생각하면 그런 것 같지만 실상은 그렇지 않다. 아직도 우리 사회는 인권 유린과 침해가 사회 곳곳에서 벌어지고 있다. 우리 국민의 의식도 인권후진국의 수준을 벗어나지 못하고 있다.

이 글은 이러한 우리 사회의 인권 수준을 살펴보고, 인권이 지니는 의미를 기독교윤리의 측면에서 제시해 보려고 한다.

2. 인권의 이해

(1) 역사적 흐름

1789년 프랑스 대혁명은 인권사에 있어서 일대 사건이었다. 자유[213]와 평등[214]과 박애[215]를 모토로 하는 인간존엄의 이념은 전 세계에

---

213) 인권의 첫 번째 기본요소가 바로 '자유권'이다. 자유는 인간의 생득적이며 자연적 본성이므로 개인은 물론 국가도 이를 임의로 처리할 수 없다. 그러므로 인권으로서 자유권은 의무라기보다는 인간의 기본적 권리이다. 그렇다고 개인의 자유가 한정 없이 향유될 수 있다는 말은 아니다. 한 사람의 자유가 다른 사람의 자유를 침해할 때 제한될 수밖에 없다. 나의 자유는 타인의 자유를 침해하지 않을 때만이 허락된다는 점에서 자유의 조건은 평등이다. 김형민, "후버의 신학적 인권론", 손규태 교수 정년퇴임 기념논문집 발간위원회 엮음, 『공공성의 윤리와 평화』(서울: 한국신학연구소, 2005), 259쪽.

펴져나갔고, 세계대전이 끝난 1948년 12월 10일 발표된 UN 인권선언(UN Declaration of Universal Rights)은 이러한 발전을 잘 표현하고 있다. 이러한 인권선언을 대략 아래와 같이 구분하여 이해할 수 있다.

3조~21조는 인간이 하나님의 형상으로 태어나 사회의 시민으로 일할 때의 자유 개념에 대하여 그리고 정치적인 권리에 대하여 제시한다. 여기엔 표현의 자유, 사상의 자유, 고문을 받지 않을 자유와 같은 것으로 인간의 자유로운 생존권 등을 규정한 것이다. 이것을 가칭 'B규약'이라고 한다. 22조~27조는 정치적 권리와 자유를 대표해서 인간이 살아가는 데 필요한 권리와 보장이다. 각 조에서 주장하는 권리는 경제적인 권리와 사회적인 권리, 문화적인 권리, 노동을 누릴 권리, 교육을 받을 권리, 여가선용을 받을 권리, 아플 때 치료받을 권리 등을 제시한 것으로 문화권, 사회권, 경제권이라고 말한다. 이것을 편의상 A규약이라고 한다. A규약이 인권에 대한 계약성을 말한다면, B규약은 시민적인 자유와 정치적인 권리를 주장하는 사회적 관점에서 말하는 관계성에 초점을 둔다.[216]

---

214) 인권의 두 번째 요소는 평등이다. 평등은 개인이나 집단을 차별하는 곳에서 요청되고 인간 상호 간에 '평등한 자유'에 대한 권리가 인정되는 곳에서 실현된다. 이러한 평등에 대해, 후버는 단순히 서로 간의 상호 불평등 관계를 인정하는 데 만족하지 말고 불평등으로 인해 생성된 모든 차별을 극복하는 데까지 나아가야 함을 주장하고, 인종차별과 새로운 세계질서의 확립을 평등을 지향하는 인권신학의 과제를 제시하였다. *Ibid.*, p.260.

215) 박애라 함은 개인의 자유와 평등을 넘어서는 사회적 연대와 특정 국가를 넘어서는 국제적인 연대와 공유를 연상시키는 측면이 있다. 이는 우리나라의 건국이념인 홍익인간(弘益人間: 널리 인간을 이롭게 한다)과도 같다. 즉 개인의 자유와 평등에 대한 인권도 중요하지만 여기서 그치는 것이 아니라 다른 사람과 사회공동체와 국제적인 인권에도 유념해야 함을 말한다. 이런 점에서 박애는 연대, 참여, 사랑과 함께 이해할 수 있다. 신학자 후버는 이 중에서 참여를 강조한다. 참여는 어느 개인이나 단체가 자유롭고도 평등하게 공적인 정치 공동체로 참여할 수 있도록 보증할 것을 요구한다. *Ibid.*, p.260 참조. 개인은 협동적, 상호의존적인 존재로서 당연히 개인을 넘어선 공동체적 권리담론이 요청된다. 이에 대해 샌들과 같은 공동체주의자들은 정의와 부정의, 선함과 악함 사이의 구분은 공동체의 참여와 그 구성원들 사이의 호혜적 상호작용에 달려 있다고 하여 공동체성의 실천적 연대를 강조하였다. M. Sandel, *Liberalism and the Limits of Justice*, 2nd Edition (Cambridge: Cambridge University Press, 1998) 참조.

216) 박경서, "국내외 인권문제와 기독교", 정원범 엮음, 『21세기문명과 기독교』(서울: 목회자신문사, 2004),

　　1964년, 마셜(T. H. Marshall)은 시민의 권리 안으로 사회경제적 권리가 포함되어야 함을 주장함으로써 자유주의 권리이론을 급진화시켰고, 1960년대 이후 신사회운동과 포스트모더니즘의 도전에 의해서 다양한 소수자 권리의 중요성이 대두되기 시작했다. 이미 'UN권리선언'에도 포함되어 있듯이, 인종·성별·나이·국적·언어 등의 차이에 의해 차별받아서는 안 된다는 사실이 흑인 인권운동, 여성운동 등의 대두와 함께 정교화되기 시작했다.

　　오늘날에 와서는 또 다른 권리가 등장하였다. 이것이 바로 '평화권'이다.[217] 이것은 바로 우리 한반도와 같이 전쟁의 위협 속에서 살아야 하는 것에서 벗어나야 함을 말한다. 최근에는 발전권도 생겼다. 이것은 서구 제국주의 국가들에 의해 침탈당해 온 제3세계들이 제시한 것으로 선진국들이 제3세계 나라들을 식민지할 때 자신들의 수많은 자원과 자본과 인력을 가지고 가서 발전시켜 나간 것임을 인정하고, 이제는 무상으로 제3세게 국가들을 지원해야 한다는 것이다. 이로 인해 선진국과 제3세계 간의 갈등이 첨예하게 대립하기도 한다. 그리고 지구촌 사회를 맞아 당면과제로 떠오른 생태계보존을 위한 '환경권'도 인권의 논의로 부각되었다. 이렇게 점점 인권의 영역이 확대되어

---

　　p.135 참조. 이와 같은 B규약과 A규약 그리고 인종차별철폐협약, 여성차별철폐협약, 고문방지협약, 어린이·청소년 권리협약, 국제형사재판소 법령 등을 비준하고 국내에서 그것을 지키는지가 시민사회의 인권적 가치의 실천 여부를 판별하는 중요한 지표가 된다.

217) 평화에 대한 다음과 같은 구절이 주목을 끈다. 화평하게 하는 자는 복이 있나니 그들이 하나님의 아들이라 일컬음을 받을 것임이요(마태복음 5장 9절). 이날 곧 안식 후 첫날 저녁 때에 제자들이 유대인들을 두려워하여 모인 곳의 문들을 닫았더니 예수께서 오사 가운데 서서 이르시되 너희에게 평강이 있을지어다(요한복음 20장 19절). 그리스도의 평강이 너희 마음을 주장하게 하라 너희는 평강을 위하여 한 몸으로 부르심을 받았나니 너희는 또한 감사하는 자가 되라(골로새서 3장 15절). 그는 우리의 화평이신지라 둘로 하나를 만드사 원수 된 것 곧 중간에 막힌 담을 자기 육체로 허시고(에베소서 2장 14절), 또 십자가로 이 둘을 한 몸으로 하나님과 화목하게 하려 하심이라 원수 된 것을 십자가로 소멸하시고(에베소서 2장 16절).

감에 따라 UN은 인권에 대한 논의의 폭을 열어둠으로써 명확한 개념적 정의를 유보한다.

UN이 인권에 대한 정의를 내리지 않는 이유는 인권은 세상이 발달하면서 인권에 대한 정의를 개념화시키면 인권의 잠재되어 있는 내면적 역동성광 유동성을 저해시킬 수 있기 때문이다. 그렇기 때문에 인권은 상대적이고 내면적인 측면 때문에 인권의 개념을 정의하지 않고 지속적이고 유동적인 개념으로 발전시켜 나갈 수 있다.[218]

(2) 오늘 우리의 인권 현주소

지난 세월, 우리 사회는 치열한 민주화를 거치면서 심각한 인권 유린의 아픔을 일정 부분 해소하고 인권 의식도 높아졌고 이에 대한 정부 기구도 생겼다.[219] 그러나 우리 사회의 곳곳에서는 아직도 인권 유린이 심각하다. 우리가 잘 아는 바와 같이 IMF 이후 경제적인 불평등과 교육 불평등이 가속화되고 있다. 또한 신체적, 지역적, 사회적 요인 등에 의한 불평등은 여전하다. 최근에는 사회·경제적인 환경 변화에 따라 가정 해체가 확산되면서 한 부모 가정이 급증하고 있고, 탈북자를 비롯한 외국인 노동자와 결혼 이주민 등과 같은 새로운 소

---

218) *Ibid.*, pp.132~133.

219) 국가인권위원회가 출범하고 활동을 시작하기까지 시민사회를 중심으로 한 각계의 오랜 노력이 있었다. 1993년 6월 비엔나 유엔세계인권대회에 참여한 한국 민간단체가 정부에 국가인권기구 설치를 요청한 이래, 97년 11월 김대중 대통령은 '인권법 제정 및 국민인권위원회 설립'을 대선 공약으로 발표했다. 이후 3년여 간에 걸쳐 시민사회를 중심으로 한 각고의 노력으로 오늘의 국가인권위원회가 만들어졌다. 국가인권위원회는 자신의 설립목적을 이렇게 명시하고 있다. "국가인권위원회법 제1조 이 법은 국가인권위원회를 설립하여 모든 개인이 가지는 불가침의 기본적 인권을 보호하고 그 수준을 향상시킴으로써 인간으로서의 존엄과 가치를 구현하고 민주적 기본질서 확립에 이바지함을 목적으로 한다." 국가인권위원회 홈페이지(http://www.humanrights.go.kr) 참조.

외 계층도 생겨나고 있다. 또한 성적 소수자로서 동성애자와 같은 소수자에 대한 사회적 편견과 차별도 여전하다. 이와 같이 실업과 빈부격차, 인종, 연령, 성별, 학력, 학업성적, 외모 등의 이유로 차별하고 이들의 권리를 인정하지 않는 행위 등은 이미 폭넓게 일상화되어 있으며, 사회적 약자와 소외 계층에 대한 인권 침해 또한 여전하다.

인권에서 자유권보다 우선하는 일차적인 권리가 '생명권'이다. 개인이 자신의 생명을 국가에 의탁할 수는 있어도, 국가는 적절한 이유 없이 국민의 생명을 박탈하거나, 그들의 신체에 고통을 가하거나 그들을 노예화할 수 없다. 그런데 주거권과 생존권 문제가 핵심인 용산참사 사건은 무고한 생명권을 박탈하였다. 비록 건물 옥상에 불법적으로 망루를 세우고 농성을 했다고 해서 화염병과 새총을 만들고 여차하면 이를 사용할 것 같다고 해서 그토록 무참하게 진압을 한 것은 어떤 이유로도 정당화할 수 없다. 뉴타운 재개발 사업은 그 지역에 토지를 가지고 있는 사람과 재개발 건설자본에게는 엄청난 혜택이 돌아가는 반면에, 그곳에 세 들어 살거나 장사를 하던 사람에게는 거의 아무런 혜택도 주어지지 않거니와 생계수단마저 잃어버리게 한다. 쌍용자동차 사태의 경우도 조합원뿐만 아니라 그 가족들에게까지 미친 인권침해는 심각했다.[220]

---

220) 최근 벌어진 일련의 인권유린 사태에 대해서는 배성인, "인권과 한반도 정치학, 남북한 쌍방향의 동일성", ≪진보평론≫(통권 42호, 2009년 겨울호), pp.86~94 참조. 라인홀드 니버는 사회적 정의와 공평을 수행함에 있어, 동기부터 철저하게 사랑과의 변증법적 관계로부터 이해해야 함을 강조하였다. 즉 사랑이 없는 정의는 공허하고, 충족되지 않는다. Reinhold Niebuhr, *The Nature and Destiny of Man*, Vol.2(New York: Charles Scribner's Sons, 1964), p.247 참조. 예수님은 당시의 사회·종교적인 규정인 안식일에 일을 하지 말아야 한다는 것을 어기면서 제자들의 밀 이삭 노동을 인정하고, 손 마른 사람을 고치셨다. 두 사건 모두 당시의 안식일 규정을 지켜서 문제를 일으키지 않을 수 있었다. 안식일만 참고 그 다음 날 해도 되는 것을 보란 듯이 안식일 규정을 어기는 것을 인정하고 스스로도 위반하신다. 이에 대한 비난에 대한 변론으로 사람이 안식일을 위해 있는 것이 아니라, 안식일이 사람을 위해 있는 것이라고 선언하셨다. 아울러 안식일 지킴의 본 뜻이 선을 행하는 것과 생명 구하는 일에 있음을 강조하셨다. 사회적 약자의 입장에서 그들을 위한 생명살림을 고려하는 사랑의 실천이 바로 예수님이 바라시

스위스 제네바에서는 매 5년마다 국가별 인권에 대한 심사를 한다. 우리나라도 지난 2001년 5월 2일 심사를 받았는데 그에 대한 평가가 바로 우리의 인권의 현주소를 드러내었다. 노벨평화상을 받고, 극심한 군사독재를 이겨낸 우리나라가 아직도 외국인 노동자 40만 명에 대해서 불법체류자라는 이유로 인권을 짓밟고 차별한다. 또한 아직도 선진국의 대부분이 철폐한 사형 제도를 고수하는 것에 대해 의아해했다. 더욱이 국가보안법이라는 것으로 수많은 민주인사를 괴롭혔는데 아직도 이것이 존속하는지에 대해 비판하였다.

지난 2001년의 심사로부터 10여 년이 지난 지금도 개선되지 않는 정도가 아니라 더 심해졌다. 비정규직은 동일가치 노동에 대한 동일 임금 지급, 적절한 사회보험 보장, 퇴직금과 휴가수당, 초과근로수당 등에 대한 법적 보호, 부당해고로부터의 보호 등의 조치가 취해지지 않고 있다. 오늘날의 우리가 직면한 신자유주의적인 구조조정의 현실은 노동시장 유연화로 나타난다. 노동시장의 유연화는 두 가지 의미를 지닌다. 하나는 고용과 해고를 자유롭게 하는 것이고, 다른 하나는 업적에 따라 보수를 지급하는 것이다. 전자는 해고를 자유롭게 하는 것이며, 해고에 따른 절차와 비용을 최소화하는 것이다. 후자는 노동의 강도를 최대로 높여서 노동 생산성을 극대화하는 조치이다. 기술의 발달로 인해 1인당 노동 생산성이 급속히 증가했는데, 그것은 노동 강도가 크게 높아졌다는 것을 의미한다. 이렇게 되니 노동자는 해고의 위협과 고용 불안에 시달리면서도 최고의 노동 강도로 노동을 해야만 한다. 특히 정리해고와 명예퇴직 등으로 인원이 줄었는데도

업무는 그대로인 경우가 일반적이어서 노동자들은 실업자가 되든지 과중한 업무에 시달려야만 한다. 이러한 삶의 조건은 생존권과 행복 추구권에 심각한 손상을 가져오게 된다.

오늘 우리의 교육문제도 심각하다. 과도한 사교육비 지출이 교육의 불평등을 심화시키고, 학생들이 일류대학에 들어갈 수 있는 기회가 부모의 경제적 능력에 좌우되고 있다. 외국인 노동자가 겪는 인권유린의 현실은 임금체불, 산업재해, 직장 내 성폭력과 사기 및 폭행, 출입국관리소의 인권유린과 국적취득의 차별이 극심하다. 결혼 이주민의 경우도 우리 사회가 강조하는 단일민족이라는 자부심과 긍지에 따른 순혈주의로 인한 사회적 차별이 심하다. 이에 따라 결혼이주여성을 돈으로 사온 것으로 여기면서, 씨받이 취급하는 천박한 의식이 팽배하다. 우리는 결혼이주 여성이 담고 있는 문화를 야만적이거나 후진적인 것으로 규정하여 이를 인정하지 않는다. 그리고는 우리 문화에 동화할 것을 강요하는 폭력성을 드러낸다. 이와 같이 우리나라의 인권 현주소는 아직도 멀었다.[221]

3. 인권의 기독교윤리적 의미

(1) 인권의 근거로서 하나님의 형상

인권에 대한 인프라는 UN에서 세계의 모든 발전 모델을 만들어 왔

---

221) 지난 2009년 8월 3일에는 아시아의 대표적 국제 인권단체 기구인 아시아인원위원회(AHRC)가 '국가인권위원회 등급의 하향 조정'을 국가인권기구 조정위원회(ICC)에 요구한 것으로 알려져 현 정부의 인권 후퇴 상황이 단적으로 드러났다.

다. 20세기까지는 평화와 환경의 주제를 가지고 신앙고백적 차원으로 접근해 왔다. '환경'은 하나님의 창조질서의 관점에서 샬롬의 개념으로 '정의'는 모든 사람이 두루 잘살고 서로 나누는 '평화'의 개념으로 이해할 수 있다. 이러한 개념들은 인간의 존엄성과 책임을 강조하는 기독교의 인간관에 의한 인권이라고 말할 수 있다.[222] 이것이 바로 인간의 존엄성의 기저를 하나님의 형상으로 지음받은 존재[223]라는 선언이다. 이 선언은 인류역사상 그 유례를 찾아볼 수 없는 최고의 인권선언이다. 하나님이 인간을 자신의 형상대로 지으셨다는 것은 인권사상의 발전에 큰 공헌을 하였다. 후버는 성서가 증언하는 하나님의 형상론을 통해, 인권의 신학적인 의미로 '모든 인간의 평등함과 존엄함'이라는 두 가지 관점을 제시하였다. 그는 하나님의 모습을 인간의 내재적 성격으로 보는 스콜라 철학적 해석을 거부하고, 대신 개혁교회의 전통에 따라 하나님과의 '관계'로 파악하였다. 하나님의 형상을 관계개념으로 본다는 것은 하나님의 형상은 인간이 죄를 지었

---

222) 열왕기상 3장 16절~28절은 솔로몬의 재판 이야기이다. 이 이야기는 지혜의 왕으로서 솔로몬의 천재성이 잘 드러난다. 그런데 이 구절은 여기서 그치는 것이 아닌 깊은 의미를 더해 준다. 이 이야기를 보면, '한 나라의 왕이 한가하게 대단치 않은 신분의 그것도 창기들의 이야기를 듣고 있을까?' 하는 의문과 '솔로몬이 어떻게 누가 진정한 어머니인지를 가려낼 수 있었을까?' 하는 의문을 갖게 한다. 이러한 의문은 이 이야기의 배경인 그 앞 구절을 주의 깊게 살펴보아야 한다. 열왕기상 3장 3절~15절에 보면, 솔로몬이 하나님께 자신의 이기적인 욕망이 아닌 왕으로서 백성을 잘 다스릴 지혜를 구하였고, 이에 하나님께서 지혜를 주셨다는 이야기이다. 솔로몬은 하나님으로부터 지혜를 받고 나서 재판장으로서 재판을 진행해 나간다. 여기서 보면 솔로몬은 천한 신분으로 더욱이 여성들의 이야기를 주의 깊게 듣고 있다. 그리고는 누가 진정한 어머니의 모습인지를 가려내어, 약자의 억울함이 없게 하였다. 그러므로 솔로몬의 재판으로 드러난 하나님의 지혜는 인간을 그의 직업, 성별과 무관하게 존중하고, 그들의 이야기에 정성을 다해 귀를 기울이고, 약한 사람이 당할 억울함이 생기지 않도록 예방하는 것이다. 이와 같이 하나님의 지혜는 개인의 욕망추구나 영달을 위한 것이 아니다. 모든 사람이 억울한 일을 당하지 않는 정의로운 세상을 만들어 가게 하는 하나님의 선물이다. 이러한 하나님의 지혜로서 하나님의 뜻이 하늘에서 이루어진 것처럼 땅에서도 이루어져야 한다.

223) 하나님이 자기 형상 곧 하나님의 형상대로 사람을 창조하시되 남자와 여자를 창조하시고(창세기 1장 27절), 이것은 아담의 계보를 적은 책이니라 하나님이 사람을 창조하실 때에 하나님의 모양대로 지으시되(창세기 5장 1절), 다른 사람의 피를 흘리면 그 사람의 피도 흘릴 것이니 이는 하나님이 자기 형상대로 사람을 지으셨음이니라(창세기 9장 6절).

다고 해서 상실될 수 있는 성질의 것이 아님을 뜻한다.[224]

대부분의 종교는 신과 인간 사이의 차이를 전제하고 이를 강조하는 교리를 가진다. 이에는 기독교도 예외는 아니다. 그러나 성서는 하나님과 인간 사이의 본질적 차이만 부각시키는 다른 종교적 주장과는 달리 인간의 존엄성이 하나님의 위상을 가지고 있음을 일깨워 준다. 창세기 1장에 나오는 창조 이야기는 이스라엘 민족이 바벨론에 포로로 잡혀가 있는 동안 쓰인 것이다. 당시 바벨론에는 창조서사시 '에누마 엘리쉬'(기원전 1900~1700년경)가 있었다. 여기서 인간은 반란자의 피로 창조된 인간에게는 신들을 섬길 의무와 신들의 휴식을 위해 노동이 주어졌다. 바벨론과 아시리아 지역의 서사시 아트라하시스(기원전 1700~1600년경)도 비슷하다. 높은 계급의 신들은 놀고 쉬고, 낮은 계급의 신들은 일을 해야 했고, 이로 인해 낮은 계급의 신들이 불만을 품고 반란을 일으켰다. 높은 계급의 신들은 이 반란을 무마하기 위해 인간을 창조하고 인간들로 하여금 낮은 계급의 신들이 하던 노동을 전담시키게 되었으며 이로 인해 신들은 휴식을 취하게 되었다고 한다. 그러나 창세기 1장은 전혀 다르게 신과 인간의 관계로서 인간론을 제시한다. 여기서는 하나님이 인간을 위하여 정성스럽게 세계를 창조하는 노동을 수행하시고 나서, 휴식을 취하셨다. 그러면서 창조질서 보전과 관리에 인간을 참여시키셨다. 그리고 하나님은 인간에게도 노동하고 나서 취할 휴식을 위한 근거를 제시하셨다. 그러므로 인간은 그 무엇보다도 소중하고 존귀한 존재로서, 신적인 사명을 감당할 권위를 지닌다.[225]

---

224) 김형민, *op. cit.*, p.255.

225) 한국신학연구소 성서교재원원회, 『함께 읽는 구약성서』(천안: 한국신학연구소, 1992), p.33. 도로테 죌

분명히 하나님과 인간은 다르다. 그러나 인간의 본질에는 하나님의 형상, 즉 하나님의 이미지가 담겨 있다. 그러므로 인간을 모독하고 짓밟고 차별하는 것은 하나님을 모독하고 짓밟고 차별하는 것과 같다. 바로 이러한 인간존중이 성서의 기본정신이다.

유대인들은 바벨론 제국에서 포로생활을 할 때, 이 성서의 선언을 통해서 자신들의 존엄성을 깨우쳤다. 그들은 최고의 인격적 자부심을 꺾지 않고 고난의 세월을 이겨내는 힘과 용기를 길러 왔다. 기독교의 인간관은 하나님 앞에서 모든 인간의 평등과 인간 상호관계의 존엄을 지켜내는 자세를 촉구한다. 기독교인은 차별에 저항하고 차별로 인해 희생당하는 사람들 편에 서며, 차별을 폐지하는 운동을 펼쳐 나가야 한다. 차별의 문제를 거론하지 않고 오히려 차별로 위계질서를 만들어내거나 이를 통해 자신의 권력이나 기득권을 만들어내는 것은 반기독교적 행위로서, 하나님의 정의를 거부하는 반역행위이다.

(2) 인권의 근거로서 하나님의 정의

성서를 살펴보면, 정당하게 인간대접을 받지 못하는 사회적인 약자들이 억압과 차별의 굴레에서 쉼을 얻고, 해방되는 사회를 지향한다. 성서는 사회적인 약자를 보호하고, 그들의 인권을 보장해야 하는 종교적 당위의 근거를 제공하면서 이들을 사랑하고 돌볼 것을 명령한다. 성서가 증언하는 하나님은 고아, 과부, 가난한 사람, 떠돌이(외국인 체류자), 사회구조로 억압되어 사는 사람, 장애인, 교도소에 갇

레, 『사랑과 노동』, 박재순 역(천안: 한국신학연구소, 1987), p.29 참조.

헌 사람들에 대한 깊은 관심과 사랑으로 이들의 기본적인 생활을 책임져 주셨다. "고아와 과부를 위하여 정의를 행하시며 나그네를 사랑하여 그에게 떡과 옷을 주시나니, 너희는 나그네를 사랑하라 전에 너희도 애굽 땅에서 나그네 되었음이니라."[226] 또한 억압당하는 사람을 공정하게 판단하며 배고픈 사람에게 먹을 것을 주며, 교도소에 갇힌 사람을 해방하며, 시각장애인을 고치고, 불쌍한 사람을 일으켜 세우며, 떠돌아다니는 사람을 보호하며, 고아와 과부를 붙들어 주셨다.

> 여호와는 천지와 바다와 그중의 만물을 지으시며 영원히 진실함을 지키시며, 억눌린 사람들을 위해 정의로 심판하시며 주린 자들에게 먹을 것을 주시는 이시로다 여호와께서는 갇힌 자들에게 자유를 주시는도다. 여호와께서 맹인들의 눈을 여시며 여호와께서 비굴한 자들을 일으키시며 여호와께서 의인들을 사랑하시며, 여호와께서 나그네들을 보호하시며 고아와 과부를 붙드시고 악인들의 길은 굽게 하시는도다.[227]

하나님은 반드시 지켜야 할 율법으로 떠돌이나 고아의 재판을 억울하게 하지 말며, 가난한 과부가 옷을 빼앗지 않게 할 것을 명령하셨다. "너는 객이나 고아의 송사를 억울하게 하지 말며 과부의 옷을 전당 잡지 말라."[228] 그리고 섬세하게 약자들의 처지를 고려하여, 밭에서 곡식을 벨 때, 그 한 묶음을 밭에 잊어버렸거든 다시 가서 가져오지 말고 떠돌이와 과부와 고아를 위해 버려 둘 것[229]과 이스라엘이

---

226) 신명기 10장 18절~19절.

227) 시편 146편 6절~9절.

228) 신명기 24장 17절.

229) 네가 밭에서 곡식을 벨 때에 그 한 뭇을 밭에 잊어버렸거든 다시 가서 가져오지 말고 나그네와 고아와 과부를 위하여 남겨두라 그리하면 네 하나님 여호와께서 네 손으로 하는 모든 일에 복을 내리시리라(신명기 24장 19절).

국가를 형성하는 단계부터 분명하게 사회적 약자를 보호할 것을 명령하시고, 가난한 사람들을 위해 땅의 곡식을 추수할 때 밭모퉁이까지 다 거두지 말고 떨어진 이삭도 줍지 말라고 명령하셨다.

> 너희가 너희의 땅에서 곡식을 거둘 때에 너는 밭모퉁이까지 다 거두지 말고 네 떨어진 이삭도 줍지 말며, 네 포도원의 열매를 다 따지 말며 네 포도원에 떨어진 열매도 줍지 말고 가난한 사람과 거류민을 위하여 버려두라 나는 너희의 하나님 여호와이니라.[230]

> 너희 땅의 곡물을 벨 때에 밭모퉁이까지 다 베지 말며 떨어진 것을 줍지 말고 그것을 가난한 자와 거류민을 위하여 남겨두라 나는 너희의 하나님 여호와이니라.[231]

> 네가 밭에서 곡식을 벨 때에 그 한 뭇을 밭에 잊어버렸거든 다시 가서 가져오지 말고 나그네와 고아와 과부를 위하여 남겨두라 그리하면 네 하나님 여호와께서 네 손으로 하는 모든 일에 복을 내리시리라, 네가 네 감람나무를 떤 후에 그 가지를 다시 살피지 말고 그 남은 것은 객과 고아와 과부를 위하여 남겨 두며, 네가 네 포도원의 포도를 딴 후에 그 남은 것을 다시 따지 말고 객과 고아와 과부를 위하여 남겨두라.[232]

이는 하나님이 인간의 탐욕과 인색한 자세를 버리고, 자기 주변의 가난한 사람과 떠돌아다니는 사회적 약자들에게 관대한 나눔으로 그들의 생존권을 보장할 것을 말한 것이다. 하나님은 사적 소유에 집착하여 마지막 하나까지 철저히 챙기려는 악착스러운 인간의 마음을 경계하셨다. 비록 그것이 자신의 합법적 소유라 할지라도 소유권을 다 주장하지 말고, 주위의 연약한 사람들과 그것을 나누라고 명령함

---

230) 레위기 19장 9절~10절.
231) 레위기 23장 22절.
232) 신명기 24장 19절~21절.

으로써, 소유가 모두 자신의 것이 아닌, 나눔이 전제된 양이 있어야 함을 명령하고, 이 나눔을 통해 사회적 약자가 최소한의 생존권이 보장되어야 함을 일깨워 주신 것이다.

하나님은 비인격적인 근무조건 아래에서 노동하는 피고용인의 품삯 지급받는 날을 기다리는 심정까지 헤아리는 섬세한 관심을 보여 주셨다.[233] 이것은 별다른 이유 없이 임금의 지불을 늦추는 것이 얼마나 못할 짓인지를 지적하는 말씀이다. 가난한 사람들에 대한 하나의 섬세한 관심은 끝이 없다. 채권자들이 채무자에게 채무의 상환을 독촉하더라도 그의 생존을 위협하는 정도까지 해서는 안 된다.

> 네가 만일 너와 함께한 내 백성 중에서 가난한 자에게 돈을 꾸어 주면 너는 그에게 채권자같이 하지 말며 이자를 받지 말 것이며, 네가 만일 이웃의 옷을 전당 잡거든 해가 지기 전에 그에게 돌려보내라, 그것이 유일한 옷이라 그것이 그의 알몸을 가릴 옷인즉 그가 무엇을 입고 자겠느냐 그가 내게 부르짖으면 내가 들으리니 나는 자비로운 자임이니라.[234]

그러므로 사회적 약자를 괴롭히거나 그들의 인권을 유린하는 자들은 하나님의 진노를 초래하게 된다. 하나님은 과부나 고아를 해롭게 하여, 그들이 억울함을 호소하면 반드시 그 억울한 사연을 듣고, 진노가 맹렬하여 칼로 죽여 너희의 아내는 과부가 되고, 자녀는 고아가 될 것이라고 경고하셨다.

---

233) 곤궁하고 빈한한 품꾼은 너희 형제든지 네 땅 성문 안에 우거하는 객이든지 그를 학대하지 말며, 그 품삯을 당일에 주고 해진 후까지 미루지 말라 이는 그가 가난하므로 그 품삯을 간절히 바람이라 그가 너를 여호와께 호소하지 않게 하라 그렇지 않으면 그것이 네게 죄가 될 것임이라(신명기 24장 14절~15절).

234) 출애굽기 22장 25절~27절.

너는 과부나 고아를 해롭게 하지 말라, 네가 만일 그들을 해롭게
하므로 그들이 내게 부르짖으면 내가 반드시 그 부르짖음을 들으
리라, 나의 노가 맹렬하므로 내가 칼로 너희를 죽이리니 너희의 아
내는 과부가 되고 너희 자녀는 고아가 되리라.[235]

그래서 성서는 하나님을 가리켜, '고아의 아버지, 과부의 재판장',[236]
'고아를 돕는 자'[237]로 말한다. 예수님도 사회적 약자에게 특별한 관
심을 갖고, 동정을 베푸셨다. 예수님은 하나밖에 없는 오빠를 잃은 두
자매를 보고 우셨고,[238] 남편이 없이 하나밖에 없는 아들을 잃은 과
부를 보고 위로하면서 그 아들을 살려 주셨고,[239] 굶주린 사람들을
불쌍히 여겨 그들을 다 배부르게 한 오병이어의 기적을 베푸셨다.[240]
또한 가난한 무리를 목자 잃은 양 같다고 애처롭게 바라보셨다.[241]
이사야가 이스라엘에게 회개의 구체적 목록을 제시할 때, 제일 먼저
언급한 것이 바로 학대 받는 사람을 도와주며 고아를 돌보며, 과부를
위하여 변호해 주라는 것이었다.[242] 예레미야는 가난한 사람을 돕는
것을 하나님을 아는 것과 같다고 말했다.[243] 이어서 그는 하나님의

---

235) 출애굽기 22장 22절~24절.

236) 그의 거룩한 처소에 계신 하나님은 고아의 아버지시며 과부의 재판장이시라(시편 68편 5절).

237) 주께서는 보셨나이다. 주는 재앙과 원한을 감찰하시고 주의 손으로 갚으려 하시오니 외로운 자가 주를
   의지하나이다. 주는 벌써부터 고아를 도우시는 이시니이다(시편 10편 14절).

238) 예수께서 눈물을 흘리시더라(요한복음 11장 35절).

239) 주께서 과부를 보시고 불쌍히 여기사 울지 말라 하시고, 가까이 가서 그 관에 손을 대시니 멘 자들이
   서는지라 예수께서 이르시되 청년아 내가 네게 말하노니 일어나라 하시매, 죽었던 자가 일어나 앉고 말
   도 하거늘 예수께서 그를 어머니에게 주시니(누가복음 7장 13절~15절).

240) 마가복음 6장 30절~44절.

241) 예수께서 나오사 큰 무리를 보시고 그 목자 없는 양 같음으로 인하여 불쌍히 여기사 이에 여러 가지로
   가르치시더라(마가복음 6장 34절).

242) 선행을 배우며 정의를 구하며 학대받는 자를 도와주며 고아를 위하여 신원하며 과부를 위하여 변호하라
   하셨느니라(이사야 1장 17절).

243) 그는 가난한 자와 궁핍한 자를 변호하고 형통하였나니 이것이 나를 앎이 아니냐 여호와의 말씀이니라(예
   레미야 22장 16절).

정의는 탈취당한 사람의 억울함을 풀어 주고 떠돌이와 고아와 과부를 압박하거나 학대하지 않는 것이며, 죄 없는 사람들이 희생당하지 말아야 함을 말한다.[244]

사회적 약자에 대한 관심과 보호는 구약성서 예언서뿐만 아니라 시편에서도 핵심적 주제로 강조된다. 하나님은 불의한 권력자들을 향해 질책하셨다.[245] 잠언은 남편이 없는 과부를 얕보고 그녀의 밭에 인접한 땅의 주인이 그 경계를 표시하는 돌을 옮겨 자기 땅을 넓히는 일을 하지 말 것과 외로운 자식의 밭을 침범하지 말 것을 명령한다.[246] 그리고 하나님은 말을 하지 못하는 장애인과 외로운 사람이 재판을 받을 때, 이들을 위해 입을 열라고 명령하셨다.[247]

이와 같이 성서는 사회적 약자의 생존권과 권리를 옹호하는 구절이 많다. 진정한 의미의 경건도 고아와 과부를 그 어려움 속에서 돌아보는 것이다.[248] 이는 사회적인 약자에 대한 관심과 보호가 바로 경건의 진정성을 측정하는 잣대가 된다는 의미이다. 예수님이 죽으신 후, 사도들이 바울의 진정성을 인정하는 것으로 당부하는 것도 가난한 사람들을 생각하라는 것이었다.[249]

---

244) 여호와께서 이와 같이 말씀하시되 너희가 정의와 공의를 행하여 탈취당한 자를 압박하는 자의 손에서 건지고 이방인과 고아와 과부를 압제하거나 학대하지 말며 이곳에서 무죄한 피를 흘리지 말라(예레미야 22장 3절). 이방인과 고아와 과부를 압제하지 아니하며 무죄한 자의 피를 이곳에서 흘리지 아니하며 다른 신들 뒤를 따라 화를 자초하지 아니하면(예레미야 7장 6절).

245) 하나님은 신들의 모임 가운데에 서시며 하나님은 그들 가운데에서 재판하시느니라. 너희가 불공평한 판단을 하며 악인의 낯 보기를 언제까지 하려느냐(셀라). 가난한 자와 고아를 위하여 판단하며 곤란한 자와 빈궁한 자에게 공의를 베풀지며. 가난한 자와 궁핍한 자를 구원하여 악인들의 손에서 건질지니라 하시는도다(시편 82편 1절~4절).

246) 옛 지계석을 옮기지 말며 고아들의 밭을 침범하지 말지어다(잠언 23장 10절).

247) 너는 말 못하는 자와 모든 고독한 자의 송사를 위하여 입을 열지니라(잠언 31장 8절).

248) 하나님 아버지 앞에서 정결하고 더러움이 없는 경건은 곧 고아와 과부를 그 환난 중에 돌보고 또 자기를 지켜 세속에 물들지 아니하는 그것이니라(야고보서 1장 27절).

249) 다만 우리에게 가난한 자들을 기억하도록 부탁하였으니 이것은 나도 본래부터 힘써 행하여 왔노라(갈라

4. 나오는 말

인권이라는 개념은 인간이면 누구나 누려야 할 마땅한 권리로서, 적용의 급박함에 따라서는 국내법과 국가를 넘어서는 경우도 있다. 그런 점에서 인권은 기존 국가 체제를 유지하려는 권력과 실정법에 대해서 긴장관계를 형성하기도 한다. 이 때문에 인권의 가치는 끊임없는 투쟁의 성과로 얻어진 것들이 많다. 이러다 보니 인권이라는 말에 대해 거부반응을 보이는 사람들도 있다.

인권은 우리 사회를 전복하거나 무정부주의와 같은 비현실적인 가치를 지향하려는 것이 아니다. 더불어 살아가는 공동체 내에서 기본적인 인간적인 삶을 보장할 것을 촉구하고, 나아가는 사랑과 정의의 실천이다. 인간은 누구나 행복하게 살 권리가 있다. 이러한 행복추구권이 보장되는 사회를 이루기 위해 그 어떤 차별과 편견과 불의와도 타협할 수 없고, 단호히 거부해야 한다. 그러기 위해서 우리는 삶의 현장에서 사회적 약자의 입장에서 생각하고, 느껴 보는 '윤리적 민감성'을 길러가야 한다.[250] 우리가 이렇게 인권의식을 길러 나갈 때, 일그러진 하나님의 형상을 회복해 나가는 하나님의 뜻을 이루는 일꾼

디아서 2장 10절).

[250] 오랫동안 관행적으로 쓰인 '살색'이 '살구색'으로 바뀌었다. 이에는 우리 기독교 인권운동가와 초등학생들의 인권의식이 이룩한 성과였다. "국가인권위원회는 지난 2001년 11월 외국인 4명과 김해성 목사가 기술표준원장과 3개 크레파스 제조업체를 상대로 한 '크레파스 색상의 피부색 차별' 진정에 대해 '특정색의 살색 명명'은 평등권 침해 소지가 인정된다'며 기술표준원에 한국산업규격(KS) 개정을 권고한 바 있다. 이후 기술표준원은 KS표준에서 살색을 없애고 문구류 등에서 살색의 계통색 명칭인 '연주황(軟朱黃)'을 사용했다. 그러다가 지난해 8월 초, 중등학생 6명이 '지나치게 어려운 한자어인 연주황 사용'은 어린이에 대한 차별'이라며 인권위에 진정을 제기하여 '살구색'으로 최종 확정됐다" "인권위 앞으론 '살색'이 아니라 '살구색'으로", ≪프레시안≫(2005년 5월 17일자) 참조. 이어령은 여러 강연에서 건물마다 비치된 비상구와 교통신호등이 남자로만 표시된 것에 대해 남녀평등의 차원에서 개선해야 함을 말했다. 최근 여성신학자들은 주기도문 개편에 대해 재고할 것을 촉구하였다. 그 이유는 '아버지'라는 표현이 하나님을 가부장적 이미지로 규정할 수 있으니 이에 대해 신중하게 남녀평등적 차원에서 개정해야 한다는 것이다. 이렇게 우리의 삶의 모든 영역을 인권의식으로 바라보는 것이 인권윤리적 민감성일 것이다.

이 될 수 있다.

　새로운 시대, 새로운 다짐으로 우리가 구현해 나갈 인권의 영역은 인간 삶의 모든 영역에서 차별과 편견을 철폐하고, 더불어 살아가는 지구촌 사회의 평화와 정의를 위한 노력과 생태계 보전까지 아우르는 영역으로 확대해 나가야 한다. 그런 점에서 인권은 인간의 존엄에 기초한 권리에 그치지 않고, 사회와 환경으로 잇대어 있다.

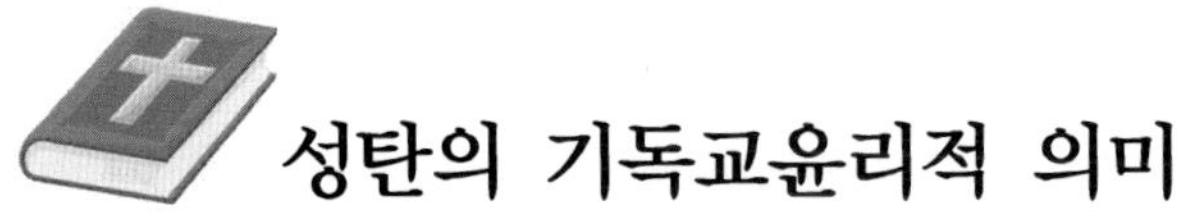

성탄의 기독교윤리적 의미

1. 들어가는 말

올해도 어김없이 기쁜 성탄을 기대하면 기다린다.[251] 이렇게 기쁜 성탄소식을 기대하며 지내는 기간을 대강절이라고 한다.[252] 그런데 성탄을 기다리는 것은 기독교인만이 아니다. 잘 아는 것처럼 이때가 되면 한 해를 마무리하고 새해를 맞이하는 시점으로 각종 모임과 시상식 등이 연이어 펼쳐진다. 그러기에 매서운 추위마저 들뜬 마음을 억누를 수 없다. 그러기에 많은 사람들을 들뜨게 하는 성탄은 이제 우리 기독교인만의 축제가 아니다. 기독교인이 아니더라도 성탄 카드

---

251) 성탄절은 덧없는 인간의 시간 속으로 들어온 영원 즉, 하나님의 시간이다. 하나님의 시간인 영원이 인간의 시간 속으로 들어올 때, 하나님은 인간의 몸을 입으신다. 이것은 시간적 사건이 존재론적 사건으로 변형된 것을 의미한다. 이렇게 인간의 몸을 입으신 그 하나님으로 인해 인간의 시간은 그 덧없는 수평의 흐름을 멈추고 돌연 수직으로 빛을 발하게 되는 것이다. 이민재, "예수를 향해 떠나는 사순절 순례의 길", 《기독교사상》(통권 614호, 2010년 2월호), p.56.

252) 대강절(待降節)·대림절(待臨節)이라고도 한다. 이 절기는 서방교회에서는 4세기부터 지켜 왔다. 부활절 이전에 준비기간으로서 사순절(四旬節)을 지키는 것과 같이 성탄절 이전의 4주간 동안 지켜지는 절기이다. 성탄절 이전 4번째 주일이 첫 강림절이고 이날 강림절 화환에 준비된 네 개의 촛대 가운데 한 곳에 불이 붙여진다. 2번째 주일에 다시 촛불이 하나 더 켜진다. 이렇게 해서 4번째 주일은 모든 촛불에 불이 켜진다. 설교자는 그 주일에 해당하는 성서구절로 설교한다.

와 트리에 익숙하다. 온 나라가 축제의 분위기로 휩싸인다. 이렇게 우리 기독교의 중요 기념일이 많은 사람들에게 기쁨의 날이 된 것은 좋은데, 오늘 우리가 맞는 성탄의 의미가 어쩐지 '이건 아닌데……' 하는 생각이 든다.

우리는 성탄절이 그저 웃고 즐기는 축제의 분위기로 치닫는 것만으로 만족할 수는 없다. 그 이유는 성탄이 예수님의 탄생을 축하하고 기념하는 본연의 의미를 분명히 해야 하기 때문이다. 이런 측면에서 성탄절의 의미는 성경에 증언하는 대로 "하늘에는 영광, 땅에는 평화"가 가득한 세상을 이루는 다짐이어야 할 것이다.

2. 성탄의 문화윤리적 의미

해마다 맞이하는 성탄절의 유래와 의미도 모른 채 그저 예수님의 탄생일을 기념하는 날로, 교회의 중요 절기로만 아는 이들이 많다. 이런 무지는 비기독교인만이 아니다. 교회 출석을 오랜 세월 해 온 이들조차 성탄절의 유래와 의미를 잘 모른다. 그러니 비기독교인이 물을 때에 명확하게 답변을 못한다. 사실 이에 대해서는 우리 교회 교육현장의 책임이 있다. 대부분의 교회가 성탄절을 맞는 대강절을 지킨다. 이 기간 동안 성탄의 의미를 되새기면서 아기 예수님을 기다려야 하는데 연말이다 보니 교회마다 한 해를 반성하고 점검하기 위한 회계감사나 새로운 해를 대비하는 계획들로 분주하다. 그리고 성탄절 교회잔치와 칸타타예배를 위한 준비에 바쁘다. 그러다 보면 정작 성탄의 의미를 가르치고, 이를 가슴 깊이 되새기게 하는 것에 중점을 두지 못한다. 그야말로 본말이 전도된 격이다. 이제는 대강절을 보내면서 성탄의 유래와 의미를 성경을 기준으로 명확하게 일깨워 주는 교육이 필요하다.

일반적으로 성탄절(聖誕節)이라는 말은 한자어로 거룩한 탄생을 중요하게 기념하는 날을 말한다. 이는 '크리스마스'(christmas)라는 말과 같이 쓰인다. 이 말의 의미는 그리스도(christ)의 미사(mass)라는 뜻이다. 미사란 라틴어 'MASSA'에서 온 말인데, 이것은 죄를 고백하고 씻어내기 위해 드리는 제의(예배)를 의미한다. 12월 25일, 이날은 사실 예수님의 탄생일이 아니다. 초대교회 때부터 4세기까지 성탄절을 지키지 않았다. 초대 교회 신자들은 예수님의 죽으심을 되새기기 위한 날들을 기념하였지만, 탄생을 기념하지 않았다.[253] 그런데 왜, 언제부터 성탄절로 정해서 지키는 것일까? 이에 대해 살펴보면 다음과 같다.

로마 가톨릭교회는 4세기 후반, 고대 로마의 태양신 솔(Sol)의 탄생일인 12월 25일을 그리스도의 탄생일로 정하여 지키기 시작하였고, 5세기에 이르러서는 12월 25일을 예수님의 탄생일로 영구적으로 지키라는 명령을 내렸다. 이날은 예수님의 탄생일이 아니고, 다른 신의 탄생일이다.[254] 성탄절을 12월 25일에 기념한 이유는 불확실하다. 아마 초기 기독교들이 '정복당하지 않는 태양의 탄생일'(Natal is Solis Invicti)이라는 로마의 이교 축제와 같은 날에 기념하기를 원했기 때문

---

253) 『대영백과사전』은 "크리스마스는 초기 교회의 축제들 중에는 없었다"고 기록되어 있다. 『가톨릭 백과사전』(1911년 판)도 "크리스마스는 교회의 가장 초기에 있었던 초기 축제일에 들어 있었던 축제가 아니라, 그 축제의 기원은 이집트이다. 이레니우스와 터툴리안은 축제일 목록에서 크리스마스를 삭제하고 있다"고 기록되어 있다.

254) 12월 21일은 동지로, 지구가 태양의 영향력에서 가장 멀어지는 날이며, 24일부터 태양의 영향력은 커지기 시작한다. 태양신을 숭배하는 사람들은 여기에 생명이 다시 돌아온다는 의미를 부여했는데, 바로 이러한 믿음으로 태양신의 생일이 12월 25일이 되었다. 태양은 탐무즈, 호러스, 이시스 솔 등의 명칭으로 불렸다. 태양신의 축제날은 마시고 즐기며 취하는 날로, 아기들을 희생 제물로 바치는 날이었다.

이었을 가능성이 높다. 이 축제는 낮이 다시 길어지기 시작하고 태양이 하늘 높이 떠오르기 시작하는 동지를 기념한 것이었다. 그러므로 성탄절과 관련된 전통 관습들은 이교도들이 한겨울에 벌이던 농신제 및 태양 의식들과 그리스도의 탄생을 한데 합쳐서 생기게 된 것이다. 로마는 농경신 사투른을 기념하는 축일 '사투르날리아'(12월 17일)에 흥겹게 지내며, 서로 선물을 교환했다. 또한 이란 사람들은 12월 25일을 신비로운 신, 미트라(정의의 태양)의 탄생일로 여겼다. 로마력 설날(1월 1일)에 사람들은 자기 집을 푸른 나무와 등불로 장식했고, 자녀들과 가난한 사람에게 선물을 주었다. 튜턴족이 갈리아, 브리튼, 중앙 유럽으로 침입해 들어오면서 게르만족과 켈트족의 성탄 축제 의식들이 이러한 관습들에 융합되었다. 음식과 교제, 성탄 전날에 벽난로에 때는 장작과 성탄 케이크, 푸른 나무들과 전나무들, 선물과 인사 등이 이 축일을 기념하는 행사가 되었다.

기독교는 300여 년이 넘는 기간의 혹독한 핍박에도 사라지지 않다가 밀라노 칙령(313년)으로 공인되고, 로마의 국교가 되었다. 이렇게 되면서 숨죽여 가면서 신앙생활 하던 이들이 공적으로 드러났다. 그렇게 되면서 다양한 기독교 교리와 예배와 신앙의 윤리 등을 일정부분 정리해야 할 필요가 있었다. 그에 따라 국가주도의 종교회의가 열렸고, 기독교도 제도화되기 시작하였다. 그러면서 그 당시 사람들의 문화에 익숙한 신의 탄생일을 제정하여 지키는 것이 필요하게 되었다. 그러나 문제는 예수님의 탄생일을 알 수가 없었다. 이미 300여 년이 넘는 핍박 기간이 지난 후이기에, 이를 증언해 줄 증인이나 증거물이 없었다. 이에 그 당시 이미 휴일로 익숙한 날을 예수님의 탄생일로 정했다. 우리로 말하면, 10월 3일 개천절을 기독교 핵심절기로 정한 것이다. 이는 당시 교회 지도자들과 신자들이 그 당시 문화에 대해 이분법적으로 성(聖)과 속(俗)을 나누지 않았음을 보여 준다.[255]

이에 대해 보수적인 사람들은 이교도의 날을 성탄절로 정한 것에 분개하는 견해가 강하다. 이런 견해가 갖는 신앙적 열정은 본받을 만하지만 오늘에 와서 성탄절을 다른 날로 정할 수도 없다. 현실 가능한 대안을 갖추지 못한 채 성탄절 제정을 비난하는 것은 현실적이지 못하다. 또한 그 당시 신앙인들의 결단을 변질된 신앙으로 비난하고 매도하는 것은 지나치다. 그 당시 신앙인들은 그날이 이교도의 축제일로 타락한 날이라고 해도 당시 사람들이 익숙하게 여기는 것에 신앙적 의미를 덧붙이는 방안을 정한 것이다.[256]

---

255) 일반적으로 기독교와 문화의 관계는 리차드 니버가 분류한 다섯 가지를 따른다. 이를 살펴보면 다음과 같다. 1. 문화에 대립하는 그리스도(세속을 죄악시하여 철저히 멸시) 2. 문화의 그리스도(조화, 혼합되어 기독교가 모호해짐) 3. 문화 위의 그리스도(기독교가 문화의 위에 군림하나 부분적으로 종합과 타협) 4. 역설적인 관계의 그리스도와 문화(상호상관적인 평행을 유지하는 관계) 5. 문화의 변혁자로서 그리스도(기독교가 사회에 봉사하면서 사회와 문화를 이끌고 가는 인도자 혹은 변혁자의 역할을 하는 것)이다. H. Richard Niebuhr, *Christ and culture*(New York: Harper & Row, Publishers, 1951) 참조.

256) 기독교와 문화의 관계설정을 철저하게 성과 속으로 나누는 사람들은 세속 문화를 사탄의 문화로 규정한다. 신상언은 대중문화를 사탄의 문화로 규정하고 특히 청소년의 영적 타락의 원인으로까지 몰아세운다. 신상언, 『사탄은 마침내 대중문화를 선택했습니다』(서울: 낮은 울타리, 1992) 참조. 최재호는 대중문화를 생산 유통시키는 가치관과 세속적 이데올로기가 성경적 가치관을 파괴한다고 보았다. 최재호, 『대중문화와 성경적 세계관』(서울: 예영커뮤니케이션, 2003) 참조. 이 외에도 손봉호와 이정석과 같은 개혁주의 계열의 신학자들도 같은 견해를 가지고 있다. 이에 대해 강성영은 리처드 니버의 기독교와 문화의 5개 유형을 분석하면서 모든 유형이 적절하지 않은 것으로 보면서 '비판적 대화'의 기준에 따라 기독교 대중 문화론의 신학적 정립을 제기하였다. "먼저 '문화와 대립하는 그리스도'의 유형은 대화보다는 말 그대로 대립, 배척, 분리의 태도이기에 대화가 배제되고, 반대로 '문화의 그리스도'는 그리스도와 문화의 일치, 동화를 주장하기에 어떠한 비판적 대화의 여지가 없다. '역설적 관계에 있는 그리스도와 문화'는 양자가 인간 실존의 전혀 다른 두 영역에 있기에 그 사이의 대화의 토대가 희박하다고 볼 수 있다. 남은 두 개의 유형, 즉 '문화 위의 그리스도'와 '문화의 변혁자로서 그리스도'는 문화에 대한 비판적인 개입을 할 근거를 가지므로 문화 가치와 실천에 대한 비판이나 긍정적인 평가를 할 수 있으나, 신학적 규범을 앞세움으로 인해 결국 상호성에 근거한 비판적 대화가 어렵다고 볼 수 있다." 강성영, 『생명·문화·윤리』(오산: 한신대학교 출판부, 2006), p.134. 최근 신학계에선 기독교윤리학을 보다 실천적인 시각에서 기독교와 문화를 연구하려는 움직임이 보인다.

3. 성탄의 실천윤리적 의미

신약성경에 나오는 성탄의 보도와 내용은 다양한 시각에서 제시된다. 교회와 교인들은 이러한 본문의 차이와 강조점을 주의 깊게 정독하지 않고, 하나의 내용으로 묶어서 이해한다. 물론 이렇게 통전적으로 이해하는 것이 성탄을 쉽고 분명하게 이해하는 데 도움이 되지만 주의를 기울여 살펴보면 증언의 강조점에 따라 다양하게 읽어 내고, 그에 따른 윤리적인 의미를 알게 되므로 성탄의 의미를 보다 풍성하게 알게 될 수 있다. 지면 관계상 이에 대해 자세하게 논의하기는보다는, 몇 가지 맥을 이해하는 방향으로 제시해 보려고 한다.

(1) 함께하시는 하나님

먼저 예수님의 탄생 보도는 마태복음 2장 1절~12절과 누가복음 2장 1절~20절로 대비된다. 마태복음에서 성탄의 기쁜 소식을 접한 사람들은 동방박사들이었다. 이들은 유대인이 아닌 이방인으로 학식과 재력을 갖춘 신분의 사람들이었다.[257] 그러기에 아기 예수님의 탄생을 축하하러 가면서 빈손으로 가지 않고, 정성을 다해 황금과 몰약과 유향을 준비해서 예수님의 가정에 방문했다. 이들은 위대한 분이 탄생하는 장소로 당연히 그 나라의 중심인 수도에서 그리고 왕궁일 것

---

257) 마태복음은 예수님의 탄생 보도 이전에 그 서막으로 족보를 제시한다. 1장 1절의 아브라함의 자손이라는 말은 혈통이 아니라 회개에 합당한 열매를 맺느냐 그렇지 않느냐는 신실한 삶에 의해 결정된다. 따라서 이방인이라도 회개에 합당한 열매를 맺으면 '아브라함의 자손'이 될 수 있다. 아브라함은 구원의 보편성을 상징하는 인물이다. 하나님은 아브라함을 통해 땅의 모든 족속(이방인 포함)이 복을 받을 것이라고 약속하셨다. 예수님이 아브라함의 자손이라는 말은 예수님을 통해 모든 나라가 복을 받고 모든 사람이 구원 받을 수 있음을 뜻한다. 최원준, "마태복음의 예수탄생 이야기", 《그말씀》(통권 245호, 2009년 11월), p.7.

이라고 생각하였다. 그러나 이들의 생각과 정반대인 곳이고, 정반대의 신분의 집에서 예수님은 탄생하셨다. 이들의 세속적인 고정관념으로 인해 결과적으로 헤롯왕의 만행으로 수많은 아기들이 참혹하게 살해당하고 아기 예수님은 먼 이집트까지 피난을 가셔야만 하였다. 이러한 마태복음의 증언은 예수님의 탄생이 기존의 고정관념과 다름을 일깨워 준다. 이는 동방박사들처럼 성탄의 기쁜 소식은 누구에게나 열려 있음을 말해 주고, 가난한 목수 집안의 아기로 오신 예수님의 모습이 바로 하나님이 우리에게 말씀하시는 구원의 상징이다. 즉, 하나님의 구원은 강력한 힘의 권력이나 기득권에 의한 것이 아니다. 약한 것으로 강한 것을 거꾸러뜨리는 하나님의 뜻이다.

누가복음에서 예수님의 탄생을 접한 사람들은 밤늦은 시간까지 쉼을 얻지 못하고 황량한 들판에서 남의 양을 돌보며 살아가는 목자들로 학식이 낮고 가난한 신분의 사람들이었다. 그러기에 이들은 천사들로부터 예수님의 탄생 소식을 접하고도 이렇다 할 선물 하나 준비하지 못했다. 이들이 남루한 복장으로 빈손으로 찾아간 곳은 놀랍게도 제대로 누울 곳조차 갖춰지지 않은 허름한 여관의 마굿간이었다. 아마도 이들은 말구유 위에 누우신 아기 예수님의 모습에 말로 형언 못할 친근함과 위로와 희망으로 감격했을 것이다. 만약 이들이 찾아간 곳이 세속의 권좌를 자랑하는 곳이고 화려한 곳이었다면 문전박대를 당하였거나 들어가서 경배를 하고도 큰 감격을 느끼지 못했을 것이다. 이러한 보도를 통해 성탄의 기쁜 소식이 전해지고 누릴 사람들을 분명히 알 수 있다.

예수님은 이 땅에서 어떤 물리적인 힘으로 권력을 구축하고 휘두르다가 죽어 가신 분이 아니다. 예수님은 참된 평화를 실현하시기 위해 근본적인 죄의 문제를 십자가로 해결하시기 위해 오셨다. 평화는 누가복음에서 매우 중요한 주제이다. 목자들에게 전한 천군천사들의 찬양[258]은 예수님이 예루살렘에 입성하실 때[259]도 반복되어 나온다. 예수님은 하나님과 인간이 화해하고 진정한 평화가 온 우주에 이루어지도록 하시기 위해 이 땅에 오셨다. 이는 예수님이 자신의 공생애를 시작하시면서 처음 선포한 메시지에 잘 나타나 있다.

> 주의 성령이 내게 임하셨으니 이는 가난한 자에게 복음을 전하게 하시려고 내게 기름을 부으시고 나를 보내사 포로 된 자에게 자유를, 눈먼 자에게 다시 보게 함을 전파하며 눌린 자를 자유롭게 하고, 주의 은혜의 해를 전파하게 하려 하심이라 하였더라.[260]

이렇게 대비되는 보도는 마태복음과 누가복음의 기록 목적과 수신자가 다르기 때문이다. 각각의 중점 주제를 염두에 두고 성탄의 두 가지 의미를 이해해야 한다. 마태복음은 동방박사처럼 혈연·민족의 테두리를 넘어서야 함을 일깨워 주고, 누가복음은 가난한 목동들처럼 이 땅에서 고통 받는 사회적 약자들과 함께해야 함을 일깨워 준다. 그러면서 두 복음의 공통점은 혼자가 아니라 함께하는 공동체의 모습이다. 기쁨을 혼자만 누리는 것이 아니라 함께할 때 커지는 것이다. 그리고 마음으로만 신앙고백으로만 간직해서도 안 된다. 이를 적극적으로 실천하는 발걸음이 수반되어야 한다.

예수님의 탄생은 구약성경을 통해 약속하는 하나님의 사랑을 증명

---

258) 지극히 높은 곳에서는 하나님께 영광이요 땅에서는 하나님이 기뻐하신 사람들 중에 평화로다 하니라(누가복음 2장 14절).

259) 이르되 찬송하리로다 주의 이름으로 오시는 왕이여 하늘에는 평화요 가장 높은 곳에는 영광이로다 하니(누가복음 19장 38절).

260) 누가복음 4장 18절~19절.

한다.261) 하나님은 죄악으로 가득찬 이 땅에 오실 것을 약속하셨고, 이 약속을 성취하셨다.262) 하나님의 속성 중에서 가장 중요한 것이 바로 사랑이다. 성서 전반에서 우리의 고통에 불꽃 같은 눈동자로 바라보시고는 민첩하게 사랑으로 다가오시는 하나님의 모습을 찾아 볼 수 있다. 이스라엘 백성들이 처참한 광야에서 고통의 세월을 보낼 때, 하나님은 그들과 함께하시며 적극적인 보호와 인도하심을 보여 주셨다. 광야는 하나님이 이스라엘과 사랑을 나누었던 곳이기도 하다. 고통이 많을수록 하나님의 적극적인 사랑의 개입이 많다.

> 네 마음이 교만하여 네 하나님 여호와를 잊어버릴까 염려하노라 여호와는 너를 애굽 땅 종 되었던 집에서 이끌어 내시고, 너를 인도하여 그 광대하고 위험한 광야 곧 불뱀과 전갈이 있고 물이 없는 건조한 땅을 지나게 하셨으며 또 너를 위하여 단단한 반석에서 물을 내셨으며, 네 조상들도 알지 못하던 만나를 광야에서 네게 먹이셨나니 이는 다 너를 낮추시며 너를 시험하사 마침내 네게 복을 주려 하심이었느니라.263)

그러므로 고통의 현장은 역설적이게도 하나님의 임재와 축복의 장소가 된다.264) 하나님은 이제 막 국가를 형성하는 이스라엘을 독수리

---

261) 예수님의 오심은 하나님의 사랑 깊은 약속의 성취요, 약속의 계시오, 약속의 실현이요, 약속의 완성이다. 이 약속은 완전하게, 총괄적으로, 철저하게 성취되었다. 리하르트 그루노브 엮음, 『칼바르트의 신학묵상』, 이신건 · 오성현 · 이길용 · 정용섭 옮김(서울: 대한기독교서회, 2009), pp.843~845 참조.

262) 마태복음 1장 23절은 예수님이 성령으로 잉태되어 처녀의 몸에서 나신 것이 이사야 7장 14절의 예언을 성취한 것으로 말한다. 그런데 예언에 따라 지어질 '임마누엘'(하나님은 우리와 함께하신다)이라는 이름이 아닌 '예수'(자기 백성을 죄에서 구원할 자)로 불리셨다. 결국 임마누엘이라는 이름으로 불리신 적이 없다. 그런데 이 궁금증이 마태복음에서 풀린다. 마지막 장과 절인 28장 20절이다. "내가 너희에게 분부한 모든 것을 가르쳐 지키게 하라 볼지어다 내가 세상 끝날까지 너희와 항상 함께 있으리라 하시니라." 예수님은 제자들에게 세상 끝날까지 항상 함께 있겠다고 약속하셨다. 그러므로 마태복음은 처음과 끝을 통해, 예수님의 모습이 하나님이 우리와 함께하심을 드러내 줌임을 말한다. 최원준, *op. cit.*, p.12 참조.

263) 신명기 8장 14절~16절.

264) 신명기 8장 15절 "너를 인도하여"라는 말은 하나님이 어린아이 같은 이스라엘에게 걸음을 가르쳐 주고 팔로 안아 주며, 모든 위험으로부터 보호해 주고, 먹여 주었다는 뜻이다. 이와 같은 하나님의 사랑은 성

날개로 업듯이 광야로 인도하셨고,[265] 광야에서 눈을 떼지 않으시고 보호하며 지켜 주었다.[266] 하나님은 계약(약속)의 하나님이다. 하나님은 이스라엘과의 계약에 근거하여 이스라엘을 사랑하셔서 은혜를 베풀어 주셨다. 이 하나님이 우리를 사랑하기에 예수를 이 세상에 보내 주셨다. 이스라엘을 애굽의 노예생활로부터 해방시키신 하나님처럼, 예수님은 이 세상에 오셔서 권력과 돈과 명예의 노예로 살아가는 우리를 해방시켜 주셨다. 미움과 다툼과 시기와 질투와 탐욕과 분쟁에 얽매여 살던 우리를 진리의 세계로 인도하여 자유롭게 하셨다. 사치와 방탕과 타락에 치닫는 우리를 부끄럽게 하시고 가난하고 병들고 소외된 사람들에게 참된 소망이 넘치게 하셨다.

우리를 사랑하시는 하나님은 우리가 하나님의 자녀답게 살아가며 공동체에 대한 책임을 감당하기를 원하신다. 하나님은 우리가 공동체와 이웃을 섬기는 하나님의 사랑과 축복의 통로가 되기를 원하신다.

(2) 말씀이 육신이 되어

요한복음은 공관복음서(마태, 마가, 누가복음)와는 달리 예수님의 신성에 초점을 두었다. 이러한 시각에서 요한복은 1장은 예수님의 탄생을 영원한 로고스의 성육신으로 증언한다. 하나님의 아들이 인간의

서 전반에서 찾아볼 수 있다. "에브라임이여 내가 어찌 너를 놓겠느냐 이스라엘이여 내가 어찌 너를 버리겠느냐 내가 어찌 너를 아드마같이 놓겠느냐 어찌 너를 스보임같이 두겠느냐 내 마음이 내 속에서 돌이키어 나의 긍휼이 온전히 불붙듯 하도다"(호세아 11장 8절) 참조.

265) 내가 애굽 사람에게 어떻게 행하였음과 내가 어떻게 독수리날개로 너희를 업어 내게로 인도하였음을 너희가 보았느니라(출애굽기 19장 4절). 마치 독수리가 자기의 보금자리를 어지럽게 하며 자기의 새끼 위에 너풀거리며 그의 날개를 펴서 새끼를 받으며 그의 날개 위에 그것을 업는 것같이(신명기 32장 11절).

266) 여호와께서 그를 황무지에서, 짐승이 부르짖는 광야에서 만나시고 호위하시며 보호하시며 자기의 눈동자같이 지키셨도다(신명기 32장 10절).

육을 취하였다는 것이다. 일반적으로 인간의 영은 고귀하고 가치가 있는 반면, 육은 질적으로 낮기에 무가치한 것으로 생각하였다. 영은 영원한 신적 세계에 속한 반면, 육은 무가치한 물질의 세계에 속한 것으로 여겼다. 그래서 인간이 죽은 다음 영은 영원한 피안의 세계 · 신적 세계로 돌아가는 반면, 육은 물질의 세계로 들어가서 썩어 없어 진다고 생각하였다.

영과 육의 이원론적 사상은 고대 그리스철학은 물론 대부분의 종 교에서 쉽게 찾아볼 수 있다. 그런데 고대 그리스 문화가 지배하던 로마 제국의 영향력 아래에서 출현한 기독교는 이러한 이원론적 사 고의 영향력을 피할 수 없었다. 이러한 영과 육의 이원론적 사고의 영향을 갈라디아서 5장에 기록된 육의 열매와 성령의 열매에 대한 구 분으로도 알 수 있다. 여기서 육은 성령에 대립하는 것으로 나타난 다.267) 인간의 육은 "음행과 더러운 것과 호색과 우상 숭배와 술수와 원수를 맺는 것과 분쟁과 시기와 분냄과 당 짓는 것과 분리함과 이단 과 투기와 술 취함과 방탕" 등 모든 죄악의 원천으로 파악된다.

중세시대는 고행과 금욕사상으로 이와 같은 영과 육의 이원론의 모 습이 구체적으로 드러났다. 인간의 육은 약하고 모든 죄악의 원천이므 로, 고행과 금욕을 통하여 인간의 육을 쳐서 죄악의 뿌리를 없애야 한 다고 생각하였다. 우리나라 기독교도 고행과 금욕을 강조하는 것은 영 과 육의 이원론에 입각한 것으로 볼 수 있다. 그렇다면 '이러한 영과 육의 이원론적 구분이 성경과 중심적인 맥과 일치하는가' 하는 의문이 든다. 이에 대한 분명한 대답을 주는 성경이 바로 요한복음 1장이다.

---

267) 육체의 소욕은 성령을 거스르고 성령은 육체를 거스르나니 이 둘이 서로 대적하므로 너희가 원하는 것
을 하지 못하게 하려 함이니라(갈라디아서 5장 17절).

요한복음은 하나님의 아들 예수님이 인간의 육을 취하였으며 그것을 자기의 것으로 삼았음을 분명히 한다. 여기서 영과 육의 이원론, 하나님의 세계와 이 세계의 이원론은 단호히 거부된다.[268] 인간의 육은 하나님의 아들이 그 안에 계신 구체적 장소인 동시에 하나님의 아들의 존재를 구성하는 요소로 밝혀진다.[269] 그것은 하나님의 아들에 의하여 하찮은 것이나, 더럽고 추한 것으로 버려야 할 것이 아니라 오히려 그 자신의 것으로 드러난다. 그러므로 인간의 육을 포함한 물질은 더럽고 추한 것으로 버려야 할 것이 아니고, 하나님 보시기에 좋은 것으로, 귀하고 아름다운 것으로 밝혀진다. 이는 창세기가 증언하는 내용과 같다.

예수님이 취한 인간의 육은 하나님의 나라가 일어나는 구체적 장소이며 현실이다. 예수님의 탄생은 예수님이 선포하신 하나님의 나라가 피안의 세계나 이른바 영적 세계만이 아니라, 인간의 육을 포함한 물질의 현실 속에서 일어나야 함을 일깨워 준 것이다. 그러므로 하나님의 구원은 영적인 구원에 그치는 것이 아니라, 하나님의 의와 자비가 다스리는 하나님의 나라가 이 세계의 모든 영역 안에 세워지는 것을 말한다. 개인의 죄 용서와 회개와 성화는 하나님의 구원에 있어서

---

268) 요한복음의 서문(1장 1–18절)은 예수님의 탄생을 생명에 대한 하나의 선언으로 제시한다. 요한은 여기서 '생명의 빛'이라는 은유를 통해 예수님이 하나님 안에 존재하는 생명이며 사람들에게 비취는 빛이라고 선언함으로써, 그가 생명의 '소통자'임을 분명히 한다(1–5절). 그런데 이 소통은 '존재'를 넘는 사건으로 나타난다. 즉, "말씀이 육신이 되었다"(14절) 태초에 이 말씀은 하나님과 함께 있었으나 이제는 육체를 가진 생명으로 인간과 함께 있게 되었다. 이것은 '예수탄생'을 단순히 한 인물의 출현이 아니라, 하나님과 인간 사이에 생명의 소통이 일어나는 결정적 사건으로 본 것이다. 박정수, "생명과학시대의 예수탄생이야기" ≪바른교회아카데미≫(2010년 12월호), p.4.

269) 육신은 영적 이야기를 한다. 육신은 그저 육신이 아니라 인간 본성의 영혼의 표현이고 진정한 영적 삶은 육신을 입은 삶이다. 그렇기 때문에 나는 성육신을 믿는다. 육신 밖에서는 신성한 삶이 있을 수 없다. 하나님 자신이 육신이 되기 위해 육신을 입으셨기 때문이다. 미카엘 포드, 『하나님을 사랑하는 자 헨리 나우웬』, 박조엔 역(서울: 두란노, 2003), p.59.

기초적이며 기본적 요소이다. 그러나 그것은 하나님의 구원의 시작이자 전부가 아니다. 하나님의 나라는 개인의 심령과 생활의 영역에서는 물론 정치, 경제를 포함한 모든 영역 속에 세워져야 하며, 바로 여기에 하나님의 구원이 있다.

기독교는 하나님의 구원을 '영혼 구원'으로 가르쳐 왔다. 그 결과 인간의 육이 건강하고 행복하게 살 수 있는 물질적 조건과 현실에 대해서는 물론이고 이 세계의 현실 전반에 대한 무관심을 조장하였다. 이러한 무관심은 불의한 정권이나 기득권자들의 특권을 적극적으로 거부하거나 반대하지 않고, 이러한 질서가 그대로 유지되는 데 일조하는 측면이 있었다. 이에 따라 교회 일과 신앙생활만을 거룩하게 여기고 가정과 직장과 사회를 속된 세상으로 여기면서 중요하게 여기지 않는 신앙과 생활의 분리를 초래하였다. 오늘날도 많은 교회들이 교회의 주된 목표로 '영혼구원', '심령구원'을 강조하면서 '심령대부흥성회'를 연례행사처럼 열고 있다. 오늘날 많은 교회들이 보이고 있는 우리 사회 현실 전반에 대한 무관심은 이러한 잘못된 구원관과 영과 육, 정신과 물질의 이원론이 초래한 결과로 볼 수 있다.

하나님의 아들 예수님이 인간의 육을 입었다는 것은 육과 육이 대변하는 물질의 세계 속에 하나님의 구원이 일어나야 하며, 예수님과 함께 이 구원이 이미 일어나기 시작하였음을 뜻한다. 그러므로 성탄절은 영과 육을 포괄하는 구원론적 의미를 지닌다. 과거에는 구원의 대상을 정신, 영혼에 치중해서 보았다. 그러나 현대신학에서는 '몸'이 중요한 주제로 부각되었다. 만약 우리에게 몸이 없다면 하나님의 사랑을 명확하게 드러내기가 어렵다. 이웃의 아픔을 느끼고 그들의 입장에 서서 공감하며, 사랑함도 불가능할지 모른다. 그러므로 몸은 매우 중요한 신학적 주제가 된다. 또한 몸은 독자적인 인식체계를 갖는다. 머리가 인식하는 것보다 훨씬 넓고 깊은 체계를 갖고 있다.

이와 관련하여 우리는 요한복음 1장 11절의 말씀 곧 하나님의 아들이 '자기 땅'에 오셨다는 구절을 음미할 필요가 있다. 하나님의 아들은 인간의 심령 속으로 오신 것이 아니라 이 '땅'으로 오셨다. 즉, 온 땅이 하나님의 구원의 대상인 것이다.

하나님의 구원은 인간의 심령 속은 물론 온 땅 위에 이루어져야 한다. 그러므로 예수님은 하나님의 뜻이 하늘에서와 같이 땅에서도 이루어지기를 기도하라고 가르치셨다. 억울한 죽음과 고통과 굶주림과 질병이 일어나며 사악한 인간의 욕망으로 모든 생물이 죽음의 위협 앞에 서 있는 이 땅으로 예수님은 오셨다. 예수님은 인간 영혼은 물론 온 땅의 구원자이시다. 온 땅의 구원이 예수님과 함께 시작되었다. 여기서 땅은 단순히 땅만을 가리키는 것이 아니라, 하나님이 지으신 모든 것을 의미한다. 헬라어 본문을 충실히 따르면, 하나님의 아들은 '자기의 것들' 안으로 오셨다. 희랍어 본문을 글자 그대로 따를 경우 하나님의 아들 예수는 땅으로 오신 것이 아니라 모든 것이 하나님이 지으신 것이다. 따라서 모든 것이 하나님의 구원의 대상이 하나님이 거하시는 곳이 되어야 한다. 예수님의 탄생은 이러한 하나님의 구원 역사의 새로운 시작을 뜻하므로 성탄절은 생태계의 모든 존재에게 미치는 기쁜 절기이다.

(3) 종의 몸으로

빌립보서 2장 7절은 예수님의 탄생에 대하여 자기비움과 '종의 형체'로 말한다. 여기서 말하는 '종의 형체'를 사회윤리학적인 의미를 지닌다. 마태복음서와 누가복음서는 예수님을 다윗의 후손, 곧 왕가의 후손이라고 전하면서 예수님이 성령으로 잉태되었다고 증언한다. 그러므로 예수님에게는 육신의 아버지가 없다. 그러므로 예수님이 유전적인 의미로 다윗의 후손이라는 말은 성립되지 않는다. 실제적인 예수님의 모습은 목수였던 요셉의 아들이었으며, 그 당시 도주하다가 붙들린 노예들이나 반로마 반란자들이 당하였던 십자가의 형벌을 당하였다는 것이다. 이렇게 볼 때, 예수님은 당시 유대 사회에서 종과 유사한 계층에 속하였다고 볼 수 있다. 그러니 예수님이 제대로 교육을 받지 못하셨고,[270] 탄생하시자마자 헤롯의 칼을 피하여 이집트로 도주해야만 하셨다. 언어사용은 교육을 받지 못한 단순노동자 계층에 속하였음을 보여 주고, 아마도 양아버지 요셉에게서 목수의 일을 익히셨을 것으로 보인다.

예수님이 대하였던 사람들도 시각장애인, 한센병(나병), 다리 저는 장애인, 창녀, 죄인 등 그 당시 사회에서 낮은 계층의 사람들이 대부분이었다. 떡 다섯 개와 생선 두 마리의 사건도 이것을 증명한다. 예수님을 따르는 사람들은 먹을 것이 없는, 그래서 예수님 자신이 먹을 것을 마련해 주어야만 했던 사람들이었다. 이러한 사실을 고려할 때, 예수님이 취한 '종의 형체'는 단순히 영적, 종교적 개념이 아니라 실제적·사회적인 개념이다.

예수님은 하늘 영광의 보좌를 버리시고, 낮고 천한 인간세계에 그것도 말구유에 오셨다. 그야말로 겸손한 모습으로 우리에게 오셨다.

---

270) 성서학자들에 의하면, 예수님이 당시 고대 그리스어를 모르는 문맹으로 보는 견해도 있다.

이와 같이 겸손의 덕목은 예수님을 드러내는 분명한 표징이다. 이러한 겸손은 자기의 한계를 아는 것을 의미한다.[271] 겸손한 사람은 자신의 한계를 알고 있기에 자기의 주장을 관철하기보다 다른 사람의 말을 주의 깊게 경청한다. 성경은 겸손과 반대되는 교만에 대해 매우 부정적이다.[272] 교만한 사람은 다른 사람으로부터 미움을 받아 다른 사람과 조화로운 삶을 이끄는 데 실패를 하게 되고, 결국 다른 사람의 지지를 얻지 못해 망하게 된다. 반대로 겸손한 사람은 다른 사람들로부터 신뢰를 얻어 영예를 얻게 된다.[273]

예수님이 종과 같은 신분의 사람으로 오셨음은 무엇을 말하는가? 지위가 높고 가진 것이 많은 사람들이 환영 받고 관심의 대상이 되고, 지위가 낮고 가진 것이 없는 사람은 무시를 당한다. 빌립보서 2장은 무시당하는 낮고 약한 사람들, 종과 같은 사람들이 하나님의 일차적인 관심의 대상이고, 하나님은 그들을 먼저 찾으신다는 것을 말한다. 왜냐하면 하나님은 사랑이시기 때문이다. 하나님의 아들 예수님은 높고 화려한 사람들과 영광스러운 곳을 찾지 않으셨다.

(4) 성탄을 이루는 교회

오늘 우리의 교회는 낮고 약한 사람들이 편안하게 찾아가고, 주인의식을 갖고 머무는 곳이라기보다는 발 붙일 곳이 없는 교회로 변모하고 있다. 예수님이 자기 자신과 동일시하셨던 사람들이 모인 삶의

---

271) 솔로몬이 겸손하게 하나님께 지혜를 구하는 장면(열왕기상 3장 6절~14절 참조).

272) 교만이 오면 욕도 오거니와 겸손한 자에게는 지혜가 있느니라(잠언 11장 2절). 교만은 패망의 선봉으로 거만한 마음은 넘어짐의 앞잡이니라(잠언 16장 18절).

273) 사람이 교만하면 낮아지게 되고 마음이 겸손하면 영예를 얻느니라(잠언 29장 23절).

공동체가 아니라 중산층 이상의 종교집회소라는 인상을 준다. 이러한 교회에 예수님이 이 세상으로 오신다면, 먼저 어디로 가실까?

예수님의 탄생은 먼저 이 세상의 힘없고 가난한 사람들로, 종과 같은 사람들 가운데 하나님의 구원역사가 시작하며, 교회는 먼저 이러한 사람들을 찾아야 한다는 것을 말한다. 교회는 가진 사람들의 교회 그래서 가진 사람들의 욕구를 충족시키며 그들의 모든 지휘와 특권을 유지하는 것을 직·간접으로 도와주는 교회가 되어서는 안 된다. 이러한 일을 행하는 교회는 예수님의 교회가 아니다. 교회가 예수님의 교회가 되려면, 종과 같은 사람들의 편에 서서 그들과 함께하는 모습을 보여 주어야 한다. 교회는 이 세상의 영광을 추구해서는 안 된다. 세상의 영광을 얻고 싶어 하는 유혹을 벗어 버리고, 오히려 이 세상의 낮은 사람들과 함께 웃고 함께 우는 사랑의 공동체가 되어야 한다.

> 내가 주릴 때에 너희가 먹을 것을 주지 아니하였고 목마를 때에 마시게 하지 아니하였고, 나그네 되었을 때에 영접하지 아니하였고 헐벗었을 때에 옷 입히지 아니하였고 병들었을 때와 옥에 갇혔을 때에 돌보지 아니하였느니라 하시니, 그들도 대답하여 이르되 주여 우리가 어느 때에 주께서 주리신 것이나 목마르신 것이나 나그네 되신 것이나 헐벗으신 것이나 병드신 것이나 옥에 갇히신 것을 보고 공양하지 아니하더이까, 이에 임금이 대답하여 이르시되 내가 진실로 너희에게 이르노니 이 지극히 작은 자 하나에게 하지 아니한 것이 곧 내게 하지 아니한 것이니라 하시리니, 그들은 영벌에, 의인들은 영생에 들어가리라 하시니라.[274]

> 누구든지 하나님을 사랑하노라 하고 그 형제를 미워하면 이는 거짓말하는 자니 보는바 그 형제를 사랑하지 아니하는 자는 보지 못하는바 하나님을 사랑할 수 없느니라. 우리가 이 계명을 주께 받았

---

274) 마태복음 25장 42~46절.

나니 하나님을 사랑하는 자는 또한 그 형제를 사랑할지니라.[275]

서로의 아픔을 같이 나누는 현장에 사랑과 이해가 있다. 아픔을 나누지 않으면 사랑도 나눌 수 없다. 예수님은 우리와 같은 고통의 삶을 사시면서 우리를 이해하시고 사랑하시고 도와주셨다. 오늘 우리에게 성탄의 의미에 대해 칼 바르트의 말을 되새겨 본다. "크리스마스 사건은 '우리에게' 관계있는 '우리에게' 대하여 '우리들' 때문에 일어난 사건이다."

4. 나오는 말

성탄절의 주인공은 산타클로스가 아니다. 성탄은 이 땅에 구원자로 오신 예수님께 경배하며 예배드리는 날이다. 그러므로 이날은 그저 즐겁게 놀고 쉬며 즐기는 날로 그쳐서는 안 된다. 이날을 의미를 되새기면서 하나님의 사랑을 실천하는 날로 삼아야 한다.

하나의 방안으로 성탄절을 성탄절답게 바꿔 나가는 기독교문화변혁의 날로 정하면 좋을 것 같다. 이날 예배를 우리 교회만 드릴 것이 아니라, 이웃 주민 초청 큰 잔치로, 그야말로 지역축제로 드리는 것이다. 이것이 가능함은 이미 비기독교인들도 성탄의 의미와 관련된 찬송을 어느 정도 알고 있다. 그러기에 성탄절 예배를 이웃과 함께하는 열린 예배로 하여 이웃과 소통하는 문화축제로 자리매김하도록 하면 좋을 것이다.

---

275) 요한일서 4장 20절~21절.

성탄절 헌금은 전액 구제헌금으로 하면 좋겠다. 아직도 우리 주위에는 경제적인 한파로 고통받는 이웃이 너무도 많다. 이들에게 성탄절은 축제도, 휴일도 아닌 그저 고통의 연속일 뿐이다. 거리마다 울려 퍼지는 캐럴송, 환하게 빛나는 성탄 트리도 그저 그림의 떡일 뿐이다. 이들에게 성탄의 기쁜 소식을 전해 주는 실제적인 사랑 나눔이 되어 성탄의 기쁨을 나누는 것이다. 그리고 성탄에도 쉬지 못하는 이들에게 찾아가면 좋겠다. 누가복음에 나오는 목동들처럼 성탄절에도 일을 해야 하는 사람들이 많다. 이들은 성탄절 예배와 축제에 올 수가 없다. 주어진 사명과 부여된 일터를 떠날 수 없다.

눈여겨 살펴보면 우리 주변에는 이런 사람들이 엄청나게 많다. 쉽게 떠오르는 사람들이 국군 장병들이고, 그 외에 경찰관들과 병원 종사자와 소방 관계자 등일 것이다. 이들에겐 휴일이 오히려 더 긴장해야 하는 날이다. 또한 각종 서비스계통에서 일하는 이들이 많다. 이런 곳들은 쉬는 날이 더 바쁘다. 여기서 일하는 이들에겐 성탄절은 더 열심히 일해야 하는 날로 다른 이들의 쉼과 즐거움을 부러워할 여유조차 없다. 우리는 이들의 노동을 당연하게 여기고 외면할 것이 아니라, 간단히 먹을 수 있는 음식을 만들어 찾아가는 수고를 해 보는 것이다. 이들이 음식을 먹는 시간 동안만이라도 쉼을 갖도록 대신 일터를 지켜 주는 수고도 아끼지 말아야 한다. 이런 작은 사랑의 발걸음들이 퍼져 나갈 때 진정한 성탄의 기쁜 소식은 온 세상에 어둠과 절망을 몰아내는 빛 된 희망으로 자리매김할 것이다.

목사가 채워야 할 참된 가치[276)]

1. 들어가는 말

오늘 우리 기독교계에는 고학력 목사들이 많다. 대학은 기본이고, 석사 학위를 넘어 박사학위소지자도 많다. 이른바 어느 정도 규모를 갖춘 교회 목사들은 목회학석사는 기본이고, 신학석사, 선교학석사, 교육학석사 등으로 석사학위를 더하고 여기에 그럴싸한 박사학위도 갖췄다. 이렇게 목사들의 높은 학위가 많다보니 석사·박사학위 취득이 쉬운 것같이 느껴질 정도이다. 그런데 공부 많이하고, 전문적인 학식을 갖춘 목사들의 학위가 우리 기독계의 자랑이 되면 좋겠는데 가만히 그 실상을 알게 되면 자랑은커녕 부끄러움을 느껴야만 하니 안타까운 일이다.

---

276) 이 글은 졸저, 『사람은 잇대어 살아야 해요』(파주: 이담북스, 2010)에서 다룬 수필 형식의 글을 논문형식으로 수정·보완한 것이다.

우리 기독교가 학력 콤플렉스와 같은 비본질적인 가치에서 벗어나 참된 가치를 지향하기를 기대해본다.

2. 왜 이렇게 목사들의 학력이 높아지는가?

오늘 우리의 현실은 넘쳐나는 신학대학원 졸업자들로 교회 부임의 경쟁이 치열하다. 날이 갈수록 목사의 자격 기준이 높아지고 있다. 이제는 1960~70년대 당시에 주요 자격기준이었던 목사들의 소명과 열정만으로는 부족한 실정이다. 쏟아지는 신학대학원 졸업자들의 틈바구니 속에서, 전임 전도사나 부목사 자리 잡기도 점점 더 힘들어지고 있고, 담임목사 자리는 더욱 더 힘든 경쟁 가운데 놓이게 되었다. 이제는 석사학위로는 부족하고 박사학위와 함께 중대형 교회의 부목사 경력이 없으면 중소형 교회의 담임목사자리에도 지원하기 힘든 상황이다. 교회성장이 멈추고 목사는 많이 배출되면서 목회지를 구하는 것이 힘들어졌다. 더욱이 많은 교회에서 아들에게 담임목사직을 세습하는 추세와 힘있는 장로를 아버지나 장인으로 둔 이른바 현대판 '성골'이나 '진골'이 누리는 혜택을 누리는 목사가 아닌 대다수 '평민' 출신 목사에게는 더더욱 목회지를 찾기가 어려워졌다.

그러다보니 석, 박사를 취득하여 자신의 상품가치를 높이려 하는 현상이 벌어졌다. 교회들도 목사 청빙에 석사, 박사학위 취득을 유리한 조건으로 내세운다. 이러한 학위는 목사 청빙에서도 유리한 조건으로 작용한다. 가끔 교계신문을 보면, 이른바 말하는 큰 교회의 경우 목사청빙 지원 자격으로 신학대학원 석사는 기본이고, 이에 더해서

박사학위를 요구한다. 그러다보니 목사들이 너도 나도 박사학위를 취
득하려고 안달이다. 이러한 모습은 한국교회 안에서 대세로 굳어지고
있는 분위기이다.[277]

3. 목사들의 박사학위가 갖는 문제

　박사학위를 취득한다는 것은 전문적인 특정 분야에서만큼은 다른
사람의 지도를 받지 않고, 스스로 연구할 만한 자격을 갖추고 있다는
'학문적 자격증'의 한 종류를 뜻한다. 다시 말해서 학문적으로 성숙한
단계에 이르렀다는 증명서이다. 그러므로 박사는 그 사람의 학문적
성과와 부수적으로는 인간의 성숙도를 인정하는 더없는 명예이고, 한
눈 팔지 않고 그 분야를 절차탁마(切磋琢磨)한 데 대한 사회적 평가이
다. 그런데 어처구니없는 일들이 벌어지곤 한다. 외국에 잠시 나갔다
가 귀국하면서 '박사학위'를 소지하고 오는 경우가 있다. 이것이 어떻
게 된 일인지, 감탄을 금치 못하면서 의구심을 갖게 된다. 어떻게 된
일인지 일반적인 상식으로는 이해할 수가 없다. 단지 2~4주, 6개월
혹은 1년~2년 만에 박사학위를 취득한다는 것은 그 사람의 능력이
탁월하게 뛰어나든가, 아니면 다른 편법이 끼어 있는가, 둘 중의 하나
일 것이다.[278] 안타까운 사실은 이렇게 취득한 목사들의 박사학위의

---

277) 지난 날 신학생들이 주로 기도와 성서 연구 및 개인의 영성수련에 치중했다면, 요즘 신학생들과 목사들
　　은 더 나은 곳을 향하기 위해, 남보다 유리한 학력과 경력 갖춤의 스펙 쌓기에 열을 올리고 있다. 이런
　　측면들을 고려해볼 때, 여러 가지 측면에서 국내의 목사보다 유리한 입장에 있는 미국파 목사를 선호하
　　는 분위기는 계속될 전망이다. 김승호, "목회자 청빙의 경향과 유형, 그리고 전망"《목회와 신학》(통권
　　257호, 2010년 11월호), p.93.

278) 이에 대해 집중 취재한 자료로 기독교신문 취재팀 편, "박사학위 선호 풍토: 세속적인 '박사'가 안수 받

대부분이 '가짜'라는 사실이다. 우리나라 목사들 중에는 외국의 정체불명의 신학교육 기관에서 취득한 석사, 박사가 된 경우가 많다. 최근에는 우리나라 여러 신학대학교에 석사, 박사학위 과정이 생겼다. 그러나 그 이전에는 불법 혹은 편법으로 석사와 박사학위 과정을 운영했다. 몇몇 유명 신학대학교는 교육과학기술부가 인정한 석사가 아닌 교단 인정이라는 명목으로 법적 인원의 몇 배를 뽑아서 운영했고, 미국 등의 신학대학원과 연결해서 석사, 박사학위 과정을 운영했다. 이렇게 운영하여 취득한 졸업장과 학위증은 우리나라의 현행법으로는 분명 무인가 혹은 비인가 학위로 지나치게 말하면, 가짜이다. 그런데 아직도 유명 신학대학에서는 교단인정이란 명목으로 교육과학기술부가 인정하지 않는 신학대학원과정과 석사와 박사학위 과정을 운영하고 있다.

얼마 전 한 기독교계 신문에서 외국에서 취득한 박사학위의 진위를 취재한 기사를 읽어 본 적이 있다. 우리 기독교계에서 유명한 목사들도 엄밀하게 말해서 가짜 학위소지자라고 한다. 알고 보니 이들이 공부하고 취득했다는 외국 신학대학원은 학문적인 깊이는커녕 기본적인 학문탐구를 위한 시설조차 갖추지 못한 곳이거나 해당 국가에서도 잘 알지 못하는 정체불명이었다고 한다. 더욱이 학위를 취득했다는 목사는 그 학교에 가본 적도 없었다. 심지어 박사학위 논문이라는 게 해당국가의 언어가 아닌, 우리말로 된 것인데 어떻게 지도교수가 학위를 심사한 것이지 모호할 뿐만 아니라 논문 제목과 주제도 해당국가와는 무관한 우리나라에 따른 주제였다. 심지어 기본적인 논

은 '목사'보다 좋다", 기독교신문사 편집부,『한국교회의 허와 실(I)』(서울: 쿰란출판사, 1992), 262-279 참조.

문작성법도 갖춰지지 않은 경우도 있었고, 논문작성도 부목사나 전도사를 시켜 여기저기 남의 논문을 짜깁기하여 쓰게 한 논문이었다. 그러면서도 어이없게도 이렇게 취득한 외제(外製) 박사 학위를 가지고 교회에서 버젓이 학위취득 감사예배를 드리고, 축하만찬을 한다. 그 비용은 고스란히 교인들이 낸 헌금이었다. 오죽하면 외국박사학위를 신고받는 한국연구재단에서 제일 못 믿는 학위가 목사들의 박사학위라고 한다.[279] 목회학박사를 영어표기 약자로 'D. Min.'이라고 한다. 목사들 세계에서는 목회학박사에 대해, 말장난으로 돈을 디민(D. Min.)박사라고 한다. 그만큼 목회학박사가 돈만 들이밀면 쉽게 취득이 가능하다는 말이다.

부끄럽지만 필자도 어느 무인가 신학교와 미국의 신학대학원이 공동 운영한다는 목회학박사 학위과정을 몇 학기 수학한 적이 있다. 필자도 모르게 미국 박사라는 타이틀을 갖고 싶은 헛된 생각에 미련한 짓을 하고 말았다. 그런데 공부하다보니 '이건 아니다' 싶어 그만 두고 말았다. 등록금이 저렴해서 좋았지만 교과과정이나 강의수준이 너무도 허술하였다. 가만히 생각해보니 이렇게 취득한 학위를 스스로에게도 부끄러움으로 남을 것만 같았다. 지금 생각해도 어처구니없는 일을 한 것 같아 얼굴이 화끈거린다. 그런데 요즘도 기독교계 신문을 보면, 우리나라에서 쉽고, 빠르고, 저렴하게 미국·캐나다·필리핀 등의 나라에 있는 신학대학원의 석사학위나 박사학위를 취득할 수

---

279) 한국연구재단 자료에 의하면, 2003년 1월부터 2007년 7월까지 외국에서 박사 학위를 받고 재단에 신고한 사람은 943개 대학 7,765명이었다. 그런데 이들 중 비인가 대학에서 박사 학위를 받은 사람이 276명에 이르고 이중 목회학 등 기독교(개신교) 관련 학위를 받은 사람이 140명으로 절반 이상이었다고 한다. 한국연구재단이 국회 교육위원회 유기홍 의원에게 제출한 국정감사 자료≪연합뉴스≫(2007년 8월 24일자). 남가주의 코헨대학교 신학대학원에서 89명이 가짜 박사 학위를 받아 우리나라에서 활동 중인 것으로 밝혀졌는데, 이들 가짜 박사들은 주로 대형 교회 목사로 나타났다. 한국연구재단이 국회 교육위원회 주호영 의원에게 재출한 국정감사 자료≪크리스천투데이≫(2006년 10월 25일자).

있다는 광고가 심심치 않게 나온다. 이런 경우 대부분 필자가 경험한 것처럼 국내 대학의 등록금보다 저렴하지만 강의 수준이 허술하기 짝이 없을 것이다. 쉽게 말해, 대충 싸게 공부하여 외제 석사나 박사가 될 수 있다. 꼭 이렇게 외화 낭비를 해가면서 이런 석사, 박사가 되어야하는 걸까? 목사들이 이렇게까지 학위를 취득해야만 하는 걸까? 목사들의 학비는 빠듯한 교회 예산으로 하거나, 사모들이 부업으로 충당한다. 목사들은 코흘리개 아이들의 헌금과 힘겨운 삶의 현장에서 허리가 휘도록 노동하여 바친 헌금을 아낌없이 비싼 등록금으로 쏟아 붓는다. 그렇게 해서라도 열심히 공부하면 좋으련만 공부는 뒷전이고, '어떻게 하면 대충 공부하고 학위를 빨리 딸 수 있나' 하는 궁리를 한다는 이야기도 들린다. 우리나라에는 신학관련 대학들이 너무도 많다. '악어와 악어새'라고나 할까? 부실한 신학관련 대학들은 학위를 취득하려는 목사들을 위해, 학위를 남발한다.

기독교텔레비전을 보면, 설교자 가운을 박사학위 가운으로 해서 강단에 서는 목사들이 많다. 대학에서 교수들은 중요한 예식에서만 박사학위 가운을 입거나 아예 안 입는다. 그런데 목사들은 제발 좀 알아달라는 표현으로 자신이 박사임을 드러내고 싶어 안달이다. 목사들 중 더러는 자신의 학위를 자랑하고 싶어서 안달이다. 기회만 되면 그 사실을 드러낸다. 아니 기회를 만드는 것 같다. 자신의 교회 주보에 학위를 게재하고, 명함에 새기고, 경력사항에 학위를 취득했다고 드러낸다. 이러한 과시는 자신의 학위가 고품격 상품이라는 인식의 표현일 것이다. 이러한 엘리트주의를 부추기는 학벌과 학력 카르텔은 배타적일 수밖에 없다. 학력 콤플렉스는 우리 사회에 내면화된 폭력 현상이다. 한국교회 설교자들이 목사 가운에 박사학위 문양을 표식

(表式)하는 것은 이러한 폭력 구조가 교회를 통해 확대·재생산되고 있음을 보여 준다.[280]

4. 목사가 참으로 갖춰 나가야 것

목사들이 진정으로 공부를 하려는 것이 아닌, 학력 인플레를 맞아 남보다 더 우수한 경쟁력을 갖추려고 학위를 추구해야만 하는 걸까? 한 사람의 자연인에게 사역자로서 봉사할 수 있다는 의미로 주어지는 안수, 즉 '목사'라는 타이틀은 목사에게 있어서는 최고의 직함이라고 할 수 있다. 더구나 인간이면서도 일반적인 인간이상의 직무와 태도를 요구하는 '목사'라는 직함은 그 자체에 '세속적인 지위' 이상의 의미가 내포되어 있다. 그러기에 목사안수는 함부로 해서도 안 되고, 받아서도 안 되는 것으로, 평생 한 번만 받는 것이다. 그럼에도 우리나라 목사와 교인들은 세속적이기만 한 직함인 석사, 박사와 같은 학위나 직위에 따른 권력과 명예로 자리를 중시한다.

사실 목사가 갖춰 나가야할 것은 자신의 상품적 가치를 위한 학력(學歷)이 아니라, 치열하게 성서를 바라보고, 오늘의 현실을 해석해내는 학력(學力)이다. 그런 점에서 오늘 우리나라의 목사재교육 신학교육기관의 학위과정은 문제가 많다. 이름만 신학분야 전문대학원이지, 일반대학의 경영, 교육, 복지, 상담대학원과 다를 바가 없는 것 같다. 교과과정을 보면, 성서의 깊이를 배우는 교과목이나 신학의 깊이를

---

280) 이에 대해서는 미셸 푸코가 현대 형벌 체제의 기원을 탐구하는 과정에서 권력에 의한 폭력의 구조를 명료하게 드러내 주었다. 미셸 푸코,『감시와 처벌』, 오생근 옮김 (서울: 나남출판사. 2007) 참조.

튼튼히 갖추도록 하는 조직신학 교과목은 찾아보기 힘들고, 그저 가볍고 단기간에 적용 가능한 프로그램 위주의 교과목이 많다. 우리나라의 목사 양성교육과 재교육의 학문적 깊이가 얼마나 가벼운 지는 목사들의 설교에서 잘 드러난다. 성서의 배경사나 2천여 년의 교회사와 깊은 조직신학적 논의의 축적과 우리 문화에 대한 이해가 없이 그저 가벼운 예화로 치닫든 설교들이 많다.[281]

이러한 우리의 현실을 보면서 몰트만이 말한 교회의 시장성을 생각해 본다. 그는 '시장화된 종교'를 가리켜 복음을 상품으로 만들어 선전하는 것으로, 그 내용은 "행복, 성공, 자의식의 메시지"라고 비판했다.[282] 실제로 우리나라 개신교의 방송매체는 '시장화된 종교'의 모습을 보여 준다. '방송선교헌금'이라는 명목으로 돈을 낼 수 있는 대형 교회의 목사들이 방송을 독점한다. 소수의 대형교회 목사들의 메시지는 축복, 성공, 건강이라는 주제로 국한되어 있다. 이러한 교회들은 수백억~수천억을 들인 교회당과 화려한 교회 프로그램을 보여 주면서 자기 교회에 올 것을 홍보하고, 돈을 들여 잘 만든 홈페이지를 활용한다. 대형교회들은 교회 홈페이지에 담임목사 소개란을 만들어 화려한 학력과 경력으로 교회를 홍보한다. 이러다보니 교회 간 정보에 대한 부익부 빈익빈 현상이 드러나게 되고, 교회들마다 자본화된 성공지향에 중점을 두게 된다. 담임목사들은 자신의 상품성을 높이기 위해 박사학위와 직함에 민감하게 되면서 이에 따른 부작용의

---

281) 이러한 성서신학과 조직신학의 깊이가 결여된 가벼운 설교에 대한 비평은 조직신학자이면서 현장목회를 하는 정용섭의 지적이다. 정용섭,『속 빈 설교, 꽉 찬 설교』(서울: 대한기독교서회, 2006),『설교의 절망과 희망』(서울: 대한기독교서회, 2008) 참조.

282) Jürgen Moltmann, "Ist der Markt das Mass aller Dinge?", Rudolf Weth(Hg.), Tatale Markt und Menschenwürde, Neukirchener, 1996, p.84를 손규태, "오늘날의 경제윤리-신자유주의 세계경제체제의 비판",『지구화와 사회윤리-변화된 노동관계』(서울: 다산글방, 2003), p.29에서 재인용.

모습이 사회적 문제로 드러나기도 한다.[283]

보드리야르(J. Baudrillard)는 현대사회를 '소비의 사회'로 규정하고 소비되는 상품의 가치에 따라 사람의 사회적 지위나 가치도 결정된다고 말했다. 이러한 산업사회의 상품화 현상이 교회와 설교에도 그대로 유입되어 있다. 그야말로 교회는 '박사 학위 설교자'라는 상품을 판매하고, 회중은 그것을 소비하는 시장의 구조로 재편된 것이다.[284]

목사가 갖춰 나가야할 것으로 차정식은 바쁜 목회일정에서도 잊지 말아야할 영성수련을 일깨워주었다. "세속의 소리는 늘 반복되는 소리이지만, 그것을 일상의 유의미한 삶으로 바꾸어놓으며 거듭 되살려 내는 것은 태초의 고요다. 그 싱싱한 태초가 회복되면서 다시 세속을 맞아들이는 지점에는 시각과 청각이 처음 열리면서 식별하는 순간의 낯선 풍경이 있다."[285] 벤 존슨도 목사가 갖춰나가야 할 것으로 부단히 자신의 목회현장과 삶 속에서 영적 깊이를 발견해나가야 함을 강조하였다. "오늘날 교회가 직면한 가장 비판적인 문제들 가운데 하나는 목사의 자기정체성에 관한 것이다. 진정한 자기정체성에 대한 연구는 목사들 그들 자신의 고유한 영적 깊이를 발견할 것을 요구한다. 또한 그것이 자신의 목회현장과 삶의 현장에 깊은 관계가 있다는 것을 잊어서는 안 된다."[286]

아브라함 요수아 헤셸은 세속에 매몰되어 살지 않도록 하늘을 바라보는 경외를 제시하였다.

---

283) 목사들의 외국 무인가 박사학위 소동, 목사들의 수많은 직함 남발, 교단장과 단체장 선거에 거액의 금품 수수 사건 등.

284) 김선주,『한국 교회의 일곱 가지 죄악』(서울: 삼인, 2009), p.117.

285) 차정식,『일상과 신학의 여백』(서울: 두란노아카데미, 2010), p.70.

286) Ben Campbell Johnson, Pastoral Spirituality: A Focus for Ministry (Philadelphia: Westminster, 1988), p.12.

경외는 우리로 하여금, 세계 속에서 넌지시 비춰는 하늘의 뜻을 보
게 한다. 작은 사물에서 무한한 의미가 비롯됨을 보게 한다. 흔하
고 단순한 것에서 궁극적인 것을 보게 한다. 지나치는 급한 흐름
속에서 영원의 고요함을 느끼게 한다. 그러므로 경외는 신앙에 앞
서는 것으로, 신앙의 뿌리에 놓여 있다. 신앙에 이르기 위해서 우
리는 경외 가운데 성장해야 한다. 헛된 자만심으로 인해 당신의 우
러러보는 능력을 위축시킬 때, 우주는 당신 앞에 하나의 장터가 되
고 만다. 경외의 상실이야말로 바르게 보는 것을 가로막는 가장 큰
장애물이다. 가장 위대한 통찰은 경외의 순간에 이루어진다.[287]

5. 나오는 말

오늘날과 같이 복잡다단한 세상에서 목사들이 더 많이 공부하려는
지적 욕구와 이에 따른 성취는 좋은 일이다. 그러나 이러한 욕구가
지나쳐서 엉터리거나 엉성한 학위를 마다하지 않는 자세와 이를 활
용해서 자신의 고품격 상품적 가치를 높이려는 것은 심각한 목사로
서 자기정체성의 문제이다. 혼탁한 시대를 살아가는 오늘의 목사에게
필요한 것은 석사, 박사라는 학위가 아니다. 우리 목사는 말을 많이
해야 한다. 아마 전 세계에서 우리나라 목사들이 설교를 가장 많이
할 것이다. 목사의 말은 설교로 그치지 않는다. 잦은 심방과 교인 상
담과 교회 행정과 교단 정치 등으로 말을 많이 할 수밖에 없다. 이렇
게 바쁘다보면 자칫 기도할 시간, 성서를 깊이 묵상할 시간, 고요히
자신을 돌아보며 자연을 바라보는 여유도 없다. 그런데도 목사는 끊
임없이 말을 해야만 한다.

---

287) 아브라함 요수아 헤셀, "지혜에 이르는 유일한 길"《기독교사상》(623권, 2010년 11월호), p.39.

말은 사람됨을 드러내는 중요한 수단이다. 말은 사람의 '속'으로부터 '밖'으로 나오는 것이다. 따라서 말을 하는 사람의 '속'에 무엇이 있느냐에 따라서 그 사람의 말이 달라진다. 그러므로 목사의 '속'은 온전히 관리되어야만 온전한 말이 나온다. 그 '속'의 뿌리는 영성일 것이며, 그것이 드러나 행위로 나타날 때 우리는 그 형태를 리더십이라고 부를 수 있으며, 그러한 말과 행동을 나타나게 하는 기준은 바로 '윤리의식'이 될 것이다.

목사는 본질이 아닌 비본질적인 세속적 가치에 물든 모습에서 벗어나야 한다. 목사가 자신의 정체성을 올바르게 정립하지 못하면 비본질적인 문제들로 인하여 자신의 소명과 사역의 방향을 잃게 되고, 결국 이러한 방향상실은 목사 자신은 물론이고 교회와 사회까지도 나쁜 영향을 끼치게 된다. 오늘 이 시대의 목사에게 요구되는 것은 비본질적인 세속의 가치 추구가 아니다. 우리 목사가 부단히 채워가야 할 것은 끊임없는 자기성찰을 통한 신앙적 고뇌와 신학적 깊이 그리고 낮은 곳을 향하는 사랑의 실천일 것이다.

오늘 이 시대를 살아가는 목사의 한 사람으로서 도덕적인 자기성찰과 기독교윤리적인 삶을 일깨워주는 시 두 편을 마음 깊이 되새기면서 글을 마치려 한다.

십자가(十字架)

윤동주

쫓아오던 햇빛인데
지금 교회당(敎會堂) 꼭대기
십자가에 걸리었습니다.

첨탑(尖塔)이 저렇게도 높은데
어떻게 올라갈 수 있을까요.

종소리도 들려 오지 않는데
휘파람이나 불며 서성거리다가

괴로웠던 사나이
행복한 예수 그리스도에게
처럼
십자가가 허락된다면

모가지를 드리우고
꽃처럼 붉은 피를
어두워 가는 하늘 밑에
조용히 흘리겠습니다.

우리 동네 목사님

기형도

읍내에서 그를 본 것은 이번이 처음이었다.
철공소 앞에서 자전거를 세우고 그는
양철 홈통을 반듯하게 대장장이의
망치질을 조용히 보고 있었다.
자전거 짐틀 위에는 두껍고 딱딱해보이는
성경책만한 송판들이 실려 있었다.
교인들은 교회당 꽃밭을 마구 밟고 다녔다, 일주일 전에
목사님은 폐렴으로 둘째 아이를 잃었다, 장마통에
교인들은 반으로 줄었다, 더구나 그는
큰 소리로 기도하거나 손뼉을 치며
찬송하는 법도 없어
교인들은 주일마다 쑤군거렸다, 학생회 소년들과
목사관 뒷터에 푸성귀를 심다가
저녁 예배에 늦은 적도 있었다.
성경이 아니라 생활에 밑줄을 그어야 한다는
그의 말은 집사들 사이에서
맹렬한 분노를 자아냈다, 폐렴으로 아이를 잃자
마을 전체가 은밀한 눈빛을 주고 받으며
고개를 끄덕였다, 다음 주에 그는 우리 마을을 떠나야 한다.
어두운 천막교회 천장에 늘어진 작은 전구처럼
하늘에는 어느덧 하나둘 맑은 별들이 켜지고
대장장이도 주섬주섬 공구를 챙겨들었다.
한참 동안 무엇인가 생각하던 목사님은 그제서야
동네를 향해 천천히 페달을 밟았다, 저녁 공기 속에서
그의 친숙한 얼굴은 어딘가 조금 쓸쓸해 보였다.

제2부

기독교윤리와 수필

영화 〈밀양〉이 보여 준 용서의
참혹함과 기독교의 자화상

1. 들어가는 말

오늘날 우리에게 영화는 무엇인가? 우리는 영화를 통해 현실에서 경험하지 못하는 새로운 세계를 접하면서 카타르시스를 접하곤 한다.[288] 그러기에 영화는 우리 삶의 수많은 이야기들을 적절하게 그려내는 매체이다. 이런 점에서 영화는 현대인들에게 현실에서는 체험할 수 없는 것을 실현해 준다.[289] 이런 점에서 엘리아데는 영화라고 하는 꿈의 공장이 수많은 종교적 주제인 신화적 세계를 사용하고 있다고 말한다.[290] 그야말로 영화가 그려내는 종교적인 주제는 영화의 상

---

288) 엘리아데는 영화 등 현대사회의 매스 미디어가 대중에게 부과하는 영상과 행위 형태의 신화적 구조에 대해서 체계적인 분석을 제시하였다. 신화적 세계 속에는 인류의 보편적인 원형이 담겨 있다. 우리가 영화의 세계로 침잠되는 이유도 그 속에 인류의 보편적인 원형(archetype)이 담긴 신화적 상상이 배어 있기 때문이다. 그러므로 영화는 신화적 상상의 산실이며, 신화를 꿈꾸는 인간의 무대이다. Mircea Eliade, 『신화와 현실』(서울: 성균관대학교 출판부, 1985), pp.217~222 참조.

289) 신광철, "영화의 종교적 구조에 대한 성찰: 영화, 종교(학)적으로 읽기를 위한 예비적 작업", 『종교문화연구』(제4호, 2002년 10월, 한신인문학연구소), pp.15~28 참조.

290) Mircea Eliade, *The Sacred and the Profane: the Nature of Religion*(New York: Harcourt Brace & World, Inc., 1959), p.205.

업성을 넘어 종교적인 연구 주제를 제공한다. 이런 점에서 영화는 종교적인 주제를 담고, 인간의 삶을 묻는 중요한 매체이다.

이 글에서는 이창동 감독의 <밀양>이 보여 준 용서의 참혹함과 그 속에서 그려진 기독교의 소통방식을 고찰해 보려고 한다.

2. 이창동의 영화가 보여 주는 소통방식

흔들리며 피는 꽃

도종환

흔들리지 않고 피는 꽃이 어디 있으랴
이 세상 그 어떤 아름다운 꽃들도
다 흔들리면서 피었나니
흔들리면서 줄기를 곧게 세웠나니
흔들리지 않고 가는 사랑이 어디 있으랴
젖지 않고 피는 꽃이 어디 있으랴
이 세상 그 어떤 빛나는 꽃들도
다 젖으며 젖으며 피었나니
바람과 비에 젖으며 꽃잎 따뜻하게 피웠나니
젖지 않고 가는 삶이 어디 있으랴

이 시를 읽고 있으면 고통의 인생길에서도 삶을 긍정하며 고난의 무게에 짓눌려 무너지는 삶도 사랑으로 다시 일구어 내는 시인의 진실한 목소리가 가슴을 울린다. 그것은 고통이 결코 남의 일이 아니고 언제나 내 곁에 그림자같이 있었으며, 지금 이 순간에도 나의 현실이 될 수 있다는 것을 알기 때문이리라. 고통의 바람에 흔들리고 고통의 눈물 없이 가는 인생이 어디에 있겠는가. 그런데 때때로 고통은 순식간에 삶을 꺾어 버리고 파괴해 버리는 것 같았지만, 지나고 보면 그 것이 마지막이 아니라, 실상은 오래지 않아 다시 일으켜 세우고 아픔을 체험한 만큼 더 단단해지게 하는 소중한 자신이 됨을 발견하곤 한다. 이렇게 보면 삶이란 참 신비로운 것 같다. 처참한 고통 속에서 울부짖는 사람들의 흔들리는 몸부림에 따스한 햇살이 되고 싶다.

이창동 감독의 영화는 흥행보증수표의 공식 3원칙인 코미디, 폭력, 선정성 같은 것을 모르는지, 아니면 의도적으로 무시하는지 잘 드러나지 않는다. 그것도 한 가지만이 아닌 세 가지 모두이다. 감독의 관심은 그저 우직하게 시대의 아픔을 담아내는 이야기를 슬그머니 꺼내 놓는다. 현대인은 세상이 복잡하고, 살기 힘들다고들 하니 영화도 쉬운 소재로 편안한 자세로 웃고 마는 것으로 여기고 싶어 한다. 이런 생각은 우리 대중문화의 기저를 이루는 듯한다. 요즘 나오는 대중문화는 가볍다. 머리 아프게 만드는 것들은 TV, 라디오, 영화 등에서 쉽게 찾아보기 어렵다. 요즘 시대에 무거운 소재로 머리 아프게 하는 것은 그야말로 돈 내고, 시간 내서 영화를 봐 주는 관객을 모독하는 것이다.

그러나 이창동 감독은 세련된 도시문명의 화려함이 아닌 우리 시대의 아픔과 상처들을 사실적으로 드러내면서 자신이 하고 싶은 이야기를 담담하게 그려나간다. 그러기에 내가 본 그의 영화 <초록물고기>, <박하사탕>, <오아시스>를 보고 나면 가슴이 답답해지는 느낌을 갖곤 한다. 영화 <밀양>도 따사로운 햇살 가득한 하늘에서 시작해서, 악취 가득한 구정물 범벅인 이 세상 속으로 관객을 끌어들인다. 그럼에도 불구하고 이창동 감독의 영화를 보게 되는 것은 그의 영화들이 담아내는 치열한 진실을 찾아가는 몸부림이 드러나기 때문일 것이다. 철학자 김상봉은 자신의 글쓰기를 이끌어 가는 추동인(推

動因)을 '분노'라고 말한다. 영화감독 이창동은 자신의 영화를 이끌어가는 원동력은 '진실'이 아닐까 싶다.

영화 <밀양>의 원작소설 제목은 『벌레 이야기』이다. 작가 이청준은 이 단편을 통해 묻고 싶었다. '지옥의 나락으로 떨어지는 절망' 속에서 인간의 존엄성이 어떻게 무너져 가는가를, 그리고 소위 "주체적 존엄성이 짓밟힐 때 한갓 벌레처럼 무력하고 하찮은 존재로 전락할 수밖에 없는 인간은 그 절대자 앞에 무엇을 할 수 있고 주장할 수 있는가"를.

필자는 영화 <밀양>을 보면서 '역시! 이창동 감독이다' 하는 생각에 그의 영화에 빠져들었다. 그는 영화의 원작인 이청준의 『벌레 이야기』를 완전히 "인간의 이야기"로 바꾸는 데 성공했다. 대부분의 소설이나 만화와 같은 작품을 영화화했을 때 그 재현의 한계와 왜곡에 대해 실망하곤 하던 나에게 이창동 감독이 펼쳐낸 <밀양>은 그야말로 원작을 잘 소화하면서 새롭게 살려낸 수작(秀作)이다.

이창동 감독은 광주 청문회가 한창이던 1988년, 문학계간지 ≪외국문학≫에서 이 소설을 처음 접하고는 '이게 광주 이야기구나' 싶었다고 한다. 피해자가 용서하지 않았는데 도대체 누가 누구를 용서한단 말인가. 가해자의 참회란 얼마나 진실한 것이며 또 그 진실성은 누가 판단하는가, 소설이 던지는 질문이 가슴에 꽂혔다고 한다. 그런데 사실 이창동은 광주와 거리가 멀다. 그의 고향은 경상북도이다. 그는 그야말로 잘나가는 특권지역인 TK출신이다. 그는 경북대 국어교육과를 나와 국어교사로 평범하게 살아가면 된다. 그의 터전은 물리적인 거리로나 감성적인 거리로도 광주와는 거리가 멀다. 광주와는 아무런 연고도 없다. 외면하고 산다 한들 누가 뭐라 할 사람도 없다.

더욱이 그의 고향은 광주를 짓밟으면서 발전을 거듭해 나가는 측면
이 있다. 그의 고향사람들과 동창들이 정권을 잡고, 세상을 지배하고
있다. 이런 그에게 광주사람들의 고통이 가슴 깊숙이 꽂혔다. 이렇게
새겨진 광주이야기가 영화 <밀양>을 배태시켰다.

이창동 감독은 그때부터 『벌레 이야기』를 늘 마음 속에 품고 있었
다. 그러나 『벌레 이야기』가 영화로 만들어지기까지는 교통사고로 가
족을 가슴에 묻고 1년 남짓 고통에 시달렸던 이창동 감독의 개인적인
경험도 얼마간 작용을 했을 것이다.

오늘을 사는 우리에게 이창동의 영화는 무엇을 말하고 싶은 걸까?
더욱이 그의 영화 <밀양>에서 지나칠 수 없는 아픔이요, 과제가 바
로 믿음과 실천이 하나가 되지 못하는 천덕꾸러기로 비춰지는 오늘
의 기독교이다. 영화 <밀양>이 반기독교적 영화로 규정하고 거세게
반대하던 보수기독교단체들의 항변이 떠오른다.

영화 <밀양>은 두 번의 반전을 축으로 크게 세 장으로 구성된다.
첫 장은 여주인공 신애가 밀양에서 새로운 삶을 시작하는 시기, 두
번째 장은 아들의 사망으로 기독교에 귀의하는 신애의 새로운 삶, 세
번째 장은 유괴범과의 대면 후 신과의 대결을 시도하는 신애의 몸부
림을 다룬 장이다.

3. 영화 구조 분석

영화 <밀양>은 신의 존재, 절망의 끝에 선 한 여인이 어떻게 다시
일어서려 하는가를 보여 준다. 주인공 신애는 뜻하지 않은 교통사고

로 남편을 잃고는 하나밖에 없는 아들을 데리고 아무 연고도 없는 남편의 고향인 밀양으로 향한다. 그러나 신애는 남편이 그토록 그리워하고 살고 싶다던 밀양에서 아들의 유괴라는 처참한 고통의 수렁에 빠지고 만다. 신애가 이 수렁에서 빠져나오려고 몸부림치지만 절박함은 끝내 아들의 죽음 앞에서 정신줄을 놓게 만든다.

밀양에 왔을 때만 해도 신애에게는 새로운 희망이 있었다. 다시는 만날 수 없는 남편의 체취를 만끽하고 싶었던 건지, 남편의 분신인 아들과 함께 햇살 가득한 하늘빛을 받으면서 밀양으로 향한다. 여자가 길로 나섰다는 것은 그만큼 사연이 많다는 의미이기도 하다. 집이 여성의 공간적 메타포라면, 길은 그 반대가 된다. 집 안에 있는 여자는 남자(아버지, 남편, 아들)의 보호 아래 있지만, 길 위의 여자는 그런 보호가 결여된 장애를 짊어진 경우이다. 그러므로 여자에게 길은 불안한 미래요, 불행이 엄습하는 재앙의 상징이다. 아니나 다를까, 첫 장면에서부터 신애는 고장 난 자동차 때문에 어찌할 바를 모른다. 어린 아들을 안심시켜 가면서 여기저기 카센터에 도움을 청하는 것도, 자기가 어디에 있는지조차 분간하기 힘든 신애로서는 쉽지 않다. 궁여지책으로 생각해 낸 것이 비상 깜빡이를 켠 채 구조의 손길이 오기만을 간절히 기다리는 것이다. 이 장면은 마치 신애의 처참한 인생을 구원해 줄 대상을 갈망하는 간절함으로 다가온다.[291]

신애는 서울을 떠나 아주 먼 밀양으로 향한다. 신애에게 서울은 잔인하고 비정한 도시일 뿐이다. 평범한 여성들이 꿈꾸는 것처럼 신애도 피아니스트가 되고 싶었던 꿈을 포기한 채 한 남자의 아내가 되어

---

291) 구미정, "참을 수 없는 진실의 버거움에 대하여", ≪기독교사상≫(통권 583호, 2007년 7월호), p.42 참조.

평범하게 살고 싶었다. 신애는 별다른 욕심 없이 그저 사랑하는 남편과 자식 낳고 도란도란 살림하면서 사는 지극히 당연한 여자의 행복을 꿈꾸었다. 그런데 이 행복에 그만 제동이 걸리고 만다. 자신의 꿈마저 포기하고 이루고 싶은 소박한 꿈이 산산조각이 나고 만다. 사랑하며 믿고 따르던 남편이 사업에 실패하고, 바람을 피운다. 이건 그야말로 신애의 꿈을 담아낸 행복의 근본을 뒤흔드는 처참한 상황이었다. 신애의 남동생 말에서 추론해 보면, 남편의 교통사고도 그의 외도와 깊은 연관이 있다. 그러나 신애는 남편의 외도는 인정하지 않는다. 남동생의 말에, 애써 남편이 자신과 아들을 극진히 사랑했다고 항변한다. 아마도 그렇게 믿고 사는 것이 신애에겐 정신적 안정감을 줄 것이다. 아니, 그럴 수밖에 없었을 것이다. 자신의 꿈을 다 내주고 사랑한 남편이 자신과 아들을 버리고 외도를 하다가 교통사고로 죽었다고 인정하는 순간 자신의 존재는 순식간에 깊은 낭떠러지로 곤두박질 칠 것만 같았을 것이다.

때마침 그곳을 지나가던 트럭운전사의 도움으로 카센터 사장인 종찬이 도착한다. 견인차 앞자리에 나란히 앉은 두 남녀는 참 안 어울린다. 또박또박 서울 말씨를 쓰는 신애와 투박한 경상도 사투리를 쓰는 촌스러운 종찬이 나란히 앉아 있다. 신애는 종찬에게 질문한다. 밀양이 어떤 곳이냐고. 이에 종찬은 말한다. "뭐 사람 사는 데가 다를 게 있겠습니까, 경기는 엉망이고, 한나라당 도시고, 말씨는 부산 말씨고……" 똑같은 질문을 영화 끝즈음에서 신애의 남동생이 한 번 더 묻는다. 밀양이 어떤 곳이냐고. 누나를 처음 만났을 때도 똑같이 묻더라며 너털웃음을 짓던 종찬이 대답한다. "사람 사는 데가 다 똑같지예."

신애에게 밀양은 어떤 곳인가? 사실, 종찬에게 물었던 질문은 신애

자신에게 밀양을 어떤 곳으로 기대하느냐로 물어야 한다. 신애에게서 밀양은 삶의 진실로부터 더 이상 도망치고 싶어도 그럴 수 없는 최후 격전지나 다름이 없다. 자신의 꿈이 산산조각이 나고 그 꿈의 보상으로 이루고 싶었던 작은 소망인 전형적인 여자의 행복마저 앗아가 버린 곳이 바로 서울이다. 이 서울에서 멀리 떨어진 곳, 자신의 상처와 아픔을 아는 사람이 하나도 없는 새로운 곳에서 새로운 삶을 시작해 보려고 찾아든 곳이 바로 밀양이다. 그러나 신애는 새 희망의 터전이 되어야 할 밀양에서 더 큰 희망을 잃고 만다. 신애는 자신을 지키기 위해 가난하고 뭔가 부족한 사람의 대명사인 남편(보호자)이 없는 과부로 보이는 것이 싫어서 자기만의 방어기제로 돈 많은 여자인 체한다. 자본주의 사회에서 남편 없는 여자가 사람 대접받는 길은 오직 돈의 소유일 것이다. 신애는 종찬이 가져다준 가짜 상장을 말로는 거부하면서도 은근슬쩍 묵인한다. 신애의 남동생이 이 상장이 가짜임을 드러내자, 자신이 피아노를 잘 칠 수 있었다고 항변하면서 상장의 '가짜'성을 희석시키려 애쓴다. 남동생도 이런 신애의 항변에 더 이상 진실을 말하지는 않는다. 그렇다면 이렇게 묵인해 준다고 해서 진실은 감춰질 수 있을까? 신애의 자기 방어기제인 위장은 성공할 수 있을까? 그러나 신애의 자기방어의 몸부림은 오래가지 못한다. 자신의 소망인 준이가 유괴되고, 결국 살해당하고 만다. 범인은 하나밖에 없는 아들 준이가 다니던 웅변학원 원장 정도섭이다.

영화 속 정도섭의 인상은 그야말로 전형적인 모범생이다. 화려하진 않지만, 친근함을 주는 인상으로 지극히 평범한 우리 주변에서 쉽게 볼 수 있는 모범적인 남성상이다. 이토록 평범한 모범생 얼굴 속에 감춰진 무서운 폭력이 오늘 우리의 현실이다. 우리는 도저히 그럴 것 같지 않은 가까운 형제 자매나 친척, 친구나 이웃에게 믿고 보증을 섰다가 낭패를 보는 경우를 많이 접한다. 이렇게 가까운 사람에게서 사기를 당하거나 큰 피해를 입어, 금전적인 피해는 물론이고 정신적인 충격과 인간적인 배신감에 어찌할 바를 모르는 경우를 당하곤 한다.

어쩌면 삶의 유일한 소망인 아들을 잃고 허망함에 쓰러진 신애의 얼굴은 존재의 근본마저 위협받고, 빼앗기는 우리 시대의 사회적 약자를 드러내는 것은 아닐까? 그리고 온순해 보이는 친절한 이웃집 아저씨의 인상 속에 감춰진 정도섭의 음흉한 얼굴은 이제는 작은 것 하나밖에 남은 것이 없는 약자에게서 그 하나마저 빼앗으려는 이 시대의 신자유주의가 드러내는 무자비함을 상징하는 것은 아닐까 하는 생각을 해 본다.

평범한 한 여자에게 왜 이토록 참혹한 고통이 연이어 들이닥치는가, 이런 엄청난 불행에도 불구하고 우리는 살아야만 하는가, 우리의 삶에 진정한 구원의 돌파구는 있을까, 만약 신이 세상을 만들었다면 이 모든 고통과 악한 세상도 만들었을까, 만약 신이 존재한다면 이토록 처절한 아픔과 만행을 허용한 것인가, 신의 사랑과 용서는 피해자와 가해자 모두에게 무차별하게 허용되는가. 영화는 말하자면 종교적인 문제, 그중에도 특히 신정론(神正論)이라고 알려진 주제를 드러낸다.

우리는 나쁜 사람을 가리켜, '짐승만도 못한 인간'이라는 말을 하거나, '벌레 같은 인간'으로 말한다. 우리는 문득 눈에 띈 작은 벌레 한 마리를 보고도 기겁을 한다. 누가 가르쳐 준 것도 아닌데 벌레만 보면 징그럽고 흉물스러움에 누구나 치를 떤다. 수많은 다리를 버둥거리며 꿈틀꿈틀 배로 기어 다니는 벌레, 끈끈하고 누런 점액에 가끔

씩 풍기는 역겨운 냄새……. 생각만 해도 소름이 돋는다.

프란츠 카프카의 『변신』은 현대인의 실상을 잘 드러내고 있다. 어느 날 아침 '그레고르'는 여느 날과 다름없이 침대에서 눈을 뜬다. 일상적인 삶의 풍경이다. 그런데 어딘가 달라져 있다. 바로 자기 자신이다. 철갑처럼 단단한 등껍질을 바닥에 댄 채 웅크리고 있는 자신을 발견하고는 소스라치게 놀란다. 카프카는 벌레라는 은유를 써서, 기계 문명 속의 노동자에게 존엄한 인격이라는 것이 가능하기나 한 말인가 되묻는다.[292] 일하는 기계로서 도구적 기능을 다하고 있을 때는 사람대접을 좀 해 주는 것 같다가도, 그러한 기능에 충실하지 못할 때는 가차 없이 벌레처럼 취급해 버리는 비정한 자본주의 체제를 향해 분노를 터뜨린다. 그야말로 마르크스가 지적한 자기표현으로서 노동하지 못하는 노동자의 소외와 왜곡된 현실을 드러낸다. 만약 그레고르가 그날 아침에 그야말로 눈을 뜨지 않았던들, 다시 말해 스스로를 벌레로 자각하는 그러한 눈뜸의 경험이 없었다면, 그는 적어도 인간인 '체'하면서 살아갈 수 있었을 것이다. 그러나 그는 눈을 뜨고야 말았다. 그러니까 벌레는 인간의 존엄성이 무너진 상황을 자각한 실존에게 주어지는 천형(天刑)과도 같은 것인지도 모른다.

4. 고통의 공유방식

고통은 머리가 아닌 가슴으로 공유되어야 하는데 직접적인 몸의 경험이 아니면 이해하기 어렵다. 어쩌면 불가능할 것이다. 그런 점에서

---

292) *Ibid.*, p.40 참조.

종찬은 신애의 고통을 이해할 수 없다. 같은 경험을 공유할 수도 없다. 그러나 놀랍게도 신애는 종찬에게서 위로를 받고, 살아갈 힘을 얻는다. 도대체 종찬은 어떻게 이것이 가능한 걸까? 종찬, 그는 누구인가? 속물이라는 소리를 들어도 그저 허허하고, 그림자처럼 신애 주변을 맴돌며 신애의 고통과 함께한다. 그래서 소설에 비해 영화는 훨씬 덜 절망적인 것 같다. 아니, 종찬이 있음으로 해서 훨씬 더 희망적이다.

영화 속 종찬을 보면서 유대인에 대한 학대와 비극적 죽음을 다룬 영화 <쉰들러 리스트>를 떠올려 본다. 2차 세계대전 당시 유태인에 대한 히틀러의 만행은 이루 말할 수 없었다. 이 영화는 이러한 때, '오스카 쉰들러'라는 한 사업가의 이야기를 다루고 있다. 그는 사업가로서 수용된 유태인들을 이용해서 그릇 제조 공장을 만들고 엄청난 부를 누리게 되었다. 그는 돈과 여자를 매우 좋아하는 사업가였다. 그런 그가 유태인에 대한 독일인의 만행을 목격하면서 조금씩 생명의 소중함을 깨닫게 된다. 그는 수용소의 가스실에서 죽을 운명에 처한 유태인을 자신의 공장으로 빼내기 위해 조금씩 자신의 돈을 쓰기 시작한다. 죽을 수밖에 없는 유태인을 구하기 위해 독일군 장교에게 돈을 건넨다. 이렇게 한 사람, 두 사람 수를 늘리다 보니 자신의 공장에 필요한 인력보다 훨씬 더 많은 사람들을 구하게 된다. 결국 1,200명의 유태인을 구하는 대가로 자기의 전 재산을 내놓았다.

마침내 전쟁이 끝나고 1,200명의 유태인 생존자들과 헤어지게 되었다. 그들은 자신들의 목숨을 구해 준 쉰들러에게 줄 수 있는 것이 없었다. 그 자리에서 생존자들은 목숨을 구해준 은혜에 대한 보답으로 스스로 뽑은 금이빨로 만든 금반지를 쉰들러에게 선물한다. 이 반지를 받아든 쉰들러는 "제가 좀 더 노력했더라면 더 많은 생명을 구할 수 있었을 텐데……" 하면서 감격하여 울었다. 쉰들러에 의해 생명을 건진 사람들이 바로, 쉰들러의 명단이라는 의미의 '쉰들러 리스트'이다. 그때 살아남은 유태인의 후손은 지금 전 세계에 살고 있다. 그때 죽을 수밖에 없는 상황에서 살아남게 된 사람들 중 많은 사람이 지금도 생존해 있다. 이 사건은 실존 인물의 실화이기에 더욱 감동을 주는 이야기이다.

쉰들러는 유태인의 고통이 가슴에 꽂혔다. 그러기에 그는 자신의 재산을 다 주고서라도 한 사람의 유태인을 구하려 한다. 그는 지배층 독일인이지만 억압받는 유태인과 하나가 되어 있다. 우리 사회 지배 출신으로서 이창동이 굳이 광주이야기에 피가 끓고, 가슴에 꽂혔을까?

이창동 감독은 <밀양>에서 우리 사회에 꼭 필요한 쉰들러를 재현해 낸다. 바로 종찬이라는 인물을 통해 고통의 터널을 힘들게 걸어가는 이들을 위해 가장 '기독교적인' 태도를 보여 주고 싶었는지도 모른다. 종찬은 신애의 피아노학원에 국적 불명의 상장을 걸어놓을 만큼, 세상살이에 도가 튼 속물처럼 보인다. 그의 속물근성은 커피 심부름을 온 다방 아가씨를 아무렇지 않게 희롱하는 데서 잘 드러난다. 하지만 좋아하는 여자 때문에 교회에 나가고, 그 여자의 마음에 들기 위해 거리 찬양을 하는 등, '불순한' 사이비 신앙의 전형인 그가 믿기는커녕, 오히려 정겹게 느껴지는 것은 왜일까. 신앙의 확신으로 중무장한 기독교인보다도 맨송맨송 잘 모르겠다고 너스레를 떠는 종찬의 말이 훨씬 더 진실해 보인다. 그는 신애에게 질퍽한 현실 속의 '비밀스런 햇빛' 같은 존재다.

종찬은 신애의 고통을 이해하지 못한다. 설령 설명한들 이해할 수도 없을 것이다. 다가가려 할 때마다 번번이 거절당하고 벽에 부딪히지만, 그렇다고 절망하거나 포기하지 않는다. 그저 곁에 있어주되, 요구하거나 관여하기보다는 눈치껏 빈 자리를 메워 주는 방식이다. 이런 고마운 햇볕이 어디에 있는가? 삶에서 잠시나마 이렇게 따사로운 햇볕을 만나는 것만으로도 우리네 삶은 충분히 아름답지 않은가?

단순무식의 대명사! 야밤에 가라오케 하면서 혼자 춤추는 무뇌인. 티켓 다방에서 나온 젊은 처자의 치마 밑을 흘겨보는 한 마리의 추잡한 짐승. 짝사랑하는 전도연이 '속물'이라고 놀려도 실실 웃기만 하는 경상도 사나이. 그가 바로 이 영화의 진짜 주인공일지도 모른다. 그는 성(聖)과 속(俗)의 이중적 세계를 아무런 불편함이나 양심의 가책 없이 넘나들 수 있는 인물이다. 서울 여자를 쫓아다니다가 '나이롱' 신자가 되었지만 그래도 "교회 안 가는 것보다 가는 것이 쪼까 마음이 편한" 우리 주위에 흔히 볼 수 있는 습관적인 기독교인이다. 물론 종찬이 가는 곳에 거룩함이 없다. 콧구멍을 후빈다든지, 토실하게 부풀어 오른 엉덩이 살 사이에 낀 팬티를 끄집어내는 것 따위는 그에게 너무나 일상적인 행동이다. 그럼에도 그는 늘 눈물짓고 좌절하다 분노로 절규하는 여인 옆에 서 있다. 밀양의 쉰들러 종찬은 늘 고통 속에 울부짖는 영혼과 함께한다.

영화의 앞부분에서, 신애가 타고 오다 고장 나 버린 승용차의 목덜미를 잡고 종찬의 견인차가 밀양 시내로 들어오는 장면이 나온다. 졸지에 함께 차를 타게 된 서울 여자 신애가 묻는다. "밀양이 무슨 뜻인지 알아요?" 신애의 상긋한 서울 말씨를 받은 종찬의 투박한 경상도 말씨로 대답한다. "뜻예? 우리가 뭐 언제 뜻보고 삽니꺼?"

기독교가 말하는 뜻과 교리나 신학을 공부하고 난 다음에야 좋은 신자가 되는 것은 아니다. 그것은 부수적인 문제다. 중요한 것은 기독교가 말하는 진정한 사랑의 실천이다. 기독교 신앙은 말에 있지 않고 진실한 실천에 있다. "숨겨진 것에서 드러나는 것"이 바로 영화 <밀양>의 비밀이다. 이 영화에 숨겨진 가르침은 마지막 장면에서 나온다. 신애의 머리카락이 바람에 날려가 머무는 곳. 그곳은 밀양의 한 남루한 집 안의 지저분한 마당이다. 쓰레기가 여기저기 떨어져 있고 보기에 흠모할 만한 아무것도 없는 그 일상의 장소에 밀양의 '비밀스런 햇빛'이 스며든다. 비밀스런 은총을 햇살이 비치는 곳에 우리의 일상이 있다. 아니 우리의 일상 가운데 신의 비밀스런 은총이 늘 존재해 왔다. 머리를 자르며 새로운 삶을 결단하는 불쌍한 여인 옆에 밀양의 성자 종찬이 서 있다. 그는 전도연이 머리를 잘 자를 수 있도록 작은 손거울을 들어 준다. 그가 든 작은 손거울에 은총의 빛, 그 비밀스러운 구원의 빛이 반사되어 있다.[293]

종찬에게 구체화된 '밀양'은 종찬의 평범한 캐릭터만큼이나 보편적이다. 다시 말해서 오늘 우리에게 밀양은 도움을 요청하는 소리에 귀를 기울이며, 서둘러 달려가기를 주저하지 않는 모든 사람을 의미한다. 뿐만 아니라 영화 <웰컴 투 동막골>에서 제시된 공간인 '동막골'이 화해와 평화의 장소였다면, '밀양'은 인간들 사이에서 진정한 소통이 이뤄지는 곳이다. 진정한 소통이 이뤄지는 곳이 바로 진정한 기독교가 말하는 세상일 것이다.

---

293) 김상근, "송강호 복음서", *Ibid.*, p.39.

신학수업 회상과 적용의 삶[294]

얼마 전 손규태 교수님께 안부전화를 드렸다가 교수님의 정년퇴임이 얼마 남지 않아 동료와 후학들이 뜻을 모아 논문헌정집을 간행하게 되었다는 말씀을 듣게 되었다. 예상은 했지만 교수님의 퇴임소식은 적잖은 아쉬움으로 마음을 무겁게 하였다. 필자는 교수님께 존경하는 스승님의 퇴임기념논문집 발간비용 후원자에 참여하고 싶다고 말씀드렸다. 그런데 교수님은 한국신학연구소에서 발간해 주기로 했다며 사양하셨다.

필자는 평소 마음 깊이 존경하며 따르는 교수님이시라, 늘 가르침을 되새기며 살아가는 제자로서 스승님의 퇴임기념논문집 발간에 어떤 형태로든 참여하고 싶은 욕심에 한 가지 의견을 말씀드렸다.

"교수님! 혹, 지면이 허락된다면 교수님을 잘 아는 이들이 교수님을 생각하며 쓰는 글샘을 몇 편 실어도 좋을 것 같습니다. 동료와 후

---

294) 손규태 교수 정년퇴임 기념논문집 발간위원회 엮음, 『공공성의 윤리와 평화』(천안: 한국신학연구소, 2005).

학으로부터 학술적 가치가 있는 논문의 헌정도 의미가 있지만 그것으로만 그친다면 학문적 역량이 부족한 이들은 교수님의 퇴임을 알면서도 정년퇴임을 기념하는 글샘모음에 참여할 방법이 없습니다. 저도 학문적 깊이로 교수님의 보람이 되지 못하는 제자이기에 교수님께 늘 송구스러운 마음인데 논문발간 비용도 참여치 못하니 아쉬움이 큽니다. 비록 교수님의 큰 가르침에 학적인 제자가 되지 못한 제자이지만 늘 교수님의 가르침을 실천적 삶으로 재현하려고 힘쓰는 제자의 살아가는 모습이나마 글샘에 담아 보면 어떨까 합니다. 그러면 교수님의 교수생활의 면모를 회상해 보는 것도 될 것 같고, 교수생활의 보람도 엿볼 수 있지 않을까 싶습니다.”

얼떨결에 이렇게 말씀드리고 나서 생각해 보니 정년퇴임기념논문집은 동료와 후학들의 옥고를 모아 헌정하는 것이기에 적절하지 않은 이야기를 꺼냈다 싶었다. 교수님은 나의 말에 이렇게 답을 주실 것으로 생각하였다. ‘논문집의 성격상 그건 안 되겠으니, 마음만 고맙게 받을게!’ 그런데 교수님은 뜻밖의 말씀을 하셨다. “그럼, 승진이 자네가 한 번 써봐!”

이렇게 해서 이 귀한 지면에 겁도 없이 참여하게 되었다. 혹 주옥 같은 논문집에 ‘옥에 티’가 될 것만 같은 생각도 들었다. 그러나 제자의 의견을 들어 주시고 그 마음을 북돋아 주시고자 허락해 주신 교수님의 마음을 알기에 한 번 써보기로 하였다. 그랬다. 교수님은 이런 분이시다. 언제나 제자의 의견에 귀 기울여 주신다. 학교 다닐 때나 졸업 후 지금까지 찾아뵐 때, 전화 혹은 메일로 안부를 전하고 고민하는 일에 대한 조언을 구할 때 언제나 반갑게 맞아 주신다. 이런 교수님의 인품이 좋아 졸업 후에도 사제의 정을 더 깊이 쌓아 가고 있다.

필자가 성공회대학교 신학과에 입학한 것은 1993년이었다. 그때를 생각해 보면 지금의 성공회대학교의 모습은 놀라운 변화라고 말할 수 있다. 그때 나는 모교 근처인 구로동의 고려대학교 부속 구로병원 의사숙소에서 야간경비와 전화교환원으로 아르바이트를 해야 하는 처지였다. 더욱이 밤샘 근무를 하고 나서 퇴근을 아침 8시 30분에 해야 하는 처지였다. 그러니 퇴근 시간을 감안하여 진학이 가능한 학교를 생각해야만 하였다. 우연히 구로구 항동이라는 곳에 '성공회신학대학'(그때는 신학과와 사회복지학과만 있었다)이라는 곳이 있다는 것을 알게 되었다. 그야말로 나의 퇴근 시간을 감안할 때 가장 적격인 학교였다. 나이 스물다섯의 늦은 나이, 야간에 고된 아르바이트를 한 돈으로 공부하려고 결정하고 진학한 대학이 바로 성공회신학대학이었다. 필자는 평소 신학이라는 학문에 관심이 많았다. 그런데 대다수의 신학대학이 설립교단의 목회자 양성을 주된 목적으로 하는 것으로 알기에 그런 학교는 별로 가고 싶지 않고, 자유로운 분위기에서 신학을 공부하고 싶다는 생각을 하고 있었다. 그런 점에서도 성공회신학대학은 마음에 들었다. 교수진도 성공회 교단의 성직자뿐만 아니라 다른 교단의 학자들이 함께하는 그야말로 에큐메니컬 신학교육을 지향하고 있었다.

필자는 '성공회'에 대해서는 고등학교 세계사 시간에 배운 단편적 지식 정도밖에 없었는데 신학교육의 방향을 보고 성공회라는 교단과 성공회신학대학에 대한 호감을 갖게 되었다. 이렇게 하여 필자는 성공회신학대학 신학과에 진학하였다. 필자가 입학할 당시를 아는 사람들은 지금의 성공회대학교를 볼 때마다 놀라움을 감추지 못할 것이다. 그때는 모집인원이 신학과와 사회복지학과 각 25명으로 전교생 200명에, 정규 대학원은 없고 교단인준의 신학대학원 과정인 사목신학연구원이 학생 수 15여 명 정도였다. 직원 수도 5명 이하였던 것으로 기억한다. 학교건물은 작은 건물로 네 동이 있었다. 그야말로 초미니 대학이었다. 그것도 필자가 입학한 해에 정규대학으로 승격되었으니 1992학년도까지는 학력인정대학이라는 틀로 학교운영비나 시설이 더 열악하였을 것이다. 언젠가 교수님의 말씀이 생각난다. 독일에 거주하는 아드님이 학교에 와보고는 "아빠! 학교가 왜 이렇게 작아!"라고 했다고 한다. 그때는 정말 그랬다. 나도 입학원서를 내고 학교를 둘러보고는 똑같은 생각을 하였다. 일반적으로 생각하는 대학의 캠퍼스라고 보기에는 너무나 작았다. 필자가 학교를 둘러보다가 인상 깊었던 것은 어렸을 때 보았던 슬레이트 지붕과 마중물을 넣어 사용해야 하는 펌프가 있었다. 이 펌프가 아직도 남아 있다는 것이 신기하고 놀라웠다. 필자가 3학년 때, 편입하여 같은 학년이 된 동기(이광일)에게 그 당시의 학교 전경을 말한 적이 있다. 그때 내 말을 들은 동기는 한참을 웃었다. 그 펌프가 어디 갔는지 한 번 보고 싶다고 말하던 것이 기억난다.

이렇듯 입학 당시를 회상해 본 것은 바로 교수님의 노고를 생각해 보기 위함이다. 지금의 성공회대학교의 모습은 어느 날 우연히 외부로부터 주어진 것이 되었고, 위풍당당한 건물들과 높아진 학문적 위상을 얻게 되었다. 오늘의 성공회대학교가 있기까지 노고를 아끼지 않으신 교수님을 생각하며 더 깊은 존경의 마음을 되새겨 본다. 교수님은 한국신학연구소가 시작될 때 실무를 도맡아 하셨고, 에큐메니컬 진영의 존경을 받는 분으로 독일에서 10여 년 동안 학업과 목회와 선교사역을 마치고 귀국하셨다. 교수님은 열린 지성의 실험적 교회로서 새겨레교회를 창립하여 목회를 하시면서 성공회신학대학에서 교수 생활을 시작하셨다. 그런데 그때는 성공회신학대학이 정규대학이 아닌 4년제 대학학력인정학교로서 지금과는 비교도 안 되는 열악한 시설과 교육여건이었다. 언젠가 교수님으로부터 들은 그 시절의 이야기이다. "그때는 '천신신학대학'이라는 이름으로 정규대학의 기준을 못 갖춘 학력인정이었어. 학생 수도 못 채워 인근 고등학교에 찾아가 학생모집을 하러 다닌 적도 있었지. 드디어 1990년대 초 정규대학으로 승격하기 위한 심사가 있었어. 그때 정규대학 승격을 위해 참 고생들 많았지." 필자가 알기로 교수님은 그 당시 교무처장으로 정규대학 승격을 위해 동분서주하며 혼신의 힘을 기울이셨다. 이렇게 오늘의 성공회대학교가 있기까지는 어려운 시절 학교발전을 위해 노고를 아끼지 않으신 교수님과 같은 분들이 있었음을 반드시 기억해야 한다. 이것이 학교의 역사적 뿌리다. 오늘이 있기까지 노고를 아끼지 않으신 교수님을 비롯한 원로 교수님들을 기억해야 한다.

필자와 교수님과의 만남은 대학 3학년 때였다. 그때 처음 교수님의 강의를 듣기 시작하였다. 지금도 기억이 난다. 그때 교과목은 '초대교회사'였다. 필자는 교수님에 대해서 사전에 몇 가지 이해를 갖고 있었다. 우리나라 기독교윤리학계에서 학문적 명성이 높은 학자로, 수많은 저서와 논문 그리고 번역서를 출간하신 분으로, 놀라운 사실은 오랫동안 '신부전증'이라는 난치성 병고 속에서 학문적 성과를 내고 계시다는 것이다.

설레는 마음으로 기대와 긴장으로 가득한 강의실에 교수님이 들어오셨다. 그날 교수님에 대한 강렬한 인상은 지금도 기억난다. 그때 교수님의 옷차림은 단정하면서도 검소한 모습이셨다. 단정하게 정돈된 머리를 빗어, 뒤로 넘긴 헤어스타일은 전형적인 학자형 외모셨다. 그리고 중후한 분위기의 금테안경 속에는 날카로운 지성의 눈빛이 번뜩이셨다. 강의실에 들어오셔서는 자신을 간략하게 소개하시고는 바로 강의계획서를 나눠 주시고 한 학기 동안 펼쳐 나갈 강의 목표와 방향 그리고 과제를 제시하셨다. 마치 근엄한 설교자의 모습으로 강의실은 쥐죽은 듯 엄숙하였다. 교수님은 느린 어조로 또박또박 말씀을 이어 가셨다. 그야말로 대학자다운 위엄으로 수강생들을 압도해 나가셨다. 필자는 이런 생각을 하였다. '이번 학기는 제대로 배우기는 하겠지만, 강의 시간은 지루하고 과제는 어려워 한 학기 동안 고생 좀 하겠구나.'

아니, 그런데 이게 웬일인가? 이건 요즘 무슨 TV에서 나오는 '반전드라마'를 연상시키는 일이 벌어졌다. 교수님은 10여 분 정도 엄숙한 분위기로 강좌에 대한 안내를 마치시고는 전혀 다른 모습으로 강의를 펼쳐 나가셨다. 이건 그야말로 처음의 분위기와는 전혀 다른 분위기였다. 놀라운 것은 교수님의 강의는 신바람웃음제조기라는 황수관보다 더 웃음과 재담으로 가득한 이야기 한마당이었다. 이런 교수님의 재치 만점의 강의는 다음 시간에도 이어졌다. 그 재미난 재담과 함께 펼쳐지는 강의에 빠져 그로부터 졸업학기까지 교수님의 과목을 연이어 듣게 되었다. 이것은 나만이 아니었다. 그러다 보니 교수님의 강의는 신학과에서 가장 많은 학생이 수강하는 인기 강좌였다.

교수님의 강의가 학생들의 전폭적인 인기강좌가 된 것은 단순한 재치만점의 재담만이 아니었다. 교수님의 재담 속에는 우리 사회현실을 어떤 입장에서 신학적으로 해석해야 하는가, 그 현실에 대한 신학적 논의는 어떻게 펼쳐져야 하는가에 대한 깊은 통찰이 절묘하게 어우러지는 강의였다. 교수님의 강의는 생동감 넘치는 체험을 바탕으로 여러 가지 에피소드를 곁들여 적절한 타임에 웃음을 잡아내게 하셨다. 이런 강의법은 학교에서 아이들을 가르치는 나로서는 본받고 싶은 교수법의 모델이다.

강의 첫날, 우리를 압도하신 것은 옛날 코미디언 서영춘 씨의 성대묘사를 하신 것이었다. 그야말로 우리는 웃느라 필기도 제대로 못 할 지경이었다. 이건 그야말로 반전드라마였다. 첫 강의를 마치고 학우들끼리 나눈 대화가 기억난다. 우리는 강의 첫 부분의 엄숙함으로 초긴장 상태로 몰고 가신 것과는 전혀 다른 교수님의 소탈한 성품과 재담이 어쩌면 그렇게 다른 것인지, 의외로 재미있는 교수님을 만나 한 학기 동안 재미와 깊이 있는 신학의 세계를 맛볼 수 있을 것 같은 기대감으로 이야기꽃을 피웠다. 교수님의 강의는 겉으로 보면 별로 배운 게 없는 것 같다는 느낌이 들 수 있다. 그러나 곰곰이 생각해 보면 재담 속에 배어 있는 현실인식의 통찰과 혜안에 놀라게 된다. 어려운 신학이론의 핵심을 파고들고, 그 속의 한계와 우리 현실의 적용점을 제시하셨다. 이건 결코 쉬운 일이 아니다. 그저 서구 신학의 안테나로서 서구 신학자의 신학적 깊이를 이해하여 전달해 주는 것도 어려운데, 그것을 교수님의 신학적 성찰로 소화하여 오늘 우리의 현실과 접목시켜 내시고 그 접촉점으로 문제제기를 던져 주는 강의를 하셨다. 즉 논리적인 이론이나 신학지식의 나열보다는 신학적 논의의 뼈대를 구조화해서 쉽게 이해하고 그것을 오늘과 연결시켜 나가는 작업을 강조하셨다. 이는 교수님의 저술과 논문 그리고 수많은 번역서들을 봐도 알 수 있다. 오늘 우리의 삶의 자리에서 직면한 현실 속에서 신학적 논의를 펼쳐 나가시고 분명한 입장 속에서 실천적 신학의 대안을 제시하셨다.

　필자가 교수님을 지금까지 존경하며 따르게 된 것은 강의가 마음에 들어서만이 아니다. 나로 하여금 더욱 교수님을 따르게 한 것은 교수님의 고매한 인품 때문이었다. 필자는 강의 시간에 미처 이해하지 못하거나 더 알고 싶은 것이 있으면 교수님께 찾아가 질문을 하였다. 그때마다 교수님은 언제나 반갑게 맞아주셨다. 어떤 질문에도 성심을 다해 대답을 주셨고, 도움이 될 만한 책이나 논문이 있으면 선뜻 건네주셨다. 아마 지금까지 교수님으로부터 받은 책이 30여 권은 되는 것 같다. 처음에는 질문을 하러 드나들던 교수님의 연구실이 인생 상담소로 이어졌다. 교수님은 사람을 사귀고 대접하기를 즐겨하셨다. 독일에 거주하실 때에도 그런 성품 그대로 유학생이나 교포들 그리고 찾아오는 손님이 있으면 성심을 다해 대접하셨다고 들었다. 독일에서 교수님 덕분에 좋은 추억을 간직하게 된 사람들이 많은 것으로 안다.

　또한 교수님은 자신보다 남을 존중히 여기셨고 자신의 말씀보다 남의 말을 잘 들어 주셨다. 필자는 인생의 어려운 고비마다 교수님을 뵙고 상담을 하였다. 그때마다 못난 제자의 고민을 들어 주시고 진심으로 위로해 주시고 믿음을 담아 격려를 해 주셨다. 교수님의 믿음은 살아가면서 큰 힘이 되었다. 교수님의 믿음은 제자에게 큰 버팀목이었다. 힘들고 지칠 때마다 교수님을 떠올리며 힘을 얻었다. "나는 너를 믿는다", "너는 잘 해낼 거야.", "지금 너의 모습이 참 대견하구나." 하는 것 같은 교수님의 믿음은 보이지 않는 영으로 함께하시는 성령님의 모습인 것 같았다. 제자를 믿음과 진심으로 대하시는 모습은 아이들을 가르치는 길을 걷는 제자로서 되새겨 보는 교육철학으로 삼고 있다.

필자는 지금 전북 익산의 한 작은 농촌 중학교에서 아이들과 함께 예수를 찾고 가르치는 학교목사(교목) 겸 선생으로 교수님의 가르침을 되새기며 살고 있다. 함께하는 아이들의 모습은 서울 강남의 화려한 아이들에 비해 너무도 열악한 환경이다. 부모의 이혼으로 이리저리 친척집을 떠돌다가 작은 농촌마을의 기초생활수급자요, 농가부채에 허덕이는 조부모에게 떠맡겨진 아이들, 중학생인대도 한글 해독능력이 떨어지는 아이들, 학교 점심시간에 급식비를 못내 점심 한 끼를 해결하지 못하는 아이들, 고등학교 진학을 자유롭게 하지 못하고 집안 형편을 1순위로 고려해야 하는 아이들이 많다.

내게는 이런 목회현장에서 교수님으로부터 배운 가르침이 큰 유익이 되고 있다. 비록 주어진 환경이 어렵고 힘들다 할지라도 얼굴 찌푸리지 않는다. 삶의 여유를 가지고 웃어보는 것부터 시작한다. 수업 시간에는 반드시 조크 타임시간을 갖는다. 교수님과 달리 조크에 재주가 없어서 아이들이 하도록 멍석을 깔아준다. 그러면 아이들은 기다렸다는 듯이 자신의 체험을 각색하여 재미난 이야기를 엮어낸다. 그러다 보니 수업 분위기도 좋고, 아이들의 상상력도 길러 주게 되어 교육적 효과도 얻게 되었다. 이 시간에는 공부는 좀 못 해도 두각을 나타내는 아이들이 많아 즐겁다. 이런 아이들에게는 수행평가 점수를 듬뿍 준다. 그렇게 웃으면서 함께 어우러지다 보면 어느새 아이들과 함께 하나가 된다. 교실에선 목사나 선생은 없다. 그저 함께하는 사귐 속에서 하나가 된다. 이렇게 하여 목사나 선생이라는, 사귐의 관계를 껄끄럽게 만들곤 하는 형식적인 틀이나 계급적 간격을 좁혀 나갈 수 있다. 자주 아이들에게 교목실에 오라고 하여 이런저런 이야기를 나눈다. 때로는 학교에서 길어서 5분 거리인 집에 불러들여 식사를 나눈다.

필자는 아이들에게 '갈릴리' 이야기를 자주 한다. 아이들이 동경하는 서울, 그 서울은 성서에 나오는 지명으로는 '예루살렘'일 것이다. 성서를 보면 예수님은 예루살렘을 동경하거나 그에 대한 열등의식을 갖지 않으셨다. 오히려 권력자, 종교엘리트, 로마정권의 매판 자본가들과 대결하셨다. 결국 그들에 의해 예루살렘에서 죽임을 당하셨다. 부활하신 예수님은 예루살렘에 머무시지 않고 갈릴리로 가셨다. 예수님은 갈릴리에서 제자들을 부르시고 가르치시고 활동하셨다. 필자는 아이들에게 예루살렘이 아닌 바로 우리가 살고 있는 이곳을 부끄러워하지 말고 자랑스럽게 생각하자고 역설한다. 이 갈릴리, 이곳에 예수님이 함께하심을 일깨워 준다. "우리 당당해지자! 좀 가난하면 어때! 예수님도 가난하셨지. 좀 못 배우면 어때! 예수님도 못 배우셨지. 좀 변두리면 어때! 예수님도 나사렛 출신, 갈릴리 출신인데… 예수님의 제자 대부분이 갈릴리 출신인데……."

예수님 당시에도 예루살렘의 기득권은 이렇게 말했다. "나사렛에서 무슨 선한 것이 나겠느냐?" 그러나 그 나사렛 예수가 예루살렘을 이겼다. 그건 칼과 창과 방패가 아니라 갈릴리 정신이었다.

필자는 교수님으로부터 전해 들은 디트리히 본회퍼가 말한 '아래로부터 신학하기'를 생각해 본다. 아이들에게 '공부 열심히 하면, 서울 가서 성공할 수 있다.'는 성공신학을 신봉하는 학교목사가 아니다. 오히려 서울이 안고 있는 불의를 거부하고 대항할 것을 가르친다. 우리의 삶의 자리에서 예수 닮기와 살기를 생각해 보고, 상식과 합리성에서 나오는 생각으로 이끌어 낸 결단(본회퍼의 비종교화)으로 깨달은 것 하나라도 실천할 것을 가르친다. 아이들에게 기초생활수급자라고 정부나 지방자치단체에서 사회복지 혜택을 누릴 것이 있으면 당당하게 누리라고 강조한다. "부끄러워하지 말고 당당히 얻어내라! 왜? 가난한 게 죄냐? 절대로 아니다. 국가로부터 당연히 얻을 것을 얻어내는 것이다. 그리고 그래야 우습게 보지 않는다. 그래야 주는 사람들이 함부로 주지 않고 긴장하면서 줄 것이다. 주눅 들지 마라! 필요하면 나와 함께 가자!" 지방 면단위 작은 농촌에서 나의 학벌과 지위는 그런대로 아이들에게 힘이 될 수 있다. 필자가 목사인 것이 아이들을 위한 후원금과 장학금을 얻어낼 때 매우 유용한 적이 많았다. 작년에는 학교에서 학습부진아로 가난한 아이들을 대상으로 방과 후 공부방 형식의 야학을 열었다. 그때도 필자가 목사라는 것이 도움이 되어 지역 교회 청년들을 자원봉사로 끌어들일 수 있었고, 지역교회 여전도회에서 많은 액수의 후원금을 모아 아이들 저녁식사를 제공할 수 있었다.

필자는 종교수업 시간에 교수님을 통해 접한 기독교사회윤리학의 방법론을 많이 적용하고 있다. 필자는 종교수업 시간이 비신자 아이들을 전도하기 위한 것이 아니라고 생각한다. 신자와 비신자가 함께 참여할 수 있는 수업으로서, 오늘 우리 지역과 사회의 문제를 찾아보고 분석해 보고 이를 극복할 수 있는 기독교 사회윤리적 결단을 찾아보는 시도를 해 본다. 이를 위해 각종 매체의 시사 프로그램에서 제시되는 우리 사회의 부패와 불의를 드러내는 매체나 자료를 보여 주면서, 이에 대한 아이들의 비판적 사고를 통한 문제의 분석과 해결점을 찾아보게 한다. 지난해 인상 깊은 수업 중 하나로 필자의 초극저체중 미숙아인 딸을 낳은 경험을 중심으로 진행한 적이 있었다. 감당하기 어려운 병원비로 고통 받아 본 실제 경험을 제시하고 우리나라

사회복지 정책과 실태를 조사하고 이를 비판하고 그 해결점을 찾아
보게 하였다. 그때 아이들의 놀라운 해결책은 나를 놀라게 하였다. 비
록 작은 농촌의 아이들이지만 놀라운 지혜가 담겨 있었다. 아이들에
게서 나온 의견이 최상은 아닐지 모르나 문제의 원인을 규명하고 분
석하고 비판하고 해결점을 찾아가는 노력이 놀랄 만한 것이었다. 실
제로 아이들과 함께한 수업에서 얻은 지혜로 감당하기 어려운 병원
비 고통을 상당부분 덜어낼 수 있었다. 그야말로 기독교사회윤리학을
대학원 과정까지 공부한 필자가 아이들에게서 배운 것이었다. 아이들
이 나의 스승이었다. 그 방법 중 지면 관계상 몇 가지만 제시하면 다
음과 같다.

먼저 어려울수록 정신을 바짝 차리고 지혜롭게 방법을 찾아보자는
것이었다. 이는 필자가 자주 강조해 온 판소리 소설의 <토끼전>에
나오는 민중의 대표적 상징체인 '토끼'처럼 위기 순간에 지혜를 발휘
하여 위기를 모면하는 민중적 지혜를 일깨워 주는 발상이었다. 필자
는 가난하고 힘없는 민중이 지혜를 발휘해 기득권층을 이긴 사례(성
서의 야곱, 다말, 수로보니게 여인 등)를 많이 가르쳤기에 아이들의
말에 공감을 하였다. 현대판 토끼의 지혜는 '인터넷'이라는 무기였다.
인터넷을 통해 미숙아 지원에 대한 여러 정보를 알아보다 보면 먼저
경험한 사람이나 같은 처지인 사람들에게서 어떤 정보를 얻을 수 있
을 것이라고 하였다. 실제로 그렇게 알아본 결과 같은 처지의 어려움
을 겪은 사람들과 정보교환과 연대를 통한 활동이 큰 힘이 되었다.
또한 아이들은 지금은 '네티즌의 시대'라고 말하면서 청와대 · 보건
복지부 · 익산시청 · 익산시 보건소 등 관련 기관 홈페이지에 전자민
원을 제기할 것을 알려 주었다. 대통령이나 정부 그리고 익산시장 등

은 선거로 선출되는 것이니, 홈페이지에 민원을 올리면 많은 사람이 보기에 가볍게 보고 넘어가지는 않을 것이라는 의견이었다. 이 의견의 힘은 엄청난 성공을 얻어내는 지혜였다.

결과적으로 아이들이 제시해 준 여러 의견들을 활용해 감당하기 어려웠던 병원비를 많은 부분 감면을 받을 수 있었다. 또한 아이들에게서 얻게 된 인터넷 전략을 미숙아 부모들에게 권면해 수많은 미숙아 부모들이 청와대와 보건복지부 등에 민원을 올리게 하였다. 이런 노력의 결과인지 올해부터는 미숙아에 대한 국가적 지원이 제도적으로 만들어지게 되었다. 지난해, 전국에서 걸려오는 미숙아 부모와 정보를 교환하고 상담하고 연대활동을 하느라 바빴다.

필자가 펼쳐 나가는 종교수업은 앞으로도 이런 방식으로 펼쳐 나갈 생각이다. 이는 교수님을 통해 배운 윤리신학적 의식과 통찰이 얼마나 현장에서 유용하게 현실화되고 있는지를 보여 주는 실증적 사례가 될 것으로 생각한다. 이런 의미에서 존경하는 교수님의 교수생활의 보람 중, 작은 농촌의 중학교에서 교수님의 가르침으로 교육철학을 삼고 교육하는 제자의 삶도 중요한 교수님의 자랑일 수 있다는 생각을 해 본다.

아래의 글은 필자가 쓴 『사랑한다 내딸 사랑아』에 실린 그때의 건의문이다. 조금은 격한 감정으로 마구 쏟아냈기에 명색이 국어 선생 글로는 조잡하지만 그래도 어느 정도 내 처지와 건의사항에 대한 촉구를 조심스럽게 드러낸 글이다.

미숙아 아빠가 삼가 건의합니다.

안녕하세요?

삼가 마음 답답하고 어찌할 바를 몰라 건의 겸 하소연을 하고자 몇 자 적어 봅니다. 주요 골자는 의료보험 1종과 미숙아지원금 제도의 혜택이 꼭 필요함을 말씀 올리는 것입니다. 탁상행정이 아닌 시민의 다급한 입장에서 보건복지행정을 펼쳐 주시기를 간곡히 부탁 말씀 올립니다. 아래의 제 사연은 저만의 문제는 아닌 듯하여 청와대와 보건복지부 그리고 전북도청 등에도 올릴 생각입니다. 그전에 먼저 익산시민으로서 익산시에 올립니다.

저는 지난 6월 2일 미숙아로 태어난 딸을 둔 아버지로, 황등면에 사는 한승진입니다. 저는 현재 황등중학교 선생으로 봉직하면서 국민의 의무를 다하며 살고 있습니다. 교육일념으로 성심을 다해 아이들을 가르치며 살아가던 제게 큰 아픔이 찾아왔습니다. 나이 서른여섯에 얻은 첫 딸이 28주 하루만에 920그램이라는 초극저체중 미숙아로 태어났기 때문입니다. 제게는 이 소중한 딸이 기쁨만은 아닌 현실입니다. 제게는 초극저체중 미숙아로서 힘겹게 병원생활을 해야 하는 고통을 바라봐야 하는 아픔만이 아니라, 현실적인 병원비 문제로 고민을 하고 있습니다. 현재 40여 일을 지냈는데 병원비 청구서를 보니 무려 1,200만 원이 넘었습니다. 의료보험이 되어 제가 지급해야 하는 비용은 4,795,000원 정도입니다. 아기를 출산할 때 100만 원 정도를 지급했고, 병원 측에서는 주사 바늘 등을 수시로 구입하여 가져다주어야 한다고 해서 사서 전달한 비용이 50여만 원입니다. 힘든 형편에 앞으로 병원 생활을 50여 일은 더 해야만 합니다.

가난한 가정환경 속에서 고학과 만학을 거듭하여 나이 서른셋에 황등중학교 선생이 되었습니다. 선생의 봉급으로 검소하게 살아온 제게 미숙아인 딸의 병원비는 큰 부담입니다. 그로 인해 솔직히 고민입니다. 저는 솔직히 평소에 미숙아 문제에 별 관심이 없었습니다. 그것은 제 일이 아니었기에 갖는 이기적인 마음이었습니다. 그런데 제가 미숙아의 아버지가 되고 보니 미숙아 문제의 심각성을 알게 되었습니다. 미숙아인 아이들의 고통과 그 가족이 겪는 고통은 너무도 큽니다. 그런데 더 큰 문제는 우리 정부와 지자체 그리고 사회의 무관심입니다. 미숙아의 고통을 외면합니다. 출생률 저하가 큰 사회문제라고 하면서 정작 미숙아를 낳은 부모가 병원비 부담으로 아이를 버리는 일까지 벌어지는데도 이렇다 할 정책적 지원책이 없습니다.

경제적인 어려움으로 미숙아로 태어난 연약한 생명을 어찌할 수 없어 고통받다가 심지어 버리는 범죄가 일어날 수 있는 것이 우리나라입니다. 제가 알게 된 어느 부모는 쌍둥이를 미숙아로 낳아 병원비만 3,500만 원이 들었다고 합니다. 그나마 부모가 경제력이 있어 다행이었지만 어려운 처지의 부모에게 이런 큰돈은 상상도 못할 액수입니다.

삼가 건의합니다. 그나마 제도적인 지원책이 있는 것을 알게 되었습니다. '의료보험 1종'(관할행정관청−저는 황등면 사무소)과 '미숙아지원제도'(관할 보건소)라는 제도입니다. 이 두 제도는 저와 같은 정규직 봉급생활자는 혜택을 누리기가 매우 어렵습니다. 제도를 꼼꼼히 따져 보니 분명히 이 제도들의 혜택을 누릴 수 있는 여지도 있어서, 여러 곳을 알아본 결과 저와 비슷한 경우 많은 지역의 다른 미숙아 부모들은 혜택을 누렸다고 합니다. 그래서 저도 용기를 내어 황등면 사무소에 의뢰하여 '의료보험 1종'을 위해 서류를 준비하여 제출한 상태입니다. 이 일을 위해 면사무소에 전화만도 10여 차례 했고, 방문한 횟수도 10여 차례가 넘습니다. 저는 제가 사는 작은 농촌인 황등면 사무소에 사회담당 직원이 세 분이나 계신 것을 이번에 처음 알았습니다. 그리고 반가웠습니다. 그만큼 면민의 입장에서 성실히 행정을 담당해 줄 인력이 있는 것으로 생각했습니다. 면사무소에 갈 때마다 친절하게 대해 주어 안심을 하곤 했는데, 뜻밖에도 다급한 제 입장과는 달리 일의 진척은 더디기만 합니다. 그리고 가만히 생각해 보니 아쉬운 점도 많았습니다. 처음에 면사무소에 갔을 때는 '미숙아 지원제도'는 없다고 하셨습니다. 실망한 저는 여러 곳을 알아보고 나서 찾아낸 자료를 근거로 '의료보험 1종'을 위한 가장 중요한 자료로 지정된 희귀난치성 질환 74개 항목에 해당되면 된다는 사실을 알아냈습니다. 이를 근거로 병원에서 진단서를 받았습니다. 그리고 면사무소에 갔더니 업무를 황등면 보건지소로 가서 해야 한다고 해서 갔다가 그곳에서 잘 모르겠다며 익산시 보건소에 문의하면 알려 준다고 하여 점심 식사도 못 하고 두어 시간을 기다렸는데 답변이 잘 모르겠다고 하여 또 면사무소로 갔더니 그제야 보건복지부에 문의했다고 관련 서류를 준비하라고 하셨습니다.

그런데 문제는 관련 서류에 '**한** 달 병원비 영수증'이 꼭 필요하다고 하여 서류 접수는 한 달을 기다려야만 했습니다. 병원비가 하루에 10~20만 원을 상회하기에 서류를 미리 가접수라도 해 줄 것을 간곡히 부탁드렸지만 규정상 한 달 병원비 영수증이 있어야만 서류를 접수할 수 있다고 하여 한 달을 기다렸습니다. 손꼽아 한 달을 기다려 정확히 한 달이 되는 날에 학교 출근도 미루고 바로 면사무소에 가서 서류를 접수한 게 지난 7월 1일입니다. 접수 후, 허락이 된 날부터 의료보험 1종이 적용된다고 하니 허락되기 전까지는 전액 자부담입니다. 그러니 제 입장에서는 하루하루가 10~20만 원씩 늘어가는 병원비 생각에 답답한 심정입니다. 그런데 접수한 후, 12일이 지났지만 의료보험 1종이 되었다는 연락은 없습니다. 혹시 미움받는 민원인이 될까 싶어 기다리고 기다리다가 생각보다 너무나 더디기에 엊그제 면사무소에 연락하여 문의를 했습니다. 그제야 담당 직원분은 제 소득이 많아 어렵고, 제 부모님이 집이 있어 어려워 가능한 방법을 알아보는 중이라고 하셨습니다. 아, 전산자료를 취득하여 분석하는 데 그렇게 오래 걸리는지 모르겠습니다. 업무를 잘 모르는 제 생각으로는 그런 조사가 12일이나 걸리는 것인지 의문입니다. 그렇게 오래 걸리는 것으로 예상했더라면, 미리 필요한 자료를 제게 제출하라고 하여 미리 알아볼 수도 있을 것입니다. 금융거래내역과 소득 조사를 사전에 할 수도 있지 않을까 싶습니다. 저는 미리 가접수라도 해 주실 것을 요청했었습니다. 또한 처음 서류를 낼 때 직원분은 어렵지 않은 듯 친절하게 말해 주었기에 안심을 했는데, 뜻밖에도 서류를 제출하러 가보니, 정작 이 업무를 담당하는 분은 다른 분이었습니다. 그리고 제가 알기로 이 서류를 또 시청으로 올린다는데 거기서 또 서류 심사를 거치면 언제 제가 혜택을 누리겠습니까? 기약도 없이 깜짝 놀랄 액수로 늘어만 가는 병원비를 바라보고 있는 저로서는 피를 말리는 시간들로 답답하기만 합니다.

물론 업무상 어려운 점이 많은 줄 압니다만 다급한 부모의 심정에서 일이 추진되기를 간곡히 부탁드립니다. 솔직히 제 입장에서는 하루하루가 답답한 심정입니다. 요즘 너무 신경을 쓰고 고민이 되어서인지 병원 치료를 받고 있습니다. 마음은 답답하고 몸도 아프다 보니 몸과 마음이 지쳐만 갑니다.

미숙아는 생후 3살까지 보험도 못 듭니다. 신생아중환자실에서 퇴원 후에도 지속적으로 병원을 다녀야 합니다. 이런 현실을 감안한다면 미숙아 지원은 많이 부족한 실정입니다. 깊이 참고하시어 미숙아 지원에 대한 지원책으로 최소한 의료보험 1종이 허락되고, 미숙아지원금 혜택도 허락되기를 소망해 봅니다(이것도 다른 지자체는 쉽게 된다는데, 건의하고 부탁하고 해야 될까 말까 하겠지요—익산시민인 아비로 인해 익산시민으로 태어난 제 딸이 불쌍하다는 생각도 듭니다). 저는 아이의 건강을 염려하는 데도 지쳐만 갑니다.

이 땅의 국민으로 그리고 익산시민으로 태어난 미숙아인 제 딸도 분명 소중한 국민이요, 시민입니다. 국민의 기본적인 생존권은 인권의 차원에서 정부와 지자체의 마땅한 의무라고 봅니다. 연약한 생명들에게 처음 접하는 정부와 지자체가 매정하게 그 가족에게만 의무를 떠넘기기보다는 사랑으로 함께함을 확실하게 보여 주는 것이 좋을 것 같습니다. 그 무엇보다 생명에 대한 정책은 우선해야 한다고 봅니다. 더욱이 약자에 대한 보호와 지원 정책은 우선해야 한다고 봅니다.

며칠 전 제 딸의 출산에 대한 시장님의 축하서신을 받았습니다. 일단 감사의 말씀을 올립니다. 그러나 시장님 명의의 축하카드를 보고는 감사한 마음과 함께 아쉬운 마음도 들었습니다. 출산율 저하로 출산율을 높여야 한다는 말을 들었는데, 정작 초극저체중 미숙아를 낳고 몸도 마음도 지친 부모에게 보낸 카드는 무성의해 보였습니다. 속지에 저희 부부나 아기 이름도 없이 인쇄된 글씨로 뻔한 글로 축하한다고만 적혀 있고, 선물이라고는 책갈피 하나였습니다. 익산시민으로서 태어난 제 아기가 지금 병원 신생아중환자실에서 힘겨운 치료를 받고 있는데 인쇄된 카드와 책갈피를 보내는 것으로만 축하인사를 하신 것은 좀 아쉬움이 남습니다. 시민의 안타까운 마음은 전혀 언급조차 없이 누구나에게 보내려고 만들어 놓은 수신자 이름도 비어 둔 카드를 보내는 것은 성의가 없어 보였습니다. 정작 저희에게 필요한 보건복지의 혜택은 어려운 상황입니다.

삼가 말씀 올리오니 널리 용서하시고 참고해 주시기 바랍니다. 제가 가르치는 중학교 2학년 국어 교과서에도 편지를 보낼 때 자필이 아니라면 최소한 보내는 이의 이름은 자필로 써야 한다고 되어 있습니다. 속지에는 _________님께로 되어 있는데 이 칸도 비어 있었습니다. 보내는 이도 시장님 존함이 인쇄되어 있었습니다. 좀 아쉬운 마음을 표현해 봅니다.

2004년 7월 14일

초극저체중 미숙아로 태어나 힘겹게 살아가고 있는
한사랑의 아버지 한승진 삼가 올립니다.

# 차이를 존중하는 교육을 꿈꾸며295)

1. 특별한 제자와의 만남

필자가 재직하는 학교는 기독교 이념에 따라 설립된 작은 농촌 중학교다. 필자는 학교 목사로서, 기독교와 국어를 가르치고 있다. 우리 학교에는 통일교 신자인 아이가 한 명 있다. 이 아이의 가정은 통일교가 지향하는 세계평화를 위해 국제결혼으로 맺어진 가정이다. 즉 아버지는 우리나라 사람이지만, 어머니는 일본 사람이다. 그런데 이 아이가 기독교 이념에 따라 설립하고 운영하는 우리 학교에 입학하여 재학하게 되었다.

필자는 고민에 빠져들 수밖에 없었다. 내 업무상 영민이는 그야말로 학교 목사인 내가 처음 겪는 통일교 집안이고, 학생 상담 담당자인 내가 처음 겪는 다문화가정이었다. 아! 어떻게 해야 하나? 이런 학생에 대한 배움이나 경험이 없는 필자로서는 그야말로 난감했다. 필

---

295) 졸저, 『참교육 참사랑의 학교』 (서울: 이담북스, 2010), pp.210-216.

자는 한 번도 내 주변에서 통일교 신자를 본 적도 없고, 국제결혼을
한 사람도 보지 못했다. 다문화에 대한 것도 말만 들어본 정도이다.
관련 이야기가 나오면 그냥 대충 보고는 넘어갔다. 내게 반사회적인
종교, 다문화, 국제결혼 같은 것은 관심 밖이었다.

영민이가 입학한 후 한 달쯤 지난 어느 날, 영민이 아버님이 교무
실로 필자를 찾아오셔서 말씀을 나누게 되었다. 아버님은 조심스럽게
종교적인 문제를 꺼내셨다. 학기 초에 종교조사를 한 것을 들으셨다
고 하셨다. 영민이가 통일교라고 하면 아이들이 놀리기에 그냥 기독
교라고 답했다는 것, 어머니가 일본인인 것도 아이들이 아는 것을 원
치 않기에 다문화 캠프 같은 것을 안 가고 싶어 한다는 것도 말씀해
주셨다. 그러면서 소수종교인에서는 지나치게 자신들을 적대시한다
고 하셨다. 그저 이 지역에 살다 보니, 우리 학교에 입학하게 되었고,
2년 후엔 영민이 동생도 입학하게 된다고 말씀하시고, 영민이가 생활
면에서는 다른 아이들보다 더 모범적일 것이라고도 하셨다. 필자는
영민이 아버님을 배웅해 드리고 나서 한참을 생각에 잠겼다. 그리고
조용히 눈을 감고 기도하였다.

2. 조금씩, 마음을 열다

필자는 통일교를 비롯해서 우리 사회에서 부정적 이미지를 갖고
있는 소수 종교인들을 보면 안타깝다는 생각이 든다. 기독교를 비롯
한 우리 사회는 소수 종교에 대해 냉정하게 대한다. 이런 생각을 하
니 내가 사랑해야 할 학생인 영민이가 안쓰럽게 느껴졌다. 그리고 그

가족이 짊어질 고통을 생각해 보았다. 통일교 신앙으로 확신을 갖고 살기에 그런 어려움을 감내하는 용기와 결단이 나오는 걸까 하는 생각도 들었다.

필자는 며칠 후, 전체 교직원 회의 때 조심스럽게 준비한 이야기를 꺼냈다.

"통일교에 대해서 들어 보셨을 겁니다. 이들은 소수지만 매우 신앙이 깊은 사람들입니다. 우리 학교에 '김영민'이 바로 통일교 신자이고 어머님이 일본인으로 국제결혼을 한 다문화 가정입니다. 제 생각입니다만 영민이를 강제로 우리 학교에 맞추기보다는 사랑으로 감싸주고 이해하는 분위기였으면 합니다. 그리고 종교적인 문제와 다문화의 문제는 전적으로 주관업무담당인 제게 맡겨 주시기 바랍니다."

다행히 교장선생님 이하 교직원들이 내 말에 공감해 주는 것 같았다. 지금과 같은 평준화, 의무교육체제 상황에서는 내 딸과 아들이 나와 다른 종교학교에 배정되면 그 학교에서 행하는 종교적 행위에 참여하기를 강요당할 것이다. 이렇게 입장을 바꿔 생각해 보니 영민이가 안쓰럽게 느껴지고, 가족이 겪는 아픔을 헤아릴 수 있을 것도 같았다.

사실 필자도 영민이에 대한 배려가 쉬운 건 아니었다. 그나마 이런 것이 가능했던 것은 필자의 노력도 있었지만, 영민이가 모범적으로 학교생활에 임해 주었기에 가능한 것이었다. 영민이는 정말 아버님 말씀대로 학교생활에 모범적이었다. 학업성적도 좋았고 친구관계도 좋았으며, 예의바르고 성실했다. 물보다 진한 게 '피'이고, 피보다 확실한 게 '정'이라는 말이 맞나 보다. 영민이와 매일 만나다 보니 정이 들어 이제는 영민이가 '통일교', '일본'으로 보이지는 않는다. 어느 순간 보니, 영민이도 그저 한 명의 학생으로 보인다.

3. 종교는 아집을 말하지 않는다

외국인 이주 노동자나 결혼이주민과 그들의 자녀들을 우습게 여기고 함부로 대하는 사람들이 여전히 있다. 동남아시아 출신의 여성들을 차별하고 모독하는 이들도 아직 우리 사회에 있다. 피부색이 다르다고 해서 깔보거나, 학력수준이 다르거나 특정지역 출신이라고 해서 그런 사람들은 주변부로 내모는 힘이 우리 사회에 아직도 엄존하고 있다. 이런 사회는 몰인정하고 비인간적인 사회이다. 자기 자식이 겪는 아픔은 대단하게 여기면서도 사회적 약자가 겪는 고통은 아랑곳하지 않는 사회는 철저하게 이기적인 사회이다.

오늘 새벽녘에 문득 성서를 읽다가 깨닫게 된 사실이다. 내가 좋아하는 성서의 인물로 아이들에게 꿈과 희망을 갖도록 권장하는 인물이 바로 '요셉'과 '다윗'이다. 이 두 사람은 기독교인이 아니더라도 잘 아는 극적인 삶으로 교훈과 감동을 준다. 그런데 가만히 살펴보다가 놀라운 사실을 발견하였다. 요셉은 나이 17세에 이복형들의 미움을 받아 죽을 뻔하다가 억울하게 이집트에 노예로 팔려 간다. 노예로 살다가 성폭행미수범으로 누명을 쓰고 감옥에 갇혔다가 나이 30세에 이집트 왕에게 그 유명한 꿈해몽으로 발탁되어 총리에 오른다. 그야말로 역전의 드라마다. 이런 요셉은 오늘의 눈으로 보면 외국인 노동자다. 이집트 왕은 국적도 다르고, 민족도 다르고, 배움이 짧고, 나이가 적고, 종교가 다른 요셉을 편견 없이 그의 능력만으로 바라보고 전격 발탁한 것이다. 이 일로 이집트는 다가오는 국난을 대비할 수 있었고, 부강한 나라가 되었다. 다윗의 증조모는 룻이다. 룻은 모압 사람으로 이스라엘에서 무시하는 이방인이다. 그러니 다윗은 요즘 말로 하면 자신의 핏줄에 정통 이스라엘 민족의 피가 아닌 이스라엘보다 못한 민족의 피가 섞인 사람이다. 그런 그가 이스라엘의 위대한 왕이 되고, 이 후손으로 예수님이 탄생한다. 신약성서 첫 부분인 마태복음 1장에는 예수님의 족보가 나오는데 다윗의 증조모인 룻이 당당하게 기록되어 전한다.

필자는 외국인 노동자들과 결혼이민자들과 그 자녀들에게 별 관심이 없고, 조금은 낮은 사람들로 여기는 편견을 갖고 있다. 오늘 문득 성서를 읽으면서 한 번 더 필자의 무관심과 편견을 반성해 보면서, 아이들에게 요셉과 다윗을 언급할 때, 그동안 다루지 않았지만 그들이 다문화가정 출신임을 강조해야겠다.

제3부

중요 성서 구절 모음

✝ 구약성서 구절 모음 ✝

○ 창세기 1장 1절

태초에 하나님이 천지를 창조하시니라

○ 창세기 1장 27절~28절

27하나님이 자기 형상 곧 하나님의 형상대로 사람을 창조하시되 남자
와 여자를 창조하시고

28하나님이 그들에게 복을 주시며 그들에게 이르시되 생육하고 번성
하여 땅에 충만하라, 땅을 정복하라, 바다의 고기와 공중의 새와 땅
에 움직이는 모든 생물을 다스리라 하시니라

○ 창세기 12장 1절~3절

1여호와께서 아브람에게 이르시되 너는 너의 본토 친척 아비 집을 떠
나 내가 네게 지시할 땅으로 가라

2내가 너로 큰 민족을 이루고 네게 복을 주어 네 이름을 창대케 하리
니 너는 복의 근원이 될지라

[3]너를 축복하는 자에게는 내가 복을 내리고 너를 저주하는 자에게는 내가 저주하리니 땅의 모든 족속이 너를 인하여 복을 얻을 것이니라 하신지라

○ 창세기 22장 12절

사자가 가라사대 그 아이에게 네 손을 대지 말라 아무 일도 그에게 하지 말라 네가 네 아들 네 독자라도 내게 아끼지 아니하였으니 내가 이제야 네가 하나님을 경외하는 줄을 아노라

○ 창세가 50장 20절

당신들은 나를 해하려 하였으나 하나님은 그것을 선으로 바꾸사 오늘과 같이 만민의 생명을 구원하게 하시려 하셨나니

○ 출애굽기 3장 14절

하나님이 모세에게 이르시되 나는 스스로 있는 자니라 또 이르시되 너는 이스라엘 자손에게 이같이 이르기를 스스로 있는 자가 나를 너희에게 보내셨다 하라

○ 출애굽기 20장 1절~17절

[1]하나님이 이 모든 말씀으로 일러 가라사대

[2]나는 너를 애굽 땅, 종 되었던 집에서 인도하여 낸 너의 하나님 여호와로라

[3]너는 나 외에는 다른 신들을 네게 있게 말지니라

[4]너를 위하여 새긴 우상을 만들지 말고 또 위로 하늘에 있는 것이나

아래로 땅에 있는 것이나 땅 아래 물속에 있는 것의 아무 형상이든
지 만들지 말며

⁵그것들에게 절하지 말며 그것들을 섬기지 말라 나 여호와 너의 하나
님은 질투하는 하나님인즉 나를 미워하는 자의 죄를 갚되 아비로부
터 아들에게로 삼사 대까지 이르게 하거니와

⁶나를 사랑하고 내 계명을 지키는 자에게는 천대까지 은혜를 베푸느
니라

⁷너는 너의 하나님 여호와의 이름을 망령되이 일컫지 말라 나 여호와
는 나의 이름을 망령되이 일컫는 자를 죄 없다 하지 아니하리라

⁸안식일을 기억하여 거룩히 지키라

⁹엿새 동안은 힘써 네 모든 일을 행할 것이나

¹⁰제 칠 일은 너의 하나님 여호와의 안식일인즉 너나 네 아들이나 네
딸이나 네 남종이나 네 여종이나 네 육축이나 네 문 안에 유하는 객
이라도 아무 일도 하지 말라

¹¹이는 엿새 동안에 나 여호와가 하늘과 땅과 바다와 그 가운데 모든
것을 만들고 제 칠 일에 쉬었음이라 그러므로 나 여호와가 안식일
을 복되게 하여 그날을 거룩하게 하였느니라

¹²네 부모를 공경하라 그리하면 너의 하나님 나 여호와가 네게 준 땅
에서 네 생명이 길리라

¹³살인하지 말지니라

¹⁴간음하지 말지니라

¹⁵도적질하지 말지니라

¹⁶네 이웃에 대하여 거짓 증거하지 말지니라

¹⁷네 이웃의 집을 탐내지 말지니라 네 이웃의 아내나 그의 남종이나

그의 여종이나 그의 소나 그의 나귀나 무릇 네 이웃의 소유를 탐내
지 말지니라

○ 출애굽기 22장 21절
너는 이방 나그네를 압제하지 말며 그들을 학대하지 말라 너희도 애
굽 땅에서 나그네였었음이니라

○ 출애굽기 34장 6절
여호와께서 그의 앞으로 지나시며 반포하시되 여호와로라 여호와로
라 자비롭고 은혜롭고 노하기를 더디 하고 인자와 진실이 많은 하나
님이로라

○ 레위기 19장 2절
너는 이스라엘 자손의 온 회중에게 고하여 이르라 너희는 거룩하라
나 여호와 너희 하나님이 거룩함이니라

○ 레위기 19장 18절
원수를 갚지 말며 동포를 원망하지 말며 이웃 사랑하기를 네 몸과 같
이 하라 나는 여호와니라

○ 레위기 25장 23절
토지를 영영히 팔지 말 것은 토지는 다 내 것임이라 너희는 나그네요
우거하는 자로서 나와 함께 있느니라

○ 민수기 23장 19절

하나님은 인생이 아니시니 식언치 않으시고 인자가 아니시니 후회가
없으시도다 어찌 그 말씀하신 바를 행치 않으시며 하신 말씀을 실행
치 않으시랴

○ 민수기 35장 33절

너희는 거하는 땅을 더럽히지 말라 피는 땅을 더럽히나니 피 흘림을
받은 땅은 이를 흘리게 한 자의 피가 아니면 속할 수 없느니라

○ 신명기 6장 4절~5절

^{4}이스라엘아 들으라 우리 하나님 여호와는 오직 하나인 여호와시니
^{5}너는 마음을 다하고 성품을 다하고 힘을 다하여 네 하나님 여호와를
  사랑하라

○ 신명기 10장 17절~18절

^{17}너희의 하나님 여호와는 신의 신이시며 주의 주시오 크고 능하시며
  두려우신 하나님이시라 사람을 외모로 보지 아니하시며 뇌물을 받
  지 아니하시고
^{18}고아와 과부를 위하여 신원하시며 나그네를 사랑하사 그에게 식물
  과 의복을 주시나니

○ 신명기 28장 1절

네가 네 하나님 여호와의 말씀을 삼가 듣고 내가 오늘날 네게 명하는
그 모든 명령을 지켜 행하면 네 하나님 여호와께서 너를 세계 모든

민족 위에 뛰어나게 하실 것이라

○ 여호수아 1장 7절

오직 너는 마음을 강하게 하고 극히 담대히 하여 나의 종 모세가 네게 명한 율법을 다 지켜 행하고 좌로나 우로나 치우치지 말라 그리하면 어디로 가든지 형통하리니

○ 룻기 1장 16절

룻이 가로되 나로 어머니를 떠나며 어머니를 따르지 말고 돌아가라 강권하지 마옵소서 어머니께서 가시는 곳에 나도 가고 어머니께서 유숙하시는 곳에서 나도 유숙하겠나이다 어머니의 백성이 나의 백성이 되고 어머니의 하나님이 나의 하나님이 되시리니

○ 사무엘하 7장 11절~13절

[11]전에 내가 사사를 명하여 내 백성 이스라엘을 다스리던 때와 같지 않게 하고 너를 모든 대적에게서 벗어나 평안케 하리라 여호와가 또 네게 이르노니 여호와가 너를 위하여 집을 이루고

[12]네 수한이 차서 네 조상들과 함께 잘 때에 내가 네 몸에서 날 자식을 네 뒤에 세워 그 나라를 견고케 하리라

[13]저는 내 이름을 위하여 집을 건축할 것이요 나는 그 나라 위를 영원히 견고케 하리라 네가 어디를 가든지 내가 너와 함께 있어 네 모든 대적을 네 앞에서 멸하였은즉 세상에서 존귀한 자의 이름같이 네 이름을 존귀케 만들어 주리라

○ 열왕기상 18장 21절

엘리야가 모든 백성에게 가까이 나아가 이르되 너희가 어느 때까지
두 사이에서 머뭇머뭇 하려느냐 여호와가 만일 하나님이면 그를 좇
고 바알이 만일 하나님이면 그를 좇을지니라 하니 백성이 한 말도 대
답지 아니하는지라

○ 역대하 20장 12절

우리 하나님이여 저희를 징벌하지 아니하시나이까 우리를 치러 오는
이 큰 무리를 우리가 대적할 능력이 없고 어떻게 할 줄도 알지 못하
옵고 오직 주만 바라보나이다 하고

○ 에스라 9장 6절

말하기를 나의 하나님이여 내가 부끄러워 낯이 뜨뜻하여 감히 나의
하나님을 향하여 얼굴을 들지 못하오니 이는 우리 죄악이 많아 정수
리에 넘치고 우리 허물이 커서 하늘에 미침이니이다

○ 에스더 4장 14절

이때에 네가 만일 잠잠하여 말이 없으면 유다인은 다른 데로 말미암
아 놓임과 구원을 얻으려니와 너와 네 아비 집은 멸망하리라 네가 왕
후의 위를 얻은 것이 이때를 위함이 아닌지 누가 아느냐

○ 욥기 1장 21절

가로되 내가 모태에서 적신이 나왔사온즉 또한 적신이 그리로 돌아
가 올지라 주신 자도 여호와시오 취하신 자도 여호와시오니 여호와

의 이름이 찬송을 받으실지니이다 하고

ㅇ 욥기 42장 5절
내가 주께 대하여 귀로 듣기만 하였삽더니 이제는 눈으로 주를 뵈옵
나이다

ㅇ 시편 1편 1절~6절
^{1}복 있는 사람은 악인의 꾀를 좇지 아니하며 죄인의 길에 서지 아니
  하며 오만한 자의 자리에 앉지 아니하고
^{2}오직 여호와의 율법을 즐거워하여 그 율법을 주야로 묵상하는 자로다
^{3}저는 시냇가에 심은 나무가 시절을 좇아 과실을 맺으며 그 잎사귀가
  마르지 아니함 같으니 그 행사가 다 형통하리로다
^{4}악인은 그렇지 않음이여 오직 바람에 나는 겨와 같도다
^{5}그러므로 악인이 심판을 견디지 못하며 죄인이 의인의 회중에 들지
  못하리로다
^{6}대저 의인의 길은 여호와께서 인정하시나 악인의 길은 망하리로다

ㅇ 시편 23편 1절~6절
^{1}여호와는 나의 목자시니 내가 부족함이 없으리로다
^{2}그가 나를 푸른 초장에 누이시며 쉴 만한 물가로 인도하시는도다
^{3}내 영혼을 소생시키시고 자기 이름을 위하여 의의 길로 인도하시는
  도다
^{4}내가 사망의 음침한 골짜기로 다닐지라도 해를 두려워하지 않을 것
  은 주께서 나와 함께하심이라 주의 지팡이와 막대기가 나를 안위하

시나이다

⁵주께서 내 원수의 목전에서 내게 상을 베푸시고 기름으로 내 머리에
바르셨으니 내 잔이 넘치나이다

⁶나의 평생에 선하심과 인자하심이 정녕 나를 따르리니 내가 여호와
의 집에 영원히 거하리로다

ㅇ 시편 51편 10절

하나님이여 내 속에 정한 마음을 창조하시고 내 안에 정직한 영을 새
롭게 하소서

ㅇ 시편 84편 10절

주의 궁정에서 한 날이 다른 곳에서 천 날보다 나은즉 악인의 장막에
거함보다 내 하나님 문지기로 있는 것이 좋사오니

ㅇ 시편 100편 1절~5절

¹온 땅이여 여호와께 즐거이 부를지어다

²기쁨으로 여호와를 섬기며 노래하면서 그 앞에 나아갈지어다

³여호와가 우리 하나님이신 줄 너희는 알지어다 그는 우리를 지으신
자시오 우리는 그의 것이니 그의 백성이요 그의 기르시는 양이로다

⁴감사함으로 그 문에 들어가며 찬송함으로 그 궁정에 들어가서 그에
게 감사하며 그 이름을 송축할지어다

⁵대저 여호와는 선하시니 그 인자하심이 영원하고 그 성실하심이 대
대에 미치리로다

○ 시편 119편 105절

주의 말씀은 내 발에 등이요 내 길에 빛이니이다

○ 시편 121편 1절~2절

[1]내가 산을 향하여 눈을 들리라 나의 도움이 어디서 올꼬
[2]나의 도움이 천지를 지으신 여호와에게서로다

○ 시편 126편 5절~6절

[5]눈물을 흘리며 씨를 뿌리는 자는 기쁨으로 거두리로다.
[6]울며 씨를 뿌리러 나가는 자는 반드시 기쁨으로 그 곡식 단을 가지
고 돌아오리로다

○ 시편 133편 1절

형제가 연합하여 동거함이 어찌 그리 선하고 아름다운고

○ 잠언 1장 7절

여호와를 경외하는 것이 지식의 근본이어늘 미련한 자는 지혜와 훈
계를 멸시하느니라

○ 잠언 3장 5절~6절

[5]너는 마음을 다하여 여호와를 의뢰하고 네 명철을 의지하지 말라
[6]너는 범사에 그를 인정하라 그리하면 네 길을 지도하시리라

○ 잠언 16장 18절

교만은 패망의 선봉이요 거만한 마음은 넘어짐의 앞잡이니라

○ 잠언 17장 1절

마른 떡 한 조각만 있고도 화목하는 것이 제육이 집에 가득하고도 다
투는 것보다 나으니라

○ 전도서 1장 2절~3절

[2]전도자가 가로되 헛되고 헛되며 헛되고 헛되니 모든 것이 헛되도다
[3]사람이 해 아래서 수고하는 모든 수고가 자기에게 무엇이 유익한고

○ 전도서 12장 1절

너는 청년의 때 곧 곤고한 날이 이르기 전, 나는 아무 낙이 없다고 할
해가 가깝기 전에 너의 창조자를 기억하라

○ 아가 8장 6절

너는 나를 인같이 마음에 품고 도장같이 팔에 두라 사랑은 죽음같이
강하고 투기는 음부같이 잔혹하며 불같이 일어나니 그 기세가 여호
와의 불과 같으니라

○ 이사야 1장 3절

소는 그 임자를 알고 나귀는 주인의 구유를 알건마는 이스라엘은 알
지 못하고 나의 백성은 깨닫지 못하는도다 하셨도다

○ 이사야 9장 6절

이는 한 아기가 우리에게 났고 한 아들을 우리에게 주신 바 되었는데 그 어깨에는 정사를 메었고 그 이름은 기묘자라, 모사라, 전능하신 하나님이라, 영존하시는 아버지라, 평강의 왕이라 할 것임이라

○ 이사야 41장 10절

두려워 말라 내가 너와 함께 함이니라 놀라지 말라 나는 네 하나님이 됨이니라 내가 너를 굳세게 하리라 참으로 너를 도와주리라 참으로 나의 의로운 오른손으로 너를 붙들리라

○ 이사야 53장 4절~6절

4그는 실로 우리의 질고를 지고 우리의 슬픔을 당하였거늘 우리는 생각하기를 그는 징벌을 받아서 하나님에게 맞으며 고난을 당한다 하였노라

5그가 찔림은 우리의 허물을 인함이요 그가 상함은 우리의 죄악을 인함이라 그가 징계를 받음으로 우리가 평화를 누리고 그가 채찍에 맞음으로 우리가 나음을 입었도다

6우리는 다 양 같아서 그릇 행하며 각기 제 길로 갔거늘 여호와께서는 우리 무리의 죄악을 그에게 담당시키셨도다

○ 이사야 61장 1절~3절

1주 여호와의 신이 내게 임하셨으니 이는 여호와께서 내게 기름을 부으사 가난한 자에게 아름다운 소식을 전하게 하려 하심이라 나를 보내사 마음이 상한 자를 고치며 포로 된 자에게 자유를, 갇힌 자에게

놓임을 전파하며

²여호와의 은혜의 해와 우리 하나님의 신원의 날을 전파하여 모든 슬
픈 자를 위로하되

³무릇 시온에서 슬퍼하는 자에게 화관을 주어 그 재를 대신하며 희락
의 기름으로 그 슬픔을 대신하며 찬송의 옷으로 그 근심을 대신하시
고 그들로 의의 나무 곧 여호와의 심으신바 그 영광을 나타낼 자라
일컬음을 얻게 하려 하심이니라

○ 예레미야 2장 13절

내 백성이 두 가지 악을 행하였나니 곧 생수의 근원되는 나를 버린
것과 스스로 웅덩이를 판 것인데 그것은 물을 저축지 못할 터진 웅덩
이니라

○ 예레미야 20장 9절

내가 다시는 여호와를 선포하지 아니하며 그 이름으로 말하지 아니
하리라 하면 나의 중심이 불붙는 것 같아서 골수에 사무치니 답답하
여 견딜 수 없나이다

○ 예레미야 31장 31절

나 여호와가 말하노라 보라 날이 이르리니 내가 이스라엘 집과 유다
집에 새 언약을 세우리라

○ 예레미야애가 3장 26절~28절

²⁶사람이 여호와의 구원을 바라고 잠잠히 기다림이 좋도다

²⁷사람이 젊었을 때에 멍에를 메는 것이 좋으니

²⁸혼자 앉아서 잠잠할 것은 주께서 그것을 메우셨음이라

○ 에스겔 18장 23절

나 주 여호와가 말하노라 내가 어찌 악인의 죽는 것을 조금인들 기뻐하랴 그가 돌이켜 그 길에서 떠나서 사는 것을 어찌 기뻐하지 아니하겠느냐

○ 에스겔 34장 2절~5절

²인자야 너는 이스라엘 목자들을 쳐서 예언하라 그들 곧 목자들에게 예언하여 이르기를 주 여호와의 말씀에 자기만 먹이는 이스라엘 목자들은 화 있을진저 목자들이 양의 무리를 먹이는 것이 마땅치 아니하냐

³너희가 살진 양을 잡아 그 기름을 먹으며 그 털을 입되 양의 무리는 먹이지 아니하는도다

⁴너희가 그 연약한 자를 강하게 아니하며 병든 자를 고치지 아니하며 상한 자를 싸매어 주지 아니하며 쫓긴 자를 돌아오게 아니하며 잃어버린 자를 찾지 아니하고 다만 강포로 그것들을 다스렸도다

⁵목자가 없으므로 그것들이 흩어지며 흩어져서 모든 들짐승의 밥이 되었도다

○ 다니엘 7장 13절~14절

¹³내가 또 밤 이상 중에 보았는데 인자 같은 이가 하늘 구름을 타고 와서 옛적부터 항상 계신 자에게 나아와 그 앞에 인도되매

[14]그에게 권세와 영광과 나라를 주고 모든 백성과 나라들과 각 방언
하는 자로 그를 섬기게 하였으니 그 권세는 영원한 권세라 옮기지
아니할 것이요 그 나라는 폐하지 아니할 것이니라

○ 호세아 6장 6절
나는 인애를 원하고 제사를 원치 아니하며 번제보다 하나님을 아는
것을 원하노라

○ 요엘 2장 13절
너희는 옷을 찢지 말고 마음을 찢고 너희 하나님 여호와께로 돌아올
지어다 그는 은혜로우시며 자비로우시며 노하기를 더디 하시며 인애
가 크시사 뜻을 돌이켜 재앙을 내리지 아니하시나니

○ 아모스 5장 24절
오직 공법을 물같이 정의를 하수같이 흘릴지로다

○ 오바댜 1장 15절
여호와의 만국을 벌할 날이 가까왔나니 너의 행한 대로 너도 받을 것
인즉 너의 행한 것이 네 머리로 돌아갈 것이라

○ 요나 4장 10절~11절
[10]여호와께서 가라사대 네가 수고도 아니 하였고 배양도 아니 하였고
하룻밤에 났다가 하룻밤에 망한 이 박 넝쿨을 네가 아꼈거든
[11]하물며 이 큰 성읍 니느웨에는 좌우를 분변치 못하는 자가 십이만

여 명이요 육축도 많이 있나니 내가 아끼는 것이 어찌 합당치 아니
하냐

○ 미가 6장 8절
사람아 주께서 선한 것이 무엇임을 네게 보이셨나니 여호와께서 네
게 구하시는 것이 오직 공의를 행하며 인자를 사랑하며 겸손히 네 하
나님과 함께 행하는 것이 아니냐

○ 나훔 1장 7절
여호와는 선하시며 환난 날에 산성이시라 그는 자기에게 의뢰하는
자들을 아시느니라
○ 하박국 2장 4절
보라 그의 마음은 교만하며 그의 속에서 정직하지 못하니라 그러나
의인은 그 믿음으로 말미암아 살리라

○ 스바냐 2장 3절
여호와의 규례를 지키는 세상의 모든 겸손한 자들아 너희는 여호와
를 찾으며 공의와 겸손을 구하라 너희가 혹시 여호와의 분노의 날에
숨김을 얻으리라

○ 학개 2장 8절~9절
[8]은도 내 것이요 금도 내 것이니라 만군의 여호와의 말이니라
[9]이전의 나중 영광이 이전 영광보다 크리라 만군의 여호와의 말이니
라 내가 이곳에 평강을 주리라 만군의 여호와의 말이니라

○ 스가랴 4장 6절

그가 내게 일러 가로되 여호와께서 스룹바벨에게 하신 말씀이 이러하니라 만군의 여호와께서 말씀하시되 이는 힘으로 되지 아니하며 능으로 되지 아니하고 오직 나의 신으로 되느니라

○ 말라기 3장 10절

만군의 여호와가 이르노라 너희의 온전한 십일조를 창고에 들여 나의 집에 양식이 있게 하고 그것으로 나를 시험하여 내가 하늘 문을 열고 너희에게 복을 쌓을 곳이 없도록 붓지 아니하나 보라

✝ 신약성서 구절 모음 ✝

○ 마태복음 1장 1절

아브라함과 다윗의 자손 예수 그리스도의 세계라

○ 마태복음 4장 17절

이때부터 예수께서 비로소 전파하여 가라사대 회개하라 천국이 가까
웠느니라 하시더라

○ 마태복음 5장 3절

심령이 가난한 자는 복이 있나니 천국이 저희 것임이요

○ 마태복음 6장 33절

너희는 먼저 그의 나라와 그의 의를 구하라 그리하면 이 모든 것을
너희에게 더하시리라

○ 마태복음 7장 7절

구하라 그러면 너희에게 주실 것이요 찾으라 그러면 찾을 것이요 문
을 두드리라 그러면 너희에게 열릴 것이니

○ 마태복음 11장 28절

수고하고 무거운 짐 진 자들아 다 내게로 오라 내가 너희를 쉬게 하
리라

○ 마태복음 25장 40절~46절

[40]임금이 대답하여 이르시되 내가 진실로 너희에게 이르노니 너희가
　　여기 내 형제 중에 지극히 작은 자 하나에게 한 것이 곧 내게 한 것
　　이니라 하시고
[41]또 왼편에 있는 자들에게 이르시되 저주를 받은 자들아 나를 떠나
　　마귀와 그 사자들을 위하여 예비된 영원한 불에 들어가라
[42]내가 주릴 때에 너희가 먹을 것을 주지 아니하였고 목마를 때에 마
　　시게 하지 아니하였고
[43]나그네 되었을 때에 영접하지 아니하였고 헐벗었을 때에 옷 입히지
　　아니하였고 병들었을 때와 옥에 갇혔을 때에 돌보지 아니하였느니
　　라 하시니
[44]그들도 대답하여 이르되 주여 우리가 어느 때에 주께서 주리신 것
　　이나 목마르신 것이나 나그네 되신 것이나 헐벗으신 것이나 병드신
　　것이나 옥에 갇히신 것을 보고 공양하지 아니하더이까
[45]이에 임금이 대답하여 이르시되 내가 진실로 너희에게 이르노니 이
　　지극히 작은 자 하나에게 하지 아니한 것이 곧 내게 하지 아니한 것

이니라 하시리니

[46]그들은 영벌에, 의인들은 영생에 들어가리라 하시니라

○ 마태복음 28장 19절~20절

[19]그러므로 너희는 가서 모든 족속으로 제자를 삼아 아버지와 아들과
성령의 이름으로 세례를 주고

[20]내가 너희에게 분부한 모든 것을 가르쳐 지키게 하라 볼지어다 내
가 세상 끝날까지 너희와 항상 함께 있으리라 하시니라

○ 마가복음 1장 14절~15절

[14]요한이 잡힌 후 예수께서 갈릴리에 오셔서 하나님의 복음을 전파하여

[15]가라사대 때가 찼고 하나님 나라가 가까왔으니 회개하고 복음을 믿
으라 하시더라

○ 마가복음 8장 29절

또 물으시되 너희는 나를 누구라 하느냐 베드로가 대답하여 가로되
주는 그리스도시니이다 하매

○ 마가복음 8장 35절

누구든지 제 목숨을 구원코자 하면 잃을 것이요 누구든지 나와 복음
을 위하여 제 목숨을 잃으면 구원하리라

○ 마가복음 10장 45절

인자의 온 것은 섬김을 받으려 함이 아니라 도리어 섬기려 하고 자기

목숨을 많은 사람의 대속물로 주려 함이니라

○ 누가복음 4장 18절~19절
[18]주의 성령이 내게 임하셨으니 이는 가난한 자에게 복음을 전하게
  하시려고 내게 기름을 부으시고 나를 보내사 포로 된 자에게 자유
  를 눈먼 자에게 다시 보게 함을 전파하며 눌린 자를 자유케 하고
[19]주의 은혜의 해를 전파하게 하려 하심이라 하였더라

○ 누가복음 6장 20절
예수께서 눈을 들어 제자들을 보시고 가라사대 가난한 자는 복이 있
나니 하나님의 나라가 너희 것임이요

○ 누가복음 11장 2절~4절
[2]예수께서 이르시되 너희는 기도할 때에 이렇게 하라 아버지여 이름
  이 거룩히 여김을 받으시오며 나라이 임하옵시며
[3]우리에게 날마다 일용할 양식을 주옵시고
[4]우리가 우리에게 죄 지은 모든 사람을 용서하오니 우리 죄도 사하여
  주옵시고 우리를 시험에 들게 하지 마옵소서 하라

○ 누가복음 11장 20절
그러나 내가 만일 하나님의 손을 힘입어 귀신을 쫓아내는 것이면 하
나님의 나라가 이미 너희에게 임하였느니라

ㅇ 누가복음 23장 43절

예수께서 이르시되 내가 진실로 네게 이르노니 오늘 네가 나와 함께 낙원에 있으리라 하시니라

ㅇ 요한복음 1장 14절

말씀이 육신이 되어 우리 가운데 거하시매 우리가 그 영광을 보니 아버지의 독생자의 영광이요 은혜와 진리가 충만하더라

ㅇ 요한복음 3장 16절~17절

16하나님이 세상을 이처럼 사랑하사 독생자를 주셨으니 이는 저를 믿는 자마다 멸망치 않고 영생을 얻게 하려 하심이니라
17하나님이 그 아들을 세상에 보내신 것은 세상을 심판하려 하심이 아니요 저로 말미암아 세상이 구원을 받게 하려 하심이라

ㅇ 요한복음 8장 32절

진리를 알지니 진리가 너희를 자유케 하리라

ㅇ 요한복음 10장 11절

나는 선한 목자라 선한 목자는 양들을 위하여 목숨을 버리거니와

ㅇ 요한복음 11장 25절~26절

25예수께서 가라사대 나는 부활이요 생명이니 나를 믿는 자는 죽어도 살겠고
26무릇 살아서 나를 믿는 자는 영원히 죽지 아니하리니 이것을 네가

믿느냐

○ 요한복음 12장 24절

내가 진실로 진실로 너희에게 이르노니 한 알의 밀이 땅에 떨어져 죽
지 아니하면 한 알 그대로 있고 죽으면 많은 열매를 맺느니라

○ 요한복음 13장 34절

새 계명을 너희에게 주노니 서로 사랑하라 내가 너희를 사랑한 것같
이 너희도 서로 사랑하라

○ 요한복음 20장 31절

오직 이것을 기록함을 너희로 예수께서 하나님의 아들 그리스도이심
을 믿게 하려 함이요 또 너희로 믿고 그 이름을 힘입어 생명을 얻게
하려 함이니라

○ 사도행전 1장 8절

오직 성령이 너희에게 임하시면 너희가 권능을 받고 예루살렘과 온
유대와 사마리아와 땅끝까지 이르러 내 증인이 되리라 하시니라

○ 사도행전 2장 38절

베드로가 가로되 너희가 회개하여 각각 예수 그리스도의 이름으로
세례를 받고 죄 사함을 얻으라 그리하며 성령을 선물로 받으리니

○ 사도행전 4장 12절

다른 이로서는 구원을 얻을 수 없나니 천하 인간에 구원을 얻을 만한
다른 이름을 우리에게 주신 일이 없음이니라 하였더라

○ 사도행전 16장 31절

가로되 주 예수를 믿으라 그리하면 너와 네 집이 구원을 얻으리라 하고

○ 사도행전 20장 24절

나의 달려갈 길과 주 예수께 받은 사명 곧 하나님의 은혜의 복음 증
거하는 일을 마치려 함에는 나의 생명을 조금도 귀한 것으로 여기지
아니하노라

○ 로마서 1장 16절~17절

[16]내가 복음을 부끄러워하지 아니하노니 이 복음은 모든 믿는 자에게
   구원을 주시는 하나님의 능력이 됨이라 첫째는 유대인에게요 또한
   헬라인에게로다
[17]복음에는 하나님의 의가 나타나서 믿음으로 믿음에 이르게 하나니
   기록된바 오직 의인은 믿음으로 말미암아 살리라 함과 같으니라

○ 로마서 3장 21절

이제는 율법 외에 하나님의 한 의가 나타났으니 율법과 선지자들에
게 증거를 받은 것이라

○ 로마서 3장 24절

그리스도 예수 안에 있는 구속으로 말미암아 하나님의 은혜로 값없이 의롭다 하심을 얻은 자 되었느니라

○ 로마서 4장 25절

예수는 우리 범죄함을 위하여 내어 줌이 되고 또한 우리를 의롭다 하심을 위하여 살아나셨느니라

○ 로마서 8장 1절~2절

[1]그러므로 이제 그리스도 예수 안에 있는 자에게는 결코 정죄함이 없나니
[2]이는 그리스도 예수 안에 있는 생명의 성령의 법이 죄와 사망의 법에서 너를 해방하였음이라

○ 로마서 8장 26절

이와 같이 성령도 우리 연약함을 도우시나니 우리가 마땅히 빌 바를 알지 못하나 오직 성령이 말할 수 없는 탄식으로 우리를 위하여 친히 간구하시느니라

○ 로마서 8장 28절

우리가 알거니와 하나님을 사랑하는 자 곧 그의 뜻대로 부르심을 입은 자들에게는 모든 것이 합력하여 선을 이루느니라

○ 로마서 12장 2절

너희는 이 세대를 본받지 말고 오직 마음을 새롭게 하므로 변화를 받아 하나님의 선하시고 기뻐하시고 온전하신 뜻이 무엇인지 분별하도록 하라

○ 로마서 13장 10절

사랑은 이웃에게 악을 행치 아니하나니 그러므로 사랑은 율법의 완성이니라

○ 고린도전서 1장 18절

십자가의 도가 멸망하는 자들에게는 미련한 것이요 구원을 얻는 우리에게는 하나님의 능력이라

○ 고린도전서 3장 16절

너희가 하나님의 성전인 것과 하나님의 성령이 너희 안에 거하시는 것을 알지 못하느뇨

○ 고린도전서 10장 31절

그런즉 너희가 먹든지 마시든지 무엇을 하든지 다 하나님의 영광을 위하여 하라

○ 고린도전서 11장 23절

내가 너희에게 전한 것은 주께 받은 것이니 곧 주 예수께서 잡히시던 밤에 떡을 가지사

○ 고린도전서 13장 13절

그런즉 믿음, 소망, 사랑 이 세 가지는 항상 있을 것인데 그중에 제일
은 사랑이라

○ 고린도전서 15장 45절

기록된바 첫 사람 아담은 산 영이 되었다 함과 같이 마지막 아담은
살려 주는 영이 되었나니

○ 고린도후서 3장 17절

주는 영이시니 주의 영이 계신 곳에는 자유함이 있느니라

○ 고린도후서 5장 17절

그런즉 누구든지 그리스도 안에 있으면 새로운 피조물이라 이전 것
은 지나갔으니 보라 새것이 되었도다

○ 고린도후서 13장 13절

주 예수 그리스도의 은혜와 하나님의 사랑과 성령의 교통하심이 너
희 무리와 함께 있을지어다

○ 갈라디아서 2장 20절

내가 그리스도와 함께 십자가에 못 박혔나니 그런즉 이제는 내가 산
것이 아니요 오직 내 안에 그리스도께서 사신 것이라 이제 내가 육체
가운데 사는 것은 나를 사랑하사 나를 위하여 자기 몸을 버리신 하나
님의 아들을 믿는 믿음 안에서 사는 것이라

○ 갈라디아서 5장 13절~14절

[13]형제들아 너희가 자유를 위하여 부르심을 입었으나 그러나 그 자유
　로 육체의 기회를 삼지 말고 오직 사랑으로 서로 종 노릇하라
[14]온 율법은 네 이웃 사랑하기를 네 몸과 같이 하라 하신 한 말씀에
　이루었나니

○ 갈라디아서 5장 22절~23절

[22]오직 성령의 열매는 사랑과 희락과 화평과 오래 참음과 자비와 양
　선과 충성과
[23]온유와 절제니 이 같은 것을 금지할 법이 없느니라

○ 에베소서 2장 14절

그는 우리의 화평이신지라 둘로 하나를 만드사 중간에 막힌 담을 허
시고

○ 에베소서 5장 18절

술 취하지 말라 이는 방탕한 것이니 오직 성령의 충만을 받으라

○ 빌립보서 2장 6절~7절

[6]그는 근본 하나님의 본체시나 하나님과 동등 됨을 취할 것으로 여기
　지 아니하시고
[7]오히려 자기를 비어 종의 형체를 가져 사람들과 같이 되었고

○ 빌립보서 4장 6절~7절

[6]아무것도 염려하지 말고 오직 모든 일에 기도와 간구로 너희 구할
 것을 감사함으로 하나님께 아뢰라

[7]그리하면 모든 지각에 뛰어난 하나님의 평강이 그리스도 예수 안에
 서 너희 마음과 생각을 지키시리라

○ 골로새서 3장 23절

무슨 일을 하든지 마음을 다하여 주께 하듯 하고 사람에게 하듯 하지
말라

○ 골로새서 1장 15절

그는 보이지 아니하시는 하나님의 형상이요 모든 창조물보다 먼저
나신 자니

○ 데살로니가전서 5장 16절~18절

[16]항상 기뻐하라

[17]쉬지 말고 기도하라

[18]범사에 감사하라 이는 그리스도 예수 안에서 너희를 향하신 하나님
 의 뜻이니라

○ 디모데전서 6장 11절~12절

[11]오직 너 하나님의 사람아 이것들을 피하고 의와 경건과 믿음과 사
 랑과 인내와 온유를 좇으며

[12]믿음의 선한 싸움을 싸우라 영생을 취하라 이를 위하여 네가 부르

심을 입었고 많은 증인 앞에서 선한 증거를 증거하였도다

○ 디모데후서 3장 16절
모든 성경은 하나님의 감동으로 된 것으로 교훈과 책망과 바르게 함
과 의로 교육하기에 유익하니

○ 히브리서 4장 12절
하나님의 말씀은 살았고 운동력이 있어 좌우에 날선 어떤 검보다도
예리하여 혼과 영과 및 관절과 골수를 찔러 쪼개기까지 하며 또 마음
의 생각과 뜻을 감찰하나니

○ 히브리서 11장 1절~2절
[1]믿음은 바라는 것들의 실상이요 보지 못하는 것들의 증거니
[2]선진들이 이로써 증거를 얻었느니라

○ 히브리서 12장 2절
믿음의 주요 또 온전케 하시는 이인 예수를 바라보자 저는 그 앞에
있는 즐거움을 위하여 십자가를 참으사 부끄러움을 개의치 아니하시
더니 하나님 보좌 우편에 앉으셨느니라

○ 야고보서 1장 15절
욕심이 잉태한즉 죄를 낳고 죄가 장성한즉 사망을 낳느니라

○ 야고보서 2장 26절

영혼 없는 몸이 죽은 것같이 행함이 없는 믿음은 죽은 것이니라

○ 베드로전서 2장 9절

오직 너희는 택하신 족속이요 왕 같은 제사장들이요 거룩한 나라요
그의 소유된 백성이니 이는 너희를 어두운 데서 불러내어 그의 기이한
빛에 들어가게 하신 자의 아름다운 덕을 선전하게 하려 하심이라

○ 베드로후서 3장 8절

사랑하는 자들아 주께는 하루가 천 년 같고 천 년이 하루 같은 이 한
가지를 잊지 말라

○ 요한일서 4장 10절

사랑은 여기 있으니 우리가 하나님을 사랑한 것이 아니요 오직 하나
님이 우리를 사랑하사 우리 죄를 위하여 화목제로 그 아들을 보내셨
음이니라

○ 요한일서 4장 20절~21절

[20]누구든지 하나님을 사랑하노라 하고 그 형제를 미워하면 이는 거짓
  말하는 자니 보는바 그 형제를 사랑하지 아니하는 자는 보지 못하
  는바 하나님을 사랑할 수 없느니라
[21]우리가 이 계명을 주께 받았나니 하나님을 사랑하는 자는 또한 그
  형제를 사랑할지니라

○ 요한일서 4장 16절

하나님이 우리를 사랑하시는 사랑을 우리가 알고 믿었노니 하나님은
사랑이시라 사랑 안에 거하는 자는 하나님 안에 거하고 하나님도 그
안에 거하시느니라

○ 요한계시록 1장 8절

주 하나님이 가라사대 나는 알파와 오메가라 이제도 있고 전에도 있
었고 장차 올 자요 전능한 자라 하시더라

○ 요한계시록 21장 1절

또 내가 새 하늘과 새 땅을 보니 처음 하늘과 처음 땅이 없어졌고 바
다도 다시 있지 않더라

| 참고문헌

국내문헌

강병도 편, 『호크마 종합주석 - 에베소서』(서울: 기독지혜사, 1992).

강성영, 『생명 · 문화 · 윤리』(오산: 한신대학교 출판부, 2006).

강원돈 외, 『지구화와 사회윤리 - 변화된 노동관계』(서울: 다산글방, 2003).

기독교신문사 편집부, 『한국교회의 허와 실(Ⅰ)』(서울: 쿰란출판사, 1992).

교육과학기술부 편, 『학생자살예방교육 및 위기관리』(교육과학기술부, 2008년
　　　　10월).

김균진, 『생태학의 위기와 신학』(서울: 대한기독교서회, 1991).

김기현, 『자살은 죄인가요?』(서울: 죠이선교회, 2010).

김경호, 『야훼신앙의 맥』(서울: 평화나무, 2007).

김선주, 『한국 교회의 일곱 가지 죄악』(서울: 삼인, 2009).

김성원, 『장애도 개성이다』(서울: 인간과 복지, 2005).

김동호, 『교사바이블』(서울: 규장문화사, 2003).

김진, 『철학의 현실문제들』(서울: 철학과 현실사, 1994).

김정곤, "기독교문화관", 『기독교문화연구』(대전: 한남대학교 기독교문화연구원).

김철영, 『믿음과 삶의 윤리학』(서울: 장로회신학대학교 출판부, 1994).

김태길, 『한국윤리의 재정립』(서울: 철학과 현실사, 1996).

김희자, 『교사론』(서울: 대한예수교장로회총회 출판부, 1998).

권도용, 『장애인재활복지 - 체계와 실태』(서울: 홍익재, 1995).

문시영, 『기독교윤리 이야기』(서울: 한들출판사, 1996).

맹용길, 『기독교윤리학개론』(서울: 한국장로교출판사, 1991).

『맹자(孟子)』.

박경숙, "도덕, 정치, 경제의 연관에서 본 효도법 담론의 의미", ≪가족과 문화≫
　　　　(제19권 3호, 2007년 가을호).

박상진, 『교회교육현장론』(서울: 장로회신학대학교 출판부, 2008).

박원기, 『신학윤리와 사회과학』(서울: 대한기독교서회, 1998).

박정수, "생명과학시대의 예수탄생이야기" ≪바른교회아카데미≫(2010년 12월호).

박종대 · 이태하 · 김석수, 『현대인의 삶과 윤리』(서울: 민지사, 2000).

신광철, "영화의 종교적 구조에 대한 성찰: 영화, 종교(학)적으로 읽기를 위한
        예비적 작업", 『종교문화연구』(제4호, 2002년 10월, 한신인문학연구소).

신상언, 『사탄은 마침내 대중문화를 선택했습니다』(서울: 낮은 울타리, 1992).

손규태교수 정년퇴임 기념논문집 발간위원회 엮음, 『공공성의 윤리와 평화』
        (천안: 한국신학연구소, 2005).

이상복, "자살에 대한 문제의식과 대안", 『기독교사회윤리』(제6집, 서울: 선학
        사, 2003).

이정호, 『포스트모던 시대에서의 영미문학의 이해』(서울: 서울대학교 출판부,
        19991).

이종각, 『교육사회학 총론』(서울: 동문사, 1996).

이어령, 『디지로그』(서울: 생각의 나무, 2006).

이영제, 『정보화 사회와 기독교』(서울: 컴퓨터선교회, 1993).

이원규, 『한국교회의 현실과 전망』(서울: 성서연구사, 1996).

임희규, "효의 현대적 이해에 관한 연구: 효 교육을 중심으로", ≪한국가정관
        리학회≫(제43권, 1999년 9월).

엄창일, 『새로운 사회 정보화 사회』(부산: 부산대학교 출판부, 1998).

오영석, 『조직신학의 이해』(서울: 대한기독교서회, 1992).

유홍준, 『나의 문화유산 답사기』 1~3권(서울: 창작과 비평사, 2008).

차정식, 『일상과 신학의 여백』(서울: 두란노아카데미, 2010).

정재영, "한국 교회 소집단의 공동체성 대한 연구"(연세대학교 박사학위논문,
        2002).

정원범 엮음, 『21세기문명과 기독교』(서울: 목회자신문사, 2004).

정용섭, 『속 빈 설교, 꽉 찬 설교』(서울: 대한기독교서회, 2006).

정용섭, 『설교의 절망과 희망』(서울: 대한기독교서회, 2008).

조성돈 · 정재영, 『그들의 자살, 그리고 우리: 한국사회 자살의 경향을 말한다』
        (서울: 예영커뮤니케이션, 2008).

조성돈 · 정재영 편, 『시민사회 속의 기독교회』(서울: 예영커뮤니케이션, 2008).

조용환 · 윤여각 · 이혁규, 『문화와 교육』(서울: 한국방송통신대학교 출판부, 2006).

최재호, 『대중문화와 성경적 세계관』(서울: 예영커뮤니케이션, 2003).

크리스천 아카데미 편, 『정보화 시대, 교육의 선택』(서울: 대화출판사, 1997).

통합윤리학회 편, "21세기의 도전과 기독교문화"(서울: 예영커뮤니케이션, 1998)
한국신학연구소 성서교재원원회, 『함께 읽는 구약성서』(천안: 한국신학연구소,
        1992).
한기채, 『성서 이야기 윤리』(서울: 대한기독교서회, 2004).
한승진 글 『예수님이라면 어떻게 하실까』(서울: 도서출판 에벤에셀, 2010).
『효경(孝經)』.

잡지

≪기독교사상≫(제313호, 1984년 7월)
≪기독교사상≫(제364권, 1989년 4월)
≪기독교 사상≫(제393권, 1991년 9월)
≪기독교사상≫(통권 446호, 1996년 2월)
≪기독교사상≫(통권 제451호, 1996년 7월)
≪기독교사상≫(통권 583호, 2007년 7월호)
≪기독교사상≫(통권 614호, 2010년 2월호)
≪기독교사상≫(통권 623호, 2010년 11월호)
≪그말씀≫(통권 245호, 2009년 11월)
한승진, 『참교육 참사랑의 학교』(서울: 이담북스, 2010).
≪뉴스플러스 NEWS+≫(1996년 3월 28일)
≪목회와 신학≫(통권 38호, 1992년 8월호)
≪목회와 신학≫(통권 218호, 2007년 8월호)
≪목회와 신학≫(통권 257호, 2010년 11월호)
≪복음과 상황≫(제226호, 2009년 8월호)
≪사목≫(제84호, 1982년 11월)
≪세계와 선교≫(한신대학교 신학대학원, 200호, 2009년 가을호)
≪세계와 선교≫(제204호, 2010년 가을호)
≪월간 목회≫(제357권, 2006년 5월)
≪진보평론≫(통권42호, 2009년 겨울호)

신문류

≪국민일보≫(2009년 9월 3일자)
≪기독신문≫(2004년 7월 6일자)
≪기독신문≫(2005년 12월 27일자)
≪기독신문≫(2006년 12월 12일자)
≪기독신문≫(2008년 10월 14일자)
≪기독교연합신문≫(2010년 7월 8일자)
≪프레시안≫(2005년 5월 17일자)
≪서울신문≫(2008년 6월 10일자)
≪서울신문≫(2009년 1월 19일자)
≪서울신문≫(2009년 4월 7일자)
≪서울신문≫(2010년 2월 13일자)
≪세계일보≫(2008년 10월 15일자)
≪울산노동신문≫(2010년 2월 8일자)
≪연합뉴스≫(2007년 8월 24일자)
≪연합뉴스≫(2009년 8월 30일자)
≪크리스천투데이≫(2006년 10월 25일자)
≪한겨레신문≫(2009년 10월 1일자)
≪한국교육신문≫(2009년 4월 16일자)
≪한국기독공보≫(2009년 6월 24일자)

번역서

그루노브. 리하르트 엮음,『칼바르트의 신학묵상』이신건 · 오성현 · 이길용 ·
　　　정용섭 옮김(서울: 대한기독교서회, 2009).
그레트라인. 크리스티안,『복음의 커뮤니케이션』, 김상구 역(서울: 기독교문서
　　　선교회, 2008).
듀보. 르네,『내재하는 신』, 김용준 역 (서울: 탐구당, 1975).
라이큰. 리랜드,『하나님이 주신 선물 - 일과 여가』유충선 역(서울: 생명의 말
　　　씀사, 1993).
리차드슨. A · 올드햄. J. H,『성서의 노동관』강근환 역(서울: 대한기독교서회,

1981).

마르쿠스. Herbert, 『일차원적 인간』, 박병진 역(서울: 한마음사, 2009).

몰트만. 위르겐, 『창조 안에 계신 하느님』 김균진 역(서울: 한국신학연구소, 1987).

미카엘 포드, 『하나님을 사랑하는 자 헨리 나우웬』, 박조엔 역(서울: 두란노, 2003).

본회퍼. 디이트리히, 『나를 따르라』, 허혁 역(서울: 대한기독교서회, 1997).

볼프. 한스 발터, 『구약성서의 인간학』, 문희석 역(왜관: 분도출판사, 1991).

손택. 수전, 『타인의 고통』, 이재원 역(서울: 도서출판 이후).

슐라르. 카트린 책임편집, 『유다』, 박아르마 역(서울: 이룸, 2003).

쉐퍼. 프랜시스, 『예술과 성경』 조병수 역(서울: 성광문화사, 1981).

쉘돈. 찰스 M, 『예수라면 어떻게 하실까』 최정선 옮김(서울: 지성문화사, 2009).

죌레. 도로테, 『사랑과 노동』, 박재순 역(천안: 한국신학연구소, 1987).

크라머. 랄프, 『현대인과 노동 - 노동의 경제적, 사회적, 신학적 의미』 김성국 역(서울: 법문사, 1994).

퀴네트. 폴, 『자살, 돌이킬 수 없는 결정』, 육성필 · 이혜선 공역(서울: 학지사, 2006).

토플러. 앨빈, 『제3의 물결』, 이계행 역(서울: 한국경제신문사, 1989).

__________, 『권력이동』, 이계행 감역(서울: 한국경제신문사, 1990).

__________, 『미래의 충격』, 장을병 옮김(서울: 범우사, 1997).

테일러. P. W, 『윤리학의 기본 원리』(서울: 서광사, 1985).

푸코. 미셀, 『감시와 처벌』, 오생근 옮김(서울: 나남출판사. 2007).

하이벨스. 빌, 『아무도 보는 이 없을 때 당신은 누구인가』 박성민 옮김(서울: 한국기독학생회 출판부, 2007).

헌팅턴. 사무엘, 『문명의 충돌』, 이희재 역(서울: 김영사, 2000).

Ronald. F. Hock, 『바울선교의 사회적 상황』 전경연 역(서울: 대한기독교출판사, 1984).

국외문헌

Amery. Carl, *Das Ende der Vorsehung. Die gnadenlosen Folgen des Christentums*(Hamburg, 1972).

Berger. Peter, *The Sacred Canopy. Garden City*(New York: Doubleday, 1967).

Boff. Leonardo, "Social Ecology: Poverty and Misery", in D. G. Hallman(ed) *Ecotheology: voices from South and North*(WCC, Orbis Books, New York, 1996).

Brueggemann. Walter, *The Land*(Philadelphia: Fortress Press, 1977).

Brueggemann. Walter, *Genesis Interpretation: A Bible Commentary for Teaching and Preaching* (Atlanta: John Know Press, 1982).

Brunner. Emil, *The Divine Imperative*(Philadelphia: The Westminster Press, 1967).

Cox. Harvey, *The Secular City: Secularization and Urbanization in Theological Perspective*(New York: The Macmillan Co, 1965).

Curtis. Edward M, "*Image of God*", in David Noel Feedman, ed., *Anchor Bible Dictonary* (ABD), Vol. 3(New York: Double day, 1992).

Dahlberg. Kenneth A, "Environment as a Global Issues" in *Environment and Global Arena*, ed. Kenneth A. Dahlberg et al. (Durham: Duke University Press, 1985).

Durkheim. Emile, *Suicide: A sociogical study*(Glencoe, IL: Free Press, 1975).

Eliade. Mircea, *The Sacred and the Profane: the Nature of Religion*(New York: Harcourt Brace & World, Inc., 1959).

Ellul. Jaque, *Technological Society*, tr. John Wilkinson(New York: Vantage Books, 1964).

Grenz. Stanley J, *A Primer on Postmodernism*(Grand Rapids, Michigan: William B. Eerdmans Publishing Company, 1996).

Green. Maxin, "Curriculum and Consciousness", in Pinar, *Curriculum Theorizing*(Berkeley: McCutchan, 1975).

Harrelson. Walter, *The Ten Commandments and Human Rights*(Philadelphia: Fortress Press, 1989).

Harwood & Jacoby, *"Suicidal Behaviour among the Elderly"*, In the *International Handbook of suicide and Attempted Suicide*(edited by Hawton, keith. John Wiley & Sons. Ltd, 2000).

Heschel. Abraham J. *The Sabbath: Its Meaning for Modern Man* (New York: Farrar, Straus & Giroux, 1951).

Jones. David Clyde, *Biblical Christian Ethics*(Grand Rapids: Baker Books, 2000).

Johnson. Ben Camp bell, *Pastoral Spiri tuality: A Focus for Ministry* (philadelphia: Westminster, 1988).

Juel. Donald H, *Mark: Ausburg Commentary on the New Testament*(Minneapolis: Augsburg Fortress, 1990).

Klein. Ralph W, *Israel in Exile in Exile: A Theological Interpretation*(Philadelphia: Fortress Press, 1979).

Louis. Lowy, *Social Work with the Aging*(New York: Harper & Row, Publishers, 1979).

MacIntyre. Alasdair, *After Virtue: A Study in Moral Theory*(Notre Dame: University of

Notredame Press, 1981).

Miller. Patrick D, *Deuteronomy Interpretation: A Bible Commentary for Teaching and Preaching* (Louisville: John Knox Press. 1990).

Niebuhr. Reinhold, *The Nature and Destiny of Man*, Vol.2(New York: Charles Scribner's Sons, 1964).

Niebuhr. H. Richard, *Christ and culture*(New York: Harper & Row, Publishers, 1951).

Pytlik. E. D, *Technology, Change and Society*(Worcester: Davis Publications, Inc, 1978).

Rad. G. von, *Das Erste Buch Mose, Genesis*, trans. J. H. Marks, *Genesis, The Old Testament Library*(London: SCM Press, 1972).

Sandel. M, *Liberalism and the Limits of Justice*, 2nd Edition(Cambridge: Cambridge University Press, 1998).

White. Lynn, Jr., "The Historical Roots of our Ecological Crisis", *Science* vol. 155 (March 10, 1967).

Williamson. Lamar. Jr., *Mark: A Bible Commentary for Teaching and Preaching*(Louisville: John Knox Press, 1983).

한승진 —————————————————————————————

1969년 서울 구로동 출생, 구로고등학교 졸업

성공회대 신학과(신학사), 상명대 국어교육과(문학사), 한국방송대 국문과(문학사), 한국
방송대 교육과(교육학사), 학점은행제 사회복지학(행정학사) 학사학위 취득, 한국방송대
가정학과 재학 중(가정학사)

한신대 신학대학원 기독교윤리학(신학석사), 고려대 교육대학원 도덕윤리교육(교육학석
사), 중부대 원격대학원 교육상담심리학과(교육학석사), 중부대 인문산업대학원 교육학
과(교육학석사) 석사학위 취득

공주대 대학원 윤리교육학과 재학 중(교육학박사)

장로회신학대 교육전도사 교육과정, 서울대 종교교사 양성과정, 원광대 전문상담교사
양성과정, 한국기독교장로회 총회교육원 선교대학원(교단인정 목회학석사), 강남총회 신
학연구원 대학원(교단인정 목회학석사) 졸업

성공회대 신학과 학과 수석졸업(성적우수상-총장상), 고려대 교육대학원 전공수석졸업
(우수논문상·성적우수상-교육대학원장상), 중부대 원격대학원(성적최우수상-총장상), 월
간 ≪창조문예≫(수필부문-신인작품상으로 등단)

구세군 안양교회 교육전도사(5년), 익산 황등중학교 교목(학교목사)과 교사이면서 황등
교회 아동부 목사재직중

월간 ≪기독교교육≫에 '쉽게 읽는 기독교윤리'와 주간 ≪크리스챤신문≫에 '한승진 목
사가 꿈꾸는 교육이야기'를 연재 중

한신대 ≪종교문화연구≫, 한국방송대 ≪통합인문학연구≫, 한국학중앙연구원 ≪정신문
화연구≫, 성신여자대 ≪인문과학연구≫, 한국효학회 ≪효학연구≫, 한일장신대 ≪신학
과 사회≫, 순천향대 ≪인문과학연구≫, 경희대 ≪인문학연구≫ 등에 학술논문 게재

지은 책은
『사랑한다 내딸 사랑아』
『아빠와 함께 읽는 성경이야기』
『사람은 잇대어 살아야 해요』
『사랑하며 살래요』
『참교육 참사랑의 학교』
『예수님이라면 어떻게 하실까』(각색)

쉽게 읽는
기독교윤리

초판인쇄 | 2010년 12월 20일
초판발행 | 2010년 12월 20일

지 은 이 | 한승진
펴 낸 이 | 채종준
펴 낸 곳 | 한국학술정보㈜
주　　소 | 경기도 파주시 교하읍 문발리 파주출판문화정보산업단지 513-5
전　　화 | 031) 908-3181(대표)
팩　　스 | 031) 908-3189
홈페이지 | http://ebook.kstudy.com
E-mail | 출판사업부　publish@kstudy.com
등　　록 | 제일산-115호(2000. 6. 19)

ISBN　　978-89-268-1777-3 93230 (Paper Book)
　　　　978-89-268-1778-0 98230 (e-Book)

내일을여는지식 은 시대와 시대의 지식을 이어 갑니다.